Christian Blecher

Die Bilanzierung von Aktienoptionsprogrammen

Beiträge zur betriebswirtschaftlichen Forschung

Herausgegeben von

Prof. Dr. Dr. h.c. Sönke Albers, Kiel
Prof. Dr. Bernhard Pellens, Bochum
Prof. Dr. Dr. h.c. Dieter Sadowski, Trier
Prof. Dr. Martin Weber, Mannheim

Band 121

Die „braune Reihe", wie die „Beiträge zur betriebswirtschaftlichen Forschung" häufig kurz genannt werden, ist eine der bekanntesten und angesehensten Buchreihen ihres Fachs. Seit 1954 erscheinen hier besonders qualifizierte, oft richtungsweisende Forschungsarbeiten (vor allem Dissertationen und Habilitationsschriften) der jeweils „neuen Generation" der Betriebswirtschaftslehre.

Christian Blecher

Die Bilanzierung von Aktienoptionsprogrammen

Eine Analyse aus Sicht verschiedener Rechnungszwecke

Mit einem Geleitwort von Prof. Dr. Stefan Wielenberg

GABLER EDITION WISSENSCHAFT

Bibliografische Information der Deutschen Nationalbibliothek
Die Deutsche Nationalbibliothek verzeichnet diese Publikation in der
Deutschen Nationalbibliografie; detaillierte bibliografische Daten sind im Internet über
<http://dnb.d-nb.de> abrufbar.

Dissertation Universität Bielefeld, 2008

1. Auflage 2008

Lektorat: Frauke Schindler / Sabine Schöller

Gabler ist Teil der Fachverlagsgruppe Springer Science+Business Media.
www.gabler.de

Umschlaggestaltung: Regine Zimmer, Dipl.-Designerin, Frankfurt/Main
Gedruckt auf säurefreiem und chlorfrei gebleichtem Papier
Printed in Germany

ISBN 978-3-8349-1367-8

Geleitwort

Kaum ein Bilanzierungsproblem hat in den vergangenen Jahren eine ähnliche Aufmerksamkeit erfahren wie die Bilanzierung von Aktienoptionsprogrammen (SOP). Kernproblem ist die Frage, ob die Auflegung eines Programms erfolgsneutral zu berücksichtigen, oder ob Personalaufwand auszuweisen ist. Für beide Bilanzierungsalternativen finden sich Gegner und Befürworter und nach Durchsicht der Argumente liegt die Vermutung nahe, dass ein Grund für die abweichenden Meinungen in der Betonung unterschiedlicher Rechnungszwecke liegt. Vertreter der informationsorientierten Rechnungslegung argumentieren, dass die Auflegung eines SOP zu Personalaufwand führen muss, da durch ein SOP Lohnzahlungen eingespart werden und deshalb aus Gründen der Vergleichbarkeit der eingesparte Personalaufwand ausgewiesen werden sollte. Vertreter der durch den Gläubigerschutz und durch die Zahlungsbemessungsfunktion geprägten handelsrechtlichen Rechnungslegung hingegen sehen im Ausweis von Personalaufwand einen Verstoß gegen das Kongruenzprinzip, der materiell gewissermaßen eine doppelte Schädigung der Anteilseigner zur Folge hat. Einerseits geht mit der Ausgabe von Aktienoptionen eine Verwässerung der Position der Aktionäre einher, andererseits werden sie zusätzlich durch eine Sperrung von Ausschüttungen in Höhe des Personalaufwands bestraft. Beide Positionen sind auf den ersten Blick nachvollziehbar, allerdings sind ökonomische Begründungen im Rahmen modelltheoretischer Überlegungen rar. Die Arbeit von Christian Blecher soll diese Lücke schließen, indem systematisch je nach Rechnungszweck dargestellt wird, welche Art der Bilanzierung aus theoretischer Sicht angemessen wäre. Methodisch erweitert Christian Blecher verschiedene, aus der Theorie der Rechnungslegung bekannte Modellansätze und

Beispiele um Aktienoptionen und untersucht dann die Auswirkungen verschiedener Abbildungsalternativen. Dazu zählt die erfolgsneutrale Erfassung genauso wie zwei Varianten der aufwandswirksamen Verbuchung, die sich entweder nach den Verhältnissen des Gewährungs- oder des Ausübungszeitpunkts richten. Die abgeleiteten Ergebnisse sind teilweise überraschend, erst auf den zweiten Blick intuitiv einleuchtend und damit sehr interessant. Insgesamt stellt sich heraus, dass die Aufwandsverbuchung nach den Verhältnissen des Ausübungszeitpunkts offensichtlich in sehr vielen Situationen besser ist als die diskutierten Alternativen - und dieses Ergebnis scheint durchaus robust zu sein. Relevant ist dieses Ergebnis auch deshalb, weil es gerade nicht die Art der Aufwandsverbuchung nach IFRS oder US - GAAP repliziert. Insgesamt ist Christian Blecher eine sehr originelle und interessante Arbeit gelungen, die in der Debatte um die adäquate Bilanzierung von Aktienoptionsprogrammen einen wichtigen Beitrag darstellt.

Prof. Dr. Stefan Wielenberg

Vorwort

Die vorliegende Arbeit entstand während meiner Tätigkeit als wissenschaftlicher Mitarbeiter am Lehrstuhl für Externes Rechnungswesen an der Universität Bielefeld und am Institut für Rechnungslegung und Wirtschaftsprüfung der Leibniz Universität Hannover. Sie wurde Anfang des Jahres 2008 von der Fakultät für Wirtschaftswissenschaften der Universität Bielefeld als Dissertation angenommen.

Zu besonderem Dank verpflichtet bin ich meinem Erstgutachter, Herrn Professor Dr. Stefan Wielenberg, dessen Rat und Unterstützung wesentlich zur Entstehung der Arbeit beigetragen haben. Besondere Erwähnung verdient auch die hervorragende Arbeitsatmosphäre an seinem Lehrstuhl, die einem Gelingen der Arbeit sehr zuträglich gewesen ist. Ebenfalls danken möchte ich Herrn Professor Dr. Rolf König für die Übernahme des Zweitgutachtens sowie Herrn Professor Dr. Hermann Jahnke für seine Bereitschaft, als Prüfer im Rahmen der mündlichen Prüfung mitzuwirken.

Zahlreiche Diskussionen am Lehrstuhl haben die Entstehung der Arbeit begleitet und gefördert. In diesem Zusammenhang gilt mein herzlicher Dank meinem Kollegen am Lehrstuhl, Herrn Dr. Andreas Scholze, auf dessen Gesprächsbereitschaft ich mich immer verlassen konnte. Für seine wertvolle Unterstützung beim Korrekturlesen der Arbeit möchte ich mich außerdem bei Herrn Dr. Eike Muny bedanken.

Ebenfalls danken möchte ich den Herausgebern für die zeitnahe Begutachtung und die freundliche Aufnahme der Arbeit in diese Reihe.

Christian Blecher

Inhaltsverzeichnis

Abbildungsverzeichnis

Tabellenverzeichnis

Symbolverzeichnis

A	Anzahl ausgegebener Aktien vor Ausübung von Aktienoptionen
A_t	Buchwert der Periode t
A_t^{AB}	Buchwert der Periode t bei Aufwandbuchung
A_t^{BV}	Buchwert der Periode t bei Buchungsverzicht
AG_T	Ausübungsgewinn bei Fixed Stock Options in Periode T
AG_T^{Index}	Ausübungsgewinn bei Variable Stock Options in Periode T
AG_0	diskontierter Ausübungsgewinn bei Fixed Stock Options aus Sicht von Periode $t = 0$
AG_0^{Index}	diskontierter Ausübungsgewinn bei Variable Stock Options aus Sicht von Periode $t = 0$
AS_t^{AB}	Accounting income shock der Periode t bei Aufwandbuchung
$AS_t^{AB,\epsilon+\epsilon_1 klein}(\beta = 1)$	Accounting income shock der Periode t bei Aufwandbuchung mit kleinen Schocktermen und $\beta = 1$
AS_t^{BV}	Accounting income shock der Periode t bei Buchungsverzicht
AU_1	Ausschüttungsrestriktion in Periode $t = 1$
B	Basispreis der Aktienoptionen
$\bar{c}_t$	Erwartungswert des Cash Flows der Periode t
C	Wert einer Aktienoption
C_{neu}	Wert einer Aktienoption mit neuer Wahrscheinlichkeitsverteilung
CF_t	Cash Flow der Periode t
$CF(\theta)$	Cash Flow der zusätzlichen Investition ins Realprojekt in Abhängigkeit vom Umweltzustand θ

$CF_t(\theta)$	Cash Flow in Periode t der ursprünglichen Investition in Abhängigkeit vom Umweltzustand θ
d	down-Faktor im Binomialmodell
d_t	Abschreibung der Periode t
EK_1^N	Höhe der Einlage zusätzlichen Eigenkapitals in $t = 1$
Ent_t	gesamte Entlohnung des Managers in Periode t
FK_0	Fremdkapitalaufnahme in $t = 0$
h_t	Informationshierarchie der Periode t
i	Rendite im Binomialmodell
i_{neu}	Rendite im Binomialmodell mit neuer Wahrscheinlichkeitsverteilung
I_t	ökonomischer Gewinn der Periode t
I_t^{Alt}	ökonomischer Gewinn aus Sicht der Altaktionäre der Periode t
I_t^{Neu}	ökonomischer Gewinn aus Sicht der Neuaktionäre der Periode t
IG_1	gesamte zusätzliche Investition in $t = 1$
IR_1	zusätzliche Realinvestition in $t = 1$
IF_1	zusätzliche Finanzinvestition in $t = 1$
k	Anzahl der „up"-Bewegungen bis T im Binomialmodell
Kor_t	kumulierte Korrektur-/Aufwandbuchung in Periode t
$KW^{ohneSOP}(\theta)$	Kapitalwert der Unternehmenstätigkeit ohne Berücksichtigung eines Optionsprogramms
$KW^{mitSOP}(\theta)$	Kapitalwert der Unternehmenstätigkeit aus Sicht der Altaktionäre (mit Berücksichtigung des Optionsprogramms)
$KW_{Index}^{mitSOP}(\theta)$	Kapitalwert der Unternehmenstätigkeit aus Sicht der Altaktionäre (unter Verwendung eines indizierten Basispreises)
KW_{Finanz}^{EK}	Kapitalwert des Finanzinvestitionsprojektes aus Sicht aller Eigenkapitalgeber
KW_{Finanz}^{Alt}	Kapitalwert des Finanzinvestitionsprojektes aus Sicht der Altaktionäre
KW_{Real}	Kapitalwert des Realinvestitionsprojektes

KW_{Real}^{EK}	Kapitalwert des Realinvestitionsprojektes aus Sicht aller Eigenkapitalgeber
KW_{Real}^{Alt}	Kapitalwert des Realinvestitionsprojektes aus Sicht der Altaktionäre
m_t	Dotierung des Schuldpostens in Periode t
N	Nennwert der Aktien
$\bar{O}$	Anzahl ausgegebener Aktienoptionen
p	Wahrscheinlichkeit für up-Bewegungen im Binomialmodell
p_{neu}	Wahrscheinlichkeit für up-Bewegungen im Binomialmodell mit neuer Wahrscheinlichkeitsverteilung
$p(\theta_H)$	Wahrscheinlichkeit für Auftreten des guten Umweltzustandes
$p(\theta_L)$	Wahrscheinlichkeit für Auftreten des schlechten Umweltzustandes
PA	Höhe der Periodenabgrenzungen
$PA^{ohneSOP}$	Höhe der Periodenabgrenzungen ohne Berücksichtigung eines Optionsprogramms
PA^{mitSOP}	Höhe der Periodenabgrenzungen mit Berücksichtigung eines Optionsprogramms
r	Kapitalmarktzins
R	Diskontierungsfaktor $(1 + r)$
RI_t	Residualgewinn der Periode t
SP_t	Wertansatz des Schuldpostens in Periode t
S_T	Aktienkurs zum Zeitpunkt T
Sum	Summe der Störterme ϵ und ϵ_1
T	Laufzeit des Optionsprogramms
u	up-Faktor im Binomialmodell
$V_0^{ohneSOP}$	Unternehmenswert ohne Optionsprogramm zum Zeitpunkt $t = 0$
V_t	Unternehmenswert in Periode t
V_t^{Alt}	Unternehmenswert aus Sicht der Altaktionäre in Periode t
V_t^{Neu}	Unternehmenswert aus Sicht der Neuaktionäre in Periode t

$V_t^{Alt+Neu}$	Unternehmenswert aus Sicht von Alt- und Neuaktionären in Periode t
$VS_t^{Alt+Neu,BV}$	Value shock der Alt- und Neuaktionäre bei Buchungsverzicht
$VS_t^{Alt+Neu,BV}$	Value shock der Alt- und Neuaktionäre bei Aufwandbuchung
$VS_t^{Alt,BV}$	Value shock der Altaktionäre bei Buchungsverzicht
$VS_t^{Alt,BV}$	Value shock der Altaktionäre bei Aufwandbuchung
$VS_t^{Neu,BV}$	Value shock der Neuaktionäre bei Buchungsverzicht
$VS_t^{Neu,BV}$	Value shock der Neuaktionäre bei Aufwandbuchung
VW_t	Wertansatz des Vermögenswertes in Periode t
w_t	Erlösverlauf in Periode t
x_t	buchhalterischer Gewinn der Periode t
x_t^{AB}	buchhalterischer Gewinn der Periode t bei Aufwandbuchung
x_t^{AB}	buchhalterischer Gewinn der Periode t bei Buchungsverzicht
y_t	Signal (zusätzliche Information) der Periode t
z_t	Gewichtungsfaktor der Periode t
α	Barwert des Persistenzfaktor η
β	Anteil am Barwert des Ausübungsgewinns, der als Aufwand verrechnet wird
γ	Diskontierungsfaktor $\left(\frac{1}{1+r}\right)$
δ	Entlohnungsanteil
ϵ	persistenter Störterm
ϵ_1	transitorischer Störterm
λ	Erlösfaktor
η	Persistenzfaktor
θ_H	guter Umweltzustand
θ_L	schlechter Umweltzustand
ω_t	Umweltzustände

Abkürzungsverzeichnis

Abs.	Absatz
a. F.	alte Fassung
AG	Aktiengesellschaft
AICPA	American Institute of Certified Public Accountants
AktG	Aktiengesetz
APB	Accounting Principles Board
ARB	Accounting Research Bulletin
Aus.	Ausschüttung
BGBl.	Bundesgesetzblatt
CEO	Chief Executive Officer
Co.	Company
DAX	Deutscher Aktienindex
disk.	diskontierte
DM	Deutsche Mark
EW	Erwartungswert
f.	folgende
FASB	Financial Accounting Standards Board
ff.	fortfolgende
Fn.	Fußnote
GE	Geldeinheiten
GoB	Grundsätze ordnungsmäßiger Buchführung
GoF	Geschäfts- oder Firmenwert
GuV	Gewinn- und Verlustrechnung
HGB	Handelsgesetzbuch
IAS	International Accounting Standards
IASB	International Accounting Standards Board

IFRS	International Financial Reporting Standards
KonTraG	Gesetz zur Kontrolle und Transparenz im Unternehmensbereich
No.	Number
PA	Periodenabgrenzungen
Par.	Paragraph
Rdnr.	Randnummer
RG	Residualgewinn
SFAS	Statement of Financial Accounting Standards
SOP	Stock Option-Programm
S & P	Standard & Poor's
USA	United States of America
US-GAAP	United States - Generally Accepted Accounting Principles
vs.	versus

Einleitung

Hinführung zum Thema

Ursprünglich stammt das Konzept, Aktienoptionsprogramme zur Entlohnung insbesondere von Führungkräften von Unternehmen einzusetzen, aus den Vereinigten Staaten.[1] Seit Mitte der neunziger Jahre hat sich diese Entlohnungsform auch bei vielen deutschen Unternehmen zu einem selbstverständlichen Bestandteil der Managementvergütung entwickelt.[2] Über unternehmensindividuell ausgestaltete Aktienoptionen wird dem Management im Rahmen dieses Entlohnungsinstruments die Möglichkeit gegeben, an positiven Aktienkursentwicklungen zu partizipieren. Grundidee dieser Kopplung der Entlohnung des Managements an den Aktienkurs ist die erhoffte Gleichrichtung der Interessen des Managements mit denjenigen der Eigentümer eines Unternehmens. Da die Entlohnung des Managements vom Aktienkurs abhängig wird, erwartet man durch die Gewährung der Aktienoptionen, daß die Führungskräfte sich in besonderem Maße für einen Anstieg des Aktienkurses einsetzen werden. Dies deckt sich mit den Zielvorstellungen der Eigenkapitalgeber, die an einer Maximierung ihres Anteilswertes interessiert sind. Mit dieser Verpflichtung der Manager auf eine Shareholder-Value-Orientierung[3] sollen im Sinne der Agency-Theorie Interessenskonflikte zwischen dem Prinzipal – den Eigen-

1 In den Vereinigten Staaten hat der Einsatz von Aktienoptionen zur Mitarbeiterentlohnung eine lange Tradition. Bereits in den zwanziger Jahren wurden Optionsrechte als Bestandteil von Entlohnungsarrangements verwendet, und nach dem Zweiten Weltkrieg gewannen sie immer mehr an Bedeutung. Schon im Jahre 1948 wurde ein erster, heute nicht mehr maßgeblicher Standard zur Bilanzierung von Stock Options vom Committee on Accounting Procedures erlassen: Das Accounting Research Bulletin (ARB) No. 37 „Accounting for compensation in the Form of Stock Options“. Vgl. *Wenger et al.* (1999), S. 35; *Kramarsch* (2000), S. 75; *Pellens / Crasselt* (1998b), S. 218 f. Die Bedeutung von Optionsprogrammen in Amerika verdeutlichen z. B. folgende Zahlen: Im Jahr 1999 verfügten 94% aller S&P 500 Unternehmen über Aktienoptionsprogramme. Der Wert der Optionen zum Ausgabezeitpunkt machte 47% der gesamten CEO-Entlohnungen aus. Vgl. *Hall / Murphy* (2002), S. 4. Vgl. zur Entwicklung der Bedeutung von Stock Options im Rahmen der gesamten CEO-Entlohnung auch *Murphy* (2002), S. 848.

2 Erste Aktienoptionsprogramme in Deutschland gab es bereits ab Mitte der achtziger Jahre. Einen wirklichen Durchbruch für die weitergehende Verbreitung bedeuteten aber erst die Programme der Deutschen Bank und Daimler Benz aus dem Jahr 1996. Vgl. *Knoll* (1998), S. 133 sowie *Knoll* (1999), S. 242. In der Folgezeit hat sich der Trend, Aktienoptionsprogramme aufzulegen, jedoch enorm verstärkt. So wurden z. B. alleine im ersten Halbjahr 1998 schon 27 Pläne verabschiedet. Vgl. *Löwe / Sieber* (2000), S. 49. Übersichten über frühe deutsche Stock Option-Programme finden sich u.a. bei *Pellens et al.* (1998), S. 21 ff; *Lutter* (1997), S. 1; *Kohler* (1997), S. 250 f.

3 Vgl. grundlegend zum Begriff des Shareholder Value die Arbeit von *Rappaport* (1986); in deutscher Übersetzung: *Rappaport* (1999). Vgl. auch *Mülbert* (1997), S. 129 ff.

kapitalgebern – und dem Agenten – dem Management – abgebaut werden.[4]

Seit der vermehrten Übernahme dieses aus dem anglo-amerikanischen Rechtskreis stammenden Entlohnungsinstruments in deutschen Unternehmen hat sich auf verschiedenen Ebenen ein starker Diskussionsbedarf ergeben, wie es oft der Fall ist, wenn ein ursprünglich aus einem fremden Rechtssystem stammendes Gestaltungsinstrument auch in Deutschland zum Einsatz gebracht wird.[5] Intensiv diskutiert wurde in den ersten Jahren insbesondere die gesellschaftsrechtliche Durchführbarkeit. Da eine Kapitalerhöhung zum Zwecke der Ausgabe von Stock Options gesetzlich nicht vorgesehen war, mußte die Auflage von Aktienoptionsprogrammen in eine vom deutschen Gesellschaftsrecht zulässige Form gekleidet werden.[6] Erst mit der Erleichterung der Durchführung von Optionsprogrammen durch das Gesetz zur Kontrolle und Transparenz im Unternehmensbereich (KonTraG)[7] wurde dieser Problembereich weitgehend beseitigt. Komplexe Fragestellungen wirft die Gewährung von Optionsprogrammen auch im Bereich der Besteuerung auf. Im Zentrum der Diskussion steht hier insbesondere der Besteuerungszeitpunkt beim Begünstigten des Optionsprogramms.[8]

Ein dritter vieldiskutierter Problembereich betrifft die im Rahmen dieser Arbeit im Vordergrund stehende Frage nach der adäquaten bilanziellen Abbildung von Aktienoptionsprogrammen in der externen Rechnungslegung der Unternehmen. Nicht nur in Deutschland, auch in der internationalen Rechnungslegung hat diese Frage kontroverse Diskussionen ausgelöst. Als der amerikanische Standardsetter, das Financial Accounting Standards Board (FASB), mit SFAS No. 123 „Accounting For Stock-Based Compensation“ Mitte der neunziger Jahre erstmals eine erfolgswirksame Erfassung von Aktienoptionen mit ihrem Gesamtwert (innerer Wert zuzüglich Zeitwert) durchsetzen wollte, war der Widerstand dagegen, insbesondere von Seiten der Unternehmen, so groß, daß sich das FASB sogar in seiner Funktion als privater Standardsetter gefährdet sah. Das Ausmaß der Kontroverse wird als einmalig in der Geschichte des FASB eingestuft.[9] Im Ergebnis sah sich das FASB gezwungen, zunächst auf die verpflichtende Bewertung zum Gesamtwert zu verzichten. Es wurde ein Wahlrecht gewährt, weiterhin die APB Opinion No. 25 “Accounting for stock issued to employees“ aus dem Jahre 1972 anzuwenden, die eine Bewertung zum inneren Wert der Optionen vorsieht und damit i. d. R. keinen Aufwand verursacht. Erst in Folge zahlreicher Bilanzskandale in den Vereinigten Staaten und der Tatsache,

4 Solche Interessenskonflikte können z. B. darin bestehen, daß die Manager eigene, von denen der Eigenkapitalgeber abweichende, Interessen verfolgen wie die Ausweitung ihres Machtbereiches und das Streben nach Prestige und Status. Vgl. *Bassen* (2000), S. 280 f.

5 Man denke z. B. nur an die verstärkte Übernahme von Trust-Gestaltungen in verschiedensten Einsatzbereichen.

6 Vgl. hierzu auch die Ausführungen in Kapitel 2.2.2.1.

7 Vgl. BGBl. I, 27.4.1998, S. 786 ff.

8 In Frage kommen im wesentlichen drei Zeitpunkte, an denen steuerlich ein Zufluß angenommen werden kann: Der Zeitpunkt der Gewährung, der Zeitpunkt der erstmaligen Verfügungsmöglichkeit und der Zeitpunkt der Ausübung der Optionen. Vgl. zur Frage des Besteuerungszeitpunkts u. a. *Vater* (2000b), S. 441 ff.; *Kroschel* (2000), S. 178 ff.; *Ettinger* (1999), S. 91 ff.; *Eschbach* (2000), S. 1 ff.

9 Vgl. *Rammert* (1998), S. 767; *Pellens / Crasselt* (1998b), S. 220; *Eisolt* (1999), S. 760. Vgl. zur Einführung von SFAS No. 123 auch *Coller / Higgs* (1997), S. 26 ff., *Bodie et al.* (2003), S.63 ff. und *Lobo / Rue* (2000), S. 27 ff.

daß daraufhin viele Unternehmen freiwillig auf die fair-value-Methode des SFAS No. 123 umgestellt haben, konnten bis Ende 2004 der überarbeitete SFAS No. 123 „Share-Based Payment“ und der neue Standard SFAS 148 „Accounting for Stock-Based Compensation - Transition and Disclosure“ verabschiedet werden. Diese beiden Standards setzen nun die bereits ursprünglich vom FASB präferierte Bewertung zum Gesamtwert bei den meisten Gestaltungsformen um und unterbinden i. d. R. die Möglichkeit zur Bewertung mit dem inneren Wert.

Auch im Bereich der internationalen Rechnungslegungsstandards der IAS/IFRS war eine Regelung zu Aktienoptionsprogrammen lange Zeit ein umstrittenes Thema. Zunächst entzog sich das International Accounting Standards Board (IASB) einer Festlegung auf eine präferierte Bilanzierungsweise, indem in IAS 19 a. F. keine Ansatz- und Bewertungsvorschriften, sondern nur Angabepflichten für Optionsprogramme vorgesehen waren. Die Entwicklung eines eigenen Standards zur Erfassung von aktienbasierten Vergütungsformen nahm mehrere Jahre in Anspruch, und die Verabschiedung des Standards wurde mehrfach verschoben.[10] Erst zu Beginn des Jahres 2004 konnte mit IFRS 2 „Share-based Payment“ ein Standard verabschiedet werden, der – gegen viele Widerstände – erstmals eine aufwandswirksame Erfassung von Optionsprogrammen verpflichtend vorsieht. Damit besaß das IASB so etwas wie eine Vorreiterrolle bei der Durchsetzung einer erfolgswirksamen Berücksichtigung, denn der IFRS-Standard wurde noch vor dem überarbeiteten US-amerikanischen Pendant verabschiedet.[11]

In Deutschland wird die Diskussion geprägt durch das Aufeinandertreffen zwischen den internationalen Rechnungslegungsvorschriften, die im Konzernabschluß immer mehr an Bedeutung gewinnen, und dem traditionellen deutschen Rechnungslegungsverständnis im Sinne der Grundsätze ordnungsmäßiger Buchführung (GoB).[12] In diesem Spannungsfeld entwickelte sich eine intensive Diskussion über eine adäquate bilanzielle Erfassung von Aktienoptionsprogrammen, wobei sich im wesentlichen zwei Strömungen herausarbeiten lassen: zum einen Befürworter einer Verbuchung von Optionsprogrammen als Personalaufwand[13] in Anlehnung an internationale Gepflogenheiten, zum anderen Vertreter eines Buchungsverzichtes[14], die auf die fehlende Zahlungswirksamkeit von Aktienoptionsprogrammen verweisen und eine bilanzielle Erfassung während der Laufzeit deshalb für überflüssig erachten. Diese zwei Hauptströmungen – Aufwandbuchung bzw. Buchungsverzicht – sollen später im Rahmen der modelltheoretische Analyse einander gegenübergestellt werden.

10 Vgl. zur Entwicklung des IFRS 2 *Grünberger / Grünberger* (2003), S. 20 ff.; *Schmidt* (2002), S. 2657 ff. und *Schildbach* (2003), S. 893 ff.

11 Vgl. ausführlich zu den Regelungen des IFRS 2 die Ausführungen in Kapitel 2.1.

12 Vgl. hierzu insbesondere Kapitel 2.2.

13 Vgl. u. a. *Pellens / Crasselt* (1998b), S. 217 ff.; *Pellens / Crasselt* (1998c), S. 1431 ff.; *Esterer / Härteis* (1999), S. 2073 ff. sowie Kapitel 2.2.3.1.1.

14 Vgl. u. a. *Herzig* (1998), S. 184 ff.; *Rammert* (1998), S. 769 ff.; *Naumann* (1998), S. 1428 ff. sowie Kapitel 2.2.3.2.

Rechnungslegungszwecke

Neben der Feststellung, daß es im Bereich der Ausgestaltung von Rechnungslegungsvorschriften zu Aktienoptionsprogrammen ein hohes Maß an gegensätzlichen Auffassungen gibt, existiert ein zweiter Anknüpfungspunkt dieser Arbeit. Dieser betrifft die bekannte Tatsache, daß Rechnungslegung aus verschiedenen Zielsetzungen heraus betrieben werden kann. Diese Unterschiedlichkeit in der Zielsetzung kann wiederum zur Folge haben, daß sich der Inhalt der Rechnungslegung je nach Rechnungszweck voneinander unterscheidet, denn verschiedene Jahresabschlußzwecke können für eine adäquate Umsetzung ihrer Ziele voneinander abweichende Bilanzierungsvorschriften erfordern.[15] Betrachtet man z. B. das gerade angesprochene Vordringen der internationalen Rechnungslegung im Bereich der Konzernrechnungslegung in Deutschland und den Einfluß, den die internationale Bilanzierungsweise von Optionsprogrammen auf die deutsche Diskussion ausgeübt hat, liegt es nahe, an die oft betonten Unterschiede in den Zielsetzungen von internationaler bzw. deutscher Rechnungslegung zu denken. Der Zweck der Erstellung von Jahresabschlüssen in der internationalen Rechnungslegung wird im wesentlichen darin gesehen, die Kapitalmärkte und damit die Eigen- und Fremdkapitalgeber mit relevanten Informationen über das Unternehmen zu versorgen, um Investitionsentscheidungen der Kapitalmarktteilnehmer zu erleichtern.[16] Dagegen steht im Rahmen der deutschen Rechnungslegung nach allgemeinem Verständnis der Gedanke des Gläubigerschutzes im Vordergrund:[17] Eine vorsichtige Gewinnermittlung soll für eine Begrenzung des Ausschüttungspotentials sorgen, so daß mehr Kapital im Unternehmen verbleibt, das zur Befriedigung der Ansprüche der Gläubiger zur Verfügung steht. Vor dem Hintergrund dieser erheblichen Unterschiede in der Gewichtung von Zielsetzungen, die mit der Erstellung von Jahresabschlüssen verbunden wird, ist es eigentlich naheliegend, in diesen verschiedenen Auffassungen zu den Jahresabschlußzwecken eine wesentliche Ursache für die kontroversen Meinungen zur „richtigen" Bilanzierung von Aktienoptionsprogrammen zu suchen.

Um so mehr überrascht es, daß gerade in der deutschen Diskussion die Argumentation sich in weiten Teilen auf den Austausch juristischer Argumente beschränkt. Anstatt ökonomische Überlegungen in den Vordergrund zu stellen und die unterschiedlichen Auffassungen über die Ziele von Rechnungslegung als Ursache für die verschiedenen Bilanzierungsmöglichkeiten von Optionsprogrammen klar zu benennen, erschöpft sich die Diskussion oftmals in der Klärung juristischer Detailfragen.[18]

15 Dieter Schneider hat dies auf prägnante Weise folgendermaßen formuliert: „Aus dem Rechnungszweck folgt der Rechnungsinhalt." *Schneider* (1997), S. 33.

16 Vgl. z. B. *IASB* (2006), Framework Par. 9 (a).

17 Vgl. zur besonderen Bedeutung des Gläubigerschutzprinzips in der deutschen Rechnungslegung z. B. *Winkeljohann / Schellhorn* (2006), § 264 Rdnr. 35.

18 Charakteristisch ist hier z. B. die Diskussion über die Einlagefähigkeit der Leistungsverpflichtung der Manager bzw. des Bezugsrechtsverzichtes der Altaktionäre zur Rechtfertigung einer Gegenbuchung im Eigenkapital. Vgl. insbesondere *Rammert* (1998), S. 773 ff.; *Naumann* (1998), S. 1430 f.; *Pellens / Crasselt* (1998c), S. 1432 f.

Ziel dieser Arbeit soll es deshalb sein, die beiden angesprochenen Themenbereiche – das Vorhandensein von Meinungsverschiedenheiten bezüglich der Aktienoptionsprogramm-Bilanzierung und die unterschiedlichen Rechnungslegungszwecke – zusammenzuführen: Es soll mit Hilfe von modelltheoretischen Überlegungen untersucht werden, inwieweit unterschiedliche Rechnungslegungszwecke auch unterschiedliche Bilanzierungsweisen im Bereich der Erfassung von Stock Options erfordern. Zu den verschiedenen Funktionen, die Rechnungslegung erfüllen kann, existieren jeweils bekannte Modelle, die sich in allgemeiner Form mit dem jeweiligen Rechnungszweck auseinandersetzen. In diese allgemeinen Modelle sollen im Rahmen dieser Arbeit die Auswirkungen von Aktienoptionsprogrammen integriert werden, um daraus ableiten zu können, welche Bilanzierungsweise den jeweiligen Rechnungszweck bestmöglich unterstützt. Besonderes Gewicht wird dabei, wie angesprochen, auf den Vergleich der beiden Hauptströmungen gelegt, die sich in der Literatur zur Erfassung von Optionsprogrammen feststellen lassen:[19] Verglichen werden die Berücksichtigung als Personalaufwand – auch als erfolgswirksame Erfassung bezeichnet – und der Buchungsverzicht – auch als erfolgsneutrale Erfassung bezeichnet.

Von der Vielzahl an möglichen Aufgaben des Jahresabschlusses – genannt werden in der Literatur z. B. die Rechenschafts- bzw. Dokumentations-, die Gewinnermittlungs-, die Ausschüttungsbemessungs-, die Gläubigerschutz- und die Informationsfunktion[20] – eignen sich nicht alle für eine Operationalisierung innerhalb eines ökonomischen Modells. So scheint z. B. die Rechenschafts- bzw. Dokumentationsfunktion der Rechnungslegung im Hinblick auf eine Operationalisierung ungeeignet und soll deshalb im weiteren Verlauf der Arbeit keine Berücksichtigung finden. Es verbleiben im wesentlichen drei verschiedene Rechnungszwecke, die im Zentrum der weiteren Untersuchung stehen und die folgendermaßen bezeichnet werden sollen: die Informationsfunktion, die Anreizfunktion und die Ausschüttungsbemessungsfunktion.

Die Informationsfunktion sieht die zentrale Aufgabe von Rechnungslegung in der Vermittlung von Informationen an die Kapitalmarktteilnehmer. Diese sollen bei ihren ökonomischen Entscheidungen, also insbesondere Entscheidungen über den Kauf oder Verkauf von Unternehmensanteilen, Informationen durch die Rechnungslegung erhalten, die sie bei ihren Entscheidungen unterstützen. Um die Rolle der Rechnungslegung bei der Entscheidungsunterstützung zu charakterisieren, finden sich im englischsprachigen Raum Bezeichnungen wie „decision-making"- oder „decision facilitating"-Ansatz.[21] Im Rahmen dieses Jahresabschlußzweckes, den man zusammenfassend als „Entscheidungsunterstützung durch Information der Kapitalmarktteilnehmer" bezeichnen kann, soll bei der späteren Analyse zwischen zwei grundsätzlichen theoretischen Sichtweisen auf Rechnungslegung unterschieden werden: der Meßperspektive

19 Vgl. hierzu auch Kapitel 2.2.

20 Vgl. *Winkeljohann / Schellhorn* (2006), § 264 Rdnr. 35.

21 Vgl. *Gjesdal* (1981), S. 208 und *Demski / Feltham* (1976), S. 8 ff.

und der Informationsperspektive. Dabei handelt es sich bei der Meßperspektive[22] um eine eher traditionelle Sichtweise auf Rechnungslegung. Diese interpretiert Rechnungslegung als ein Mittel zur Approximation des ökonomischen Gewinns. Da diese klassische Perspektive allerdings problematische Aspekte aufweist – so ist zum einen die angestrebte Richtschnur des ökonomischen Gewinns nur auf vollkommenen und vollständigen Kapitalmärkten überhaupt definiert und zum anderen in einem Szenario, bei dem keine Informationsasymmetrien zwischen Management und Kapitalmarkt bestehen, die Notwendigkeit von Rechnungslegung schwer begründbar –, hat sich in neuerer Zeit eine weitere theoretische Sichtweise auf Rechnungslegung herausgebildet: die Informationsperspektive.[23] Diese Perspektive geht von Informationsasymmetrien zwischen Management und Kapitalmarkt aus. Die besser informierten Manager verfügen gegenüber den Kapitalmarktteilnehmern über einen Informationsvorsprung. Im Sinne der Informationsperspektive kann der Jahresabschluß in diesem Zusammenhang als ein Instrument betrachtet werden, mit dem diese Informationsasymmetrien abgebaut werden können. Die Rechnungslegung bietet dem Management die Möglichkeit, Informationen an den Kapitalmarkt über die Eintrittswahrscheinlichkeiten von zukünftigen Umweltzuständen weiterzugeben. Dies ist eine Interpretation von Rechnungslegung, die insbesondere in anglo-amerikanisch geprägten Ländern stark betont wird.

Der zweite Rechnungszweck, der im Rahmen dieser Arbeit betrachtet werden soll, kommt dann zum Tragen, wenn Eigentum und Führung eines Unternehmens in getrennten Händen liegen. Rechnungslegung kann dann zur Leistungsbeurteilung herangezogen werden, vor allem im Zusammenhang mit dem Abschluß von erfolgsabhängigen Entlohnungsverträgen mit den Mitarbeitern des Unternehmens. Über eine Kopplung der Entlohnung an Jahresabschlußgrößen, insbesondere in Anknüpfung an den ermittelten Periodengewinn, wird versucht, die Mitarbeiter zu einem Verhalten im Sinne der Eigner des Unternehmens zu motivieren. Der Fokus verschiebt sich damit von einer entscheidungsunterstützenden Funktion der Rechnungslegung hin zu einer entscheidungsbeeinflussenden Funktion. Stand beim ersten Rechnungszweck die Informationsbeschaffung für die Eigenkapitalgeber im Vordergrund, damit sie ihre eigenen Anlageentscheidungen verbessern können, rückt jetzt die Beeinflussung des Verhaltens der mit der Führung des Unternehmens beauftragten Manager ins Zentrum. Eine auf Rechnungswesengrößen basierende Entlohnung soll gezielte Anreize setzen, um das Management zu Entscheidungen im Interesse der Eigenkapitalgeber zu motivieren. Deshalb grenzen Demski/Feltham diesen zweiten Rechnungszweck vom ersten ab, indem sie ihn als „decision influencing" charakterisieren.[24] Weil es um die Ausübung von Kontrolle von Seiten der Eigenkapitalgeber geht, die eine Möglichkeit

22 So bezeichnen Beaver/Demski diese Sichtweise auf Rechnungslegung als „measurement perspective". Vgl. *Beaver / Demski* (1979), S. 38. Vgl. zur Meßperspektive Kapitel 3.3.

23 Beaver bezeichnet diese Sichtweise auf Rechnungslegung als „informational perspective". Vgl. *Beaver* (1998), S. 4. Vgl. auch *Beaver / Demski* (1979), S. 43. Christensen/Demski wählen die Bezeichnungen „‚information content'approach" und „information content perspective". Vgl. *Christensen / Demski* (2003), S. 4 f. Vgl. zur Informationsperspektive Kapitel 3.4.

24 Vgl. *Demski / Feltham* (1976), S. 8 ff.

zur Überwachung der Handlungen des Managements benötigen, spricht man auch von einer „stewardship"-Funktion der externen Rechnungslegung.[25] Wegen des angesprochenen Versuches, Entscheidungen des Managements im Sinne der Eigenkapitalgeber herbeizuführen, soll im folgenden in diesem Kontext auch der Begriff der Anreizfunktion der Rechnungslegung verwendet werden.

Dem dritten Rechnungszweck kommt insbesondere aus deutscher Sicht traditionell große Bedeutung zu: Er tritt im Zusammenhang mit Fremdfinanzierung bei haftungsbeschränkten Unternehmen auf und soll als Ausschüttungsbemessungsfunktion bezeichnet werden. Diese Bezeichnung wird deshalb gewählt, weil die Rechnungslegung im Sinne dieser Interpretation dazu verwendet werden kann, die Höhe von Ausschüttungen aus dem Unternehmen an Größen des Rechnungswesens – z. B. den vom Rechnungswesen ausgewiesenen Gewinn – zu knüpfen. Wird dieser Gewinn vom Rechnungslegungssystem „vorsichtig" ermittelt, ist das Ausschüttungspotential verhältnismäßig gering und viel Kapital bleibt im Unternehmen gebunden, das zur Befriedigung der Fremdkapitalgeber zur Verfügung steht. Dieser Gedankengang – vorsichtige Gewinnermittlung zum Zwecke des Gläubigerschutzes – steht hinter der, für die deutsche Rechnungslegung so charakteristischen, großen Bedeutung des Vorsichtsprinzips.

Aus dem Blickwinkel dieser drei beschriebenen Rechnungszwecke – Informations-, Anreiz- und Ausschüttungsbemessungsfunktion – wird im Rahmen dieser Arbeit überprüft, welche Bilanzierungsweise für Aktienoptionsprogramme die Umsetzung des jeweiligen Jahresabschlußzweckes fördert.

Aufbau der Arbeit

Die Arbeit umfaßt zwei Hauptteile. Im ersten Teil werden wichtige Grundlagen für das Verständnis des zweiten Teils dargestellt. Dies betrifft insbesondere zwei Bereiche: Zum einen werden in Kapitel 1 einige grundlegende Gestaltungsparameter von Aktienoptionsprogrammen vorgestellt. Aufgrund der nahezu unerschöpflichen Vielfalt an Möglichkeiten, die sich bei der unternehmensindividuellen Ausgestaltung solcher Programme bietet, beschränkt sich die Darstellung auf diejenigen Parameter, die bei der späteren modelltheoretischen Analyse von Wichtigkeit sind. Zum anderen werden in Kapitel 2 die aktuellen Rechnungslegungsvorschriften verschiedener Regelungssysteme zu Aktienoptionsprogrammen vorgestellt, um einen Eindruck von der Gegensätzlichkeit der vertretenen Konzepte zu vermitteln. Als Vertreter der internationalen Vorschriften sollen dabei die Regelungen des IFRS 2 dargestellt werden, denen anschließend die Diskussion in Deutschland über eine angemessene Bilanzierung im Sinne der GoB gegenübergestellt wird.

25 Vgl. zur „stewardship"-Funktion *Gjesdal* (1981), S. 208 ff.

Es folgt der zweite Teil der Arbeit, der sich mit der Analyse einer adäquaten Bilanzierung von Aktienoptionsprogrammen aus Sicht der bereits eingeführten drei Rechnungslegungszwecke beschäftigt. Dabei enthält Kapitel 3 die Überlegungen aus Sicht der Entscheidungsunterstützung, wobei hier zwischen den bereits angesprochenen zwei unterschiedlichen Rechnungslegungsperspektiven unterschieden werden soll: Der eher traditionellen meßperspektivischen Sichtweise, die in Abschnitt 3.3 behandelt wird, und der neueren informationsorientierten Sichtweise, der sich Abschnitt 3.4 widmet. Es folgt in Kapitel 4 die Analyse aus Sicht der Leistungsbeurteilung, mit Betonung der Anreizfunktion der Rechnungslegung, während das folgende Kapitel 5 die Bilanzierung von Optionsprogrammen aus Sicht der Ausschüttungsbemessungsfunktion betrachtet.

Teil I

Aktienoptionsprogramme: Gestaltung und Rechnungslegungsvorschriften

Kapitel 1

Grundlegende Gestaltungsparameter von Aktienoptionsprogrammen

1.1 Grundkonstruktion von Optionsprogrammen

Aktienoptionsprogramme gewähren den begünstigten Mitarbeitern das Recht, aber nicht die Pflicht, innerhalb eines bestimmten Zeitraums Aktien des eigenen Unternehmens zu einem festgelegten Basispreis[26] zu erwerben. Vergleicht man die beschriebene Grund-idee von Stock Options mit derjenigen von börsengehandelten Optionsrechten, fällt auf, daß eine grundsätzliche Übereinstimmung zwischen beiden besteht.[27] Bei Arbeitnehmer-Aktienoptionen handelt es sich deshalb nicht um eine Finanzinnovation, sondern lediglich um eine spezielle Gestaltungsform von herkömmlichen Optionsrechten.[28] Diese werden allerdings, um den besonderen Zielsetzungen eines Aktienoptionsprogramms gerecht werden zu können – hier ist insbesondere an die Sicherung der langfristigen Anreizwirkungen zu denken –, mit zusätzlichen, bei handelbaren Optionen nicht anzutreffenden Gestaltungsparametern ausgestattet.

Der Gestaltungsvielfalt im Hinblick auf die konkrete Konstruktion von Optionsprogrammen sind dabei kaum Grenzen gesetzt. Es finden sich in Deutschland lediglich einige gesetzliche Mindestanforderungen, denen Aktienoptionsprogramme genügen müssen. Dazu gehört z. B. die Festlegung einer Ausübungssperre für die bezogenen Optionen von mindestens zwei Jahren.[29] Es soll im folgenden darauf verzichtet werden, einen möglichst vollständigen Überblick über in der Praxis vorkommende Gestaltungsvarianten zu geben – zu denken ist beispielsweise an die Vereinbarung einer Gewinnobergrenze (Cap)[30], an Handelsfenster zur Vermeidung von Insider-

26 Synonym werden auch die Begriffe „Ausübungspreis" und „Strike-Price" verwendet.

27 Vgl. *Neyer* (1999), S. 130.

28 Vgl. *Wildner* (2000), S. 22 f.

29 Vgl. § 193 Abs. 2 Nr. 4 AktG i. V. m. § 192 Abs. 2 Nr. 3 AktG. Vgl. auch die Ausführungen im folgenden Kapitel 1.2.

30 Vgl. zur Vereinbarung einer Gewinnobergrenze u. a. *Bernhardt* (1998), S. 7; *Bredow* (1998), S. 381; *Wildner*

handel[31] oder an ein Repricing bzw. an Option Swaps[32], mit denen oft auf einen Kursverfall reagiert wird. Solche Darstellungen über verschiedene Gestaltungsalternativen existieren zur Genüge[33] und auf konkrete Gestaltungsparameter soll deshalb im folgenden lediglich insoweit eingegangen werden, als sie für den weiteren Gang der Untersuchung von Interesse sind.

In diesem Zusammenhang sind insbesondere drei Bereiche zu nennen, die später bei der Integration von Aktienoptionsprogrammen in die modelltheoretischen Betrachtungen eine Rolle spielen werden: Dies betrifft erstens die Vereinbarungen von Sperrfristen zur Sicherstellung der langfristigen Anreizkompatibilität. Zweitens ist die Ausgestaltung des Basispreises von Bedeutung – entweder in Form eines festen Basispreises (Fixed Stock Options) oder in Form eines variablen Basispreises (Variable Stock Options). Drittens soll auf die Möglichkeit eingegangen werden, Optionsprogramme nicht mit Hilfe realer Optionen zu hinterlegen, sondern virtuelle Optionen zum Einsatz zu bringen, die eine Barzahlung in vergleichbarer Höhe versprechen. Diese Möglichkeit ist insbesondere auch deshalb von Interesse, weil in der internationalen Rechnungslegung ganz erhebliche Unterschiede zwischen der Erfassung von realen und virtuellen Aktienoptionsprogrammen bestehen.[34] Im folgenden sollen die Gestaltungsmöglichkeiten in diesen drei angesprochenen Bereichen kurz vorgestellt werden.

1.2 Sperrfristen

Um die mit der Ausgabe von Stock Options beabsichtigte langfristige Anreizwirkung zu erreichen, sind Aktienoptionsprogramme mit einer Laufzeit von bis zu zehn Jahren ausgestattet, die die übliche Laufzeit von Standardoptionen weit überschreitet.[35] Die lange Laufzeit alleine stellt jedoch keineswegs sicher, daß die beabsichtigten Anreizwirkungen auch tatsächlich längerfristig aufrecht erhalten werden können. Dazu bedarf es weiterer Gestaltungsmaßnahmen in Form von verschiedenen Ausübungs- bzw. Veräußerungssperrfristen, die verhindern sollen, daß die begünstigten Manager zu „frühzeitig" aus den gewährten Optionen bzw. den im Zuge der Ausübung erhaltenen Aktien Kapital schlagen. Mit Veräußerungssperren für die bereits bezogenen Aktien soll beispielsweise versucht werden, die Motivationsanreize eines Stock Option-Programmes auch über das Ausüben der Optionen hinaus aufrechtzuerhalten.[36] Von be-

(2000), S. 51 f.; *Kley* (1999), S. 1055.

31 Vgl. zur Insiderproblematik u. a. *Kramarsch* (2000), S. 60 ff.; *Einem / Pajunk* (2000), S. 104 f.; *Friedrichsen* (2000), S. 237 ff.; *Rosen* (1998), S. 1810; *Weber* (2000), S. 37 f.

32 Zur Praxis des Repricing und zu Option Swaps vgl. u. a. *Ackermann / Suchan* (2002), S.1497 ff; *Baums* (1997), S. 17; *Schwetzler* (1999), S. 341; *Bernhardt / Witt* (1997), S. 89 f.; *Seibert* (1998), S. 41; *Weber* (2000), S. 39.

33 Vgl. z. B. *Friedrichsen* (2000), *Kramarsch* (2000) und *Wildner* (2000).

34 Vgl. hierzu auch Kapitel 2.1 und insbesondere Kapitel 2.1.5.

35 Vgl. *Wildner* (2000), S. 50.

36 Vgl. *Menichetti* (1996), S. 1691; *Friedrichsen* (2000), S. 41. Zur Zulässigkeit von Verfall- und Rückzahlungsklauseln für den Fall, daß Mitarbeiter das Unternehmen verlassen, vgl. *Mechlem / Melms* (2000), S. 1614 ff.

sonderem Interesse für den weiteren Verlauf der Arbeit sind aber lediglich zwei Sperrfristen – die Ausübungs- und die Veräußerungssperre –, die sich auf die ausgegebenen Optionen selbst beziehen. Auf diese beiden Sperrfristen sollen sich die folgenden Ausführungen beschränken.

Die Ausübungssperrfrist – auch als vesting period bezeichnet – sorgt dafür, daß die gewährten Optionen für einen gewissen Zeitraum zu Beginn ihrer Laufzeit nicht ausgeübt werden dürfen. Erst nach Ablauf der vesting period ist ein Bezug der Aktien möglich – bei Erfüllung evtl. vorhandener Ausübungshürden.[37] Während bei standardisierten Optionen eine Ausübung nur am Ende (europäischer Typ) oder während der ganzen Laufzeit (amerikanischer Typ) möglich ist, handelt es sich bei Stock Options dank dieser Konstruktion in gewisser Weise um eine Mischform dieser beiden standardisierten Optionstypen.[38] Grundgedanke bei der Vereinbarung solcher Ausübungssperrfristen ist es, das Management auf eine längerfristige, nachhaltige Wertsteigerung des Unternehmens zu verpflichten. Für die Dauer der vesting period gibt es für Aktienoptionsprogramme, die aufgrund von § 192 Abs. 2 Nr. 3 AktG (Kapitalerhöhung) bzw. § 71 Abs. 1 Nr. 8 AktG (Rückkauf eigener Anteile)[39] gewährt werden, gesetzliche Mindestanforderungen. So muß die Ausübungssperrfrist bei diesen Programmen mindestens zwei Jahre betragen.[40] Weit verbreitet ist jedoch – im Interesse einer längerfristigen Ausrichtung –, einen Zeitraum von drei Jahren zu wählen.[41]

Um eine frühzeitige Verwertung der Aktienoptionen zu verhindern, wird die Ausübungssperre in aller Regel durch eine Veräußerungssperre ergänzt.[42] Eine solche Veräußerungssperre gilt in den meisten Fällen für die gesamte Laufzeit der Aktienoptionen. Sie kann allerdings auch während der Laufzeit, beispielsweise zusammen mit der Ausübungssperre, wegfallen.[43]

1.3 Fester vs. variabler Ausübungspreis

Einer der wesentlichen Aktionsparameter bei der Ausgestaltung von Aktienoptionsprogrammen betrifft die Bestimmung des Basispreises. Grundsätzlich bieten sich dabei zwei Vorgehensweisen an, die sich darin unterscheiden, zu welchem Zeitpunkt der Ausübungspreis endgültig fest-

37 Vgl. Kapitel 1.3.1.

38 Vgl. *Wildner* (2000), S. 50.

39 Zu den verschiedenen Möglichkeiten der Bedienung von Optionsprogrammen mit Aktien vgl. die Ausführungen in Kapitel 2.2.2.

40 Vgl. § 193 Ab. 2 Nr. 4 AktG.

41 Vgl. *Friedrichsen* (2000), S. 141, der 45 Stock Option-Programme untersucht hat und bei 17 eine zweijährige und bei 26 eine dreijährige Ausübungssperrfrist festgestellt hat.

42 So weisen z. B. Baeck/Diller darauf hin, daß der Ausschluß der Übertragbarkeit bei Aktienoptionen geradezu wesensmäßig erforderlich ist, um die angestrebten Motivations- und Bindungswirkungen entfalten zu können. Vgl. *Baeck / Diller* (1998), S. 1407. Auch Baums plädiert dafür, daß der Klarheit halber die Unübertragbarkeit in der Optionsabrede festgelegt werden sollte. Vgl. *Baums* (1997), S. 17. In vielen Hauptversammlungsbeschlüssen zu Optionsprogrammen ist die Übertragbarkeit auch tatsächlich explizit ausgeschlossen. Vgl. beispielhaft die Pläne von Volkswagen, Bundesanzeiger, 11.4.1997, S. 4783; RWE, Bundesanzeiger, 6.10.1998, S. 14757.

43 Es kann für einen solchen Fall z. B. vorgesehen werden, eine Veräußerungsmöglichkeit innerhalb der Arbeitnehmerschaft zu schaffen. Vgl. *Eberhartinger / Engelsing* (2001), S. 110.

gelegt wird. Dieser kann entweder bereits zum Gewährungszeitpunkt eindeutig bestimmt werden, man spricht von einem festen Basispreis bzw. von Fixed Stock Options. Oder der Basispreis kann erst zum Ausübungszeitpunkt in seiner Höhe endgültig bestimmt werden, dies bezeichnet man als variablen Basispreis oder spricht von Variable Stock Options. Beide Möglichkeiten sollen im folgenden kurz vorgestellt werden.

1.3.1 Fixed Stock Options

Wird der Basispreis bereits bei Auflage des Optionsprogramms festgelegt, besteht die mit Abstand gebräuchlichste Variante darin, den Ausübungspreis so zu bestimmen, daß er mit dem Aktienkurs zum Gewährungszeitpunkt übereinstimmt – es werden also „at-the-money"-Optionen ausgegeben. Grundsätzlich ist es aber auch möglich, Basispreise ober- oder unterhalb des aktuellen Aktienkurses zu wählen. Dabei ist die Gewährung von Optionen, die sich bereits bei Einräumung im Geld befinden, vom Standpunkt der Anreizwirkung kritisch zu betrachten, da die Optionen ohne Zutun des Managements werthaltig sind.[44] Die Verwendung eines Basispreises oberhalb des Aktienkurses wirkt in ähnlicher Form wie eine Ausübungshürde. Der Manager muß zunächst für einen Anstieg des Börsenkurses um einen vorgegebenen Mindestbetrag sorgen. Erst von Kurssteigerungen über diesen Betrag hinaus profitiert das Management in Form von Ausübungsgewinnen. Man bezeichnet diese Gewährung von „out-of-the-money"-Optionen auch als premium options.[45]

Als problematisch im Zusammenhang mit der Festlegung von festen Basispreisen erweist sich das Phänomen der sog. windfall profits.[46] Ziel der Gewährung von Aktienoptionen ist eigentlich die Belohnung von außergewöhnlichen Leistungen des Managements, die ihren Niederschlag in Form von überdurchschnittlichen Aktienkurssteigerungen finden. Bei der Einräumung von „at-the-money"-Optionen profitiert das Management aber von allen Kurssteigerungen, also beispielsweise auch dann, wenn durch eine allgemein haussierende Börse die Aktienkurse steigen und der Kurs des eigenen Unternehmens sich im Vergleich zu Konkurrenten sogar unterdurchschnittlich entwickelt. Die dabei „unverdient" erzielten Ausübungsgewinne bezeichnet man als windfall profits. Um die Belohnung einer solchen Underperformance zu vermeiden, formulieren viele Aktienoptionsprogramme sog. Ausübungshürden. D. h. es wird ein bestimmter Mindesterfolg, auch target genannt, festgelegt, der die Aktionärserwartungen an die Aktienkursentwicklung widerspiegeln soll. Erst wenn dieser Mindesterfolg vom Management erreicht worden ist, können die Optionen ausgeübt werden. Dabei können diese Ausübungshürden in verschiedenen

44 Der Stock Option-Plan der Hegener + Glaser AG hat versucht, genau von dieser Variante Gebrauch zu machen, und wollte den Ausübungspreis 100 DM pro Aktie unter dem Börsenkurs am Tag der Beschlußfassung festlegen, ohne die Optionen an weitere Ausübungshürden zu knüpfen. Vgl. Bundesanzeiger, 11.5.1989, S. 2331. Vgl. hierzu auch: *Lutter* (1997), S. 5 ff. und *Baums* (1997), S. 16.

45 Vgl. zu premium options u. a. *Wildner* (2000), S. 40 und *Einem / Pajunk* (2000), S. 103.

46 Vgl. zum Problem der windfall profits u. a.: *Aha* (1997), S. 2226 f.; *Friedrichsen* (2000), S. 52 f.; *Baums* (1997), S. 12 f.; *Schruff / Hasenburg* (1999), S. 618.

Varianten festgelegt werden. Die einfachste Form ist die Festlegung von absoluten Kurszielen, die festlegen, daß der Aktienkurs den Basispreis um einen bestimmten absoluten Betrag oder um einen bestimmten Prozentsatz übersteigen muß, damit die Optionen ausgeübt werden können.[47]

Absolute Kursziele eignen sich allerdings nicht, um exogene Einflußfaktoren zu berücksichtigen wie eine positive Konjunkturentwicklung und eine damit verbundene Börsenhausse. Hierzu bieten sich relative Kursziele an, die die Ausübunsgmöglichkeiten nicht nur an den Aktienkurs des eigenen Unternehmens knüpfen, sondern einen Vergleich mit den Kursen anderer Unternehmen bzw. den Vergleich mit einem Index vornehmen. Eine Ausübung der Optionen ist bei der Kopplung an einen solchen Vergleichsmaßstab nur dann möglich, wenn die eigene Aktienkursentwicklung die Entwicklung des Vergleichsindex übertroffen hat. Als Bezugsgröße für den Vergleich kommen verschiedene Indizes in Betracht. So kann ein nationaler oder internationaler Marktindex, ein für das betreffende Unternehmen relevanter Branchenindex oder auch eine individuell zusammengestellte peer group als benchmark dienen.[48] Selbstverständlich kommen auch Kombinationen aus absoluten und relativen Ausübungshürden in Frage.[49]

1.3.2 Variable Stock Options

Die Schwäche einer Kombination von festem Ausübungspreis und zusätzlich definierten Ausübungshürden besteht darin, daß die Ausübungshürden nur bei der Frage berücksichtigt werden, ob die Optionen überhaupt ausgeübt werden können. Bei der Frage nach der Höhe des Ausübungsgewinns spielen die Ausübungshürden dagegen keine Rolle, da bei einem Überspringen der Hürde der gesamte Kursanstieg als Ausübungsgewinn vereinnahmt werden kann.[50]

Dieser Schwäche von Fixed Stock Options läßt sich durch die Ausgabe von Optionen mit variablem Basispreis begegnen, bei denen der Ausübungspreis nicht schon bei Auflage des Optionsprogramms endgültig festgelegt wird, sondern erst bei Ausübung der Optionen. Üblicherweise findet dabei eine Kopplung des Ausübungspreises an einen Vergleichsindex statt, d. h. zum

47 Auf diese Weise funktionierten beispielsweise auch die für die Verbreitung von Stock Options in Deutschland ungemein wichtigen Optionspläne von Daimler-Benz 1996 bzw. 1997. Bei einer Laufzeit von 10 Jahren wurde eine absolute Mindestkurssteigerung von 15% vorausgesetzt. Vgl. zu Einzelheiten des Programmes von Daimler-Benz: Bundesanzeiger, 11.04.1996, S. 4324 f.; *Wildner* (2000), S. 40 und *Fischer et al.* (1997), S. 186.

48 Der Stock Option-Plan der bit by bit Software AG, Bundesanzeiger, 16.6.1998, S. 8127, knüpft beispielsweise an den DAX an. Der Plan von RWE, Bundesanzeiger, 6.10.1998, S. 14756, nimmt Bezug auf den Dow Jones Index. Die Schwarz Pharma AG wählt einen europäischen Pharmaindex als benchmark und die Dresdner Bank einen europäischen Bankenindex. Vgl. *Wildner* (2000), S. 44 Fn. 143 und *Clotten* (1998), S. 109 f.

49 Vgl. Friedrichsen (2000), S. 151, der bei 45 untersuchten Stock Option-Programmen bei sieben Programmen eine solche Kombination vorfand. Beispielhaft sei hier das Programm von RWE aus dem Jahr 1998 genannt, das eine absolute Steigerung des eigenen Aktienkurses von jährlich durchschnittlich 6% voraussetzt und eine relative Performance erwartet, die nicht mehr als 10% hinter dem Dow Jones Aktienindex zurückbleibt. Vgl. Bundesanzeiger, 6.10.1998, S. 14756.

50 Eine Ausnahme bilden hier die bereits angesprochenen premium options, die sich durch die Festlegung eines Basispreises oberhalb des Aktienkurses zum Einräumungszeitpunkt auszeichnen. Bei dieser Konstruktion fällt der Ausübungsgewinn um diesen Aufschlag geringer aus.

Zeitpunkt der Ausgabe wird der Basispreis i. d. R. zunächst auf den aktuellen Aktienkurs des Unternehmens festgesetzt, danach entsprechend den Veränderungen des Vergleichsindex angepaßt.[51] Wichtiger Vorteil dieses sog. gleitenden Basispreises ist, daß die Höhe des Ausübungsgewinns von der Performance des Vergleichsindex abhängig ist. Es wird sichergestellt, daß nur für über den Vergleichsindex hinausgehende Steigerungen des Aktienkurses eine Entlohnung erfolgt, ein Partizipieren an windfall profits wird so vermieden.[52] Abbildung 1.1 verdeutlicht die Zusammenhänge zwischen Aktienkurs, Vergleichsindex und Ausübungsgewinn bei festem und variablem Ausübungspreis:

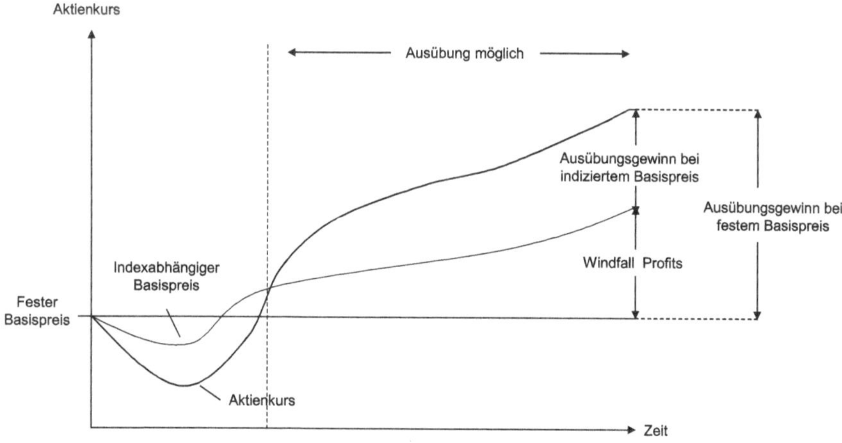

Abbildung 1.1: Ausübungsgewinn und windfall profits bei festem und variablem Basispreis

1.4 Reale vs. virtuelle Optionsprogramme

Schließlich soll noch darauf hingewiesen werden, daß Optionsprogramme einerseits mit Hilfe der Ausgabe von realen Aktien hinterlegt werden können, es andererseits aber auch möglich ist, solche Programme virtuell zu gestalten: Virtuelle Programme zeichnen sich dadurch aus, daß die finanziellen Konsequenzen, die ein reales Programm mit sich bringt, durch Barzahlungen

51 Eine andere Variante bestimmt den Ausübungspreis, indem, ausgehend vom Aktienkurs des Unternehmens zum Ausübungszeitpunkt, ein sog. Performance-Abschlag vorgenommen wird, der unterschiedlich hoch ausfallen kann, je nachdem wie stark ein Vergleichsindex durch den eigenen Kurs übertroffen worden ist. Ein Beispiel für einen solchen Performance-Abschlag liefert das Optionsprogramm der Dresdner Bank. Bis zu einer Outperformance von 5% entspricht der prozentuale Abschlag der Outperformance. Übertrifft die Outperformance sogar die 5% Hürde, beträgt der Abschlag das Doppelte der erzielten Outperformance. Vgl. *Clotten* (1998), S. 111 ff. sowie *Wildner* (2000), S. 49.

52 Vgl. zu Variable Stock Options u. a. *Wildner* (2000), S. 45 ff.; *Friedrichsen* (2000), S. 152 f. und S. 171 f.; *Bredow* (1998), S. 381.

nachgebildet werden. Solche virtuellen Optionen werden auch als Stock bzw. Share Appreciation Rights bezeichnet. Dies bedeutet, daß zum Zeitpunkt der Ausübung nicht reale Aktienoptionen an die begünstigten Manager ausgegeben werden, diese erhalten vielmehr eine Barzahlung in Höhe der Differenz zwischen dem aktuellen Aktienkurs und dem Basispreis, also in Höhe des inneren Wertes der Optionen. In diesem Zusammenhang ist insbesondere darauf hinzuweisen, daß sich aus ökonomischer Sicht die finanziellen Konsequenzen von realen und virtuellen Optionsprogrammen praktisch vollständig entsprechen. Der Unterschied ist lediglich darin zu sehen, daß sich bei der Durchführung von virtuellen Programmen die Zusammensetzung der Gesellschafter des Unternehmens nicht durch die Aufnahme neuer Gesellschafter ändert. Der Vermögenstransfer von den Altaktionären zu den Managern findet bei Durchführung eines virtuellen Programms mit Hilfe von Barzahlungen statt, während er bei realen Programmen i. d. R. durch die verbilligte Ausgabe von neuen Aktien des Unternehmens und den dadurch hervorgerufenen Verwässerungseffekt zustande kommt, der von den Altaktionären zu tragen ist. Die Höhe des Vermögenstransfers ist jedoch in beiden Fällen gleich groß, so daß sich auch die Vermögenspositionen von Altaktionären und Managern nicht unterscheiden. Im Ergebnis ist deshalb bei der Durchführung von realen Programmen mehr Eigenkapital im Unternehmen vorhanden, weil die Manager als Neuaktionäre hinzugekommen sind, die auch den Basispreis ins Unternehmen einzahlen mußten. Aus Sicht der Altaktionäre stellt sich ihre Vermögensposition jedoch genauso dar, wie bei Durchführung eines virtuellen Programms. Die Überlegungen im weiteren Verlauf der Arbeit konzentrieren sich zwar auf den Fall der Gewährung von realen Aktienoptionen, durch die annähernd identische Wirkungsweise beider Instrumente lassen sich aber die meisten Schlußfolgerungen für reale Programme auch auf virtuelle Programme übertragen.

1.5 Zusammenfassung

Grundsätzlich können Unternehmen die konkrete Ausgestaltung ihrer Aktienoptionsprogramme frei wählen. Sie sind dabei in Deutschland lediglich an einige gesetzliche Mindestanforderungen gebunden.[53] Dies hat eine große Vielfalt an unternehmensindividuellen Lösungen bezüglich verschiedenster Gesatltungsparameter zur Folge, die in ihrer ganzen Breite in diesem Kapitel nicht vorgestellt werden sollen. Vielmehr beschränkt sich die Darstellung dieses Kapitels auf solche Parameter, die charakteristisch für alle Aktienoptionsprogramme sind, und die deshalb für das Verständnis der modelltheoretischen Analyse im zweiten Hauptteil der Arbeit notwendig sind.

53 Dies betrifft insbesondere die Festlegung einer Ausübungssperre für die Aktienoptionen von mindestens zwei Jahren. Vgl. § 193 Abs. 2 Nr. 4 AktG i. V. m. § 192 Abs. 2 Nr. 3 AktG.

Kapitel 2

Rechnungslegungsvorschriften für Aktienoptionsprogramme

In diesem Kapitel sollen die Bilanzierungsvorschriften für Aktienoptionsprogramme in der internationalen Rechnungslegung und nach den deutschen GoB vorgestellt werden. Als Vertreter für die internationalen Vorschriften soll zunächst der einschlägige Standard der International Financial Reporting Standards (IFRS) betrachtet werden. Anschließend wird auf den Diskussionsstand in Deutschland eingegangen.

2.1 Die Vorschriften der International Financial Reporting Standards

Nachdem die Bilanzierung von Stock Options und ähnlichen Entlohnungsformen innerhalb des Regelungssystems der IAS/IFRS lange Zeit nur äußerst rudimentär in IAS 19 a. F. geregelt war[54], ist mit dem Anfang 2004 verabschiedeten IFRS 2 „Share-based Payment“ ein Standard geschaffen worden, der die Bilanzierung dieses Themenkomplexes umfassend behandelt.[55]

2.1.1 Anwendungsbereich

Der in IFRS 2.2 - 2.6 geregelte Anwendungsbereich des Standards betrifft nicht nur den Bereich der Mitarbeiterentlohnung, sondern ist deutlich weiter gefaßt. Von IFRS 2 werden grundsätzlich

54 So sah IAS 19 a. F. keinerlei Ansatz- und Bewertungsvorschriften für Stock Option-Programme oder vergleichbare Entlohnungskomponenten für Mitarbeiter vor, sondern bestimmte in diesem Zusammenhang lediglich gewisse Angabepflichten im Anhang.

55 Vgl. zu den Regelungen des IFRS 2 u. a. *Pellens et al.* (2004), S. 451 ff.; *Hoffmann* (2006), § 23, S. 929 ff.; *KPMG* (2004), S. 28 ff.; *Pellens / Crasselt* (2004), S. 113 ff.; *Küting / Dürr* (2004), S. 609 ff.; *Eiselt / Wulf* (2006) S. 639 ff.; *Schreiber* (2006), S. 298 ff.; *Hasbergen / Stauske* (2004), S. 1153 ff.; *Pirchegger* (2005), S. 349 ff.

alle Transaktionen erfaßt, bei denen Unternehmensanteile oder Optionen auf solche Anteile als Entgelt für Güter oder Dienstleistungen gewährt werden. Darunter fallen auch Lieferungs- und Leistungsbeziehungen mit Unternehmensexternen. Vorstellbar ist beispielsweise die Entlohnung von Zulieferern oder Unternehmensberatern mit Hilfe von Aktienoptionen.[56] Im Mittelpunkt der folgenden Ausführungen stehen nichtsdestotrotz die Regelungen zur Mitarbeiterentlohnung.

Aus dem Anwendungsbereich ausgeschlossen sind solche Transaktionen, die explizit von anderen Standards erfaßt werden. Hierzu zählen Unternehmenserwerbe, die gem. IAS 22 zu bilanzieren sind, und Transaktionen, die in den Anwendungsbereich von IAS 32 bzw. 39 fallen.[57]

Zudem ist der Begriff des „Share-based Payment" nicht auf Transaktionen beschränkt, bei denen tatsächlich (reale) Eigenkapitalinstrumente als Gegenleistung gewährt werden (equity-settled share-based payment transactions). Der Standard deckt gem. IFRS 2.2 ebenfalls Transaktionen ab, bei denen sich ein Unternehmen zu Barzahlungen verpflichtet, deren Höhe sich an der Wertentwicklung von Eigenkapitalinstrumenten bemißt (cash-settled share-based payment transactions). In Frage kommt die Nachbildung der finanziellen Konsequenzen von Aktien bzw. Aktienoptionen, weshalb sie auch als virtuelle Eigenkapitalinstrumente bezeichnet werden. Als prominenteste Vertreter dieser zweiten Kategorie sind zu nennen: Stock bzw. Share Appreciation Rights[58] - zur Nachbildung der finanziellen Konsequenzen von Aktienoptionen - und Phantom Stock - zur Nachbildung der finanziellen Konsequenzen von Aktien. Abbildung 2.1 zeigt die Ausgestaltungsformen der wichtigsten realen und virtuellen Eigenkapitalinstrumente:

	Aktiencharakter	**Optionscharakter**
echte Eigenkapitalinstrumente	Restricted Stock	Stock bzw. Share Options
virtuelle Eigenkapitalinstrumente	Phantom Stock	Stock bzw. Share Appreciation Rights

Abbildung 2.1: Reale und virtuelle Eigenkapitalinstrumente

Neben den Vorschriften zur Behandlung von realen und virtuellen Eigenkapitalinstrumenten enthält IFRS 2 Vorgaben, wie Mischformen von beiden Varianten zu behandeln sind (share-based payment transactions with cash alternatives). Bei diesen Kombinationen aus realen und virtuellen Instrumenten haben das Unternehmen oder der Empfänger des Entgeltes die Wahlmöglichkeit, ob ein echtes Eigenkapitalinstrument ausgegeben werden soll oder ob eine – i. d. R. äquivalente – Barzahlung erwünscht ist. Im folgenden werden die Bilanzierungsvorschriften für

56 Vgl. *KPMG* (2004), S. 28.
57 Vgl. IFRS 2.5 und 2.6.
58 Vgl. hierzu auch Kapitel 1.4.

die drei in IFRS 2.2 genannten Kategorien von Transaktionen - reale[59] bzw. virtuelle[60] Eigenkapitalinstrumente und Kombinationsmodelle[61] - näher dargestellt.

2.1.2 Reale Eigenkapitalinstrumente

Gewährt ein Unternehmen als Entgelt für erhaltene Güter oder Dienstleistungen echte Eigenkapitalinstrumente, ist zum einen eine Eigenkapitalmehrung zu buchen, und zum anderen sind die erworbenen Güter und Dienstleistungen zu aktivieren, soweit sie die Voraussetzungen für einen Vermögenswert erfüllen.[62] Stellen die erhaltenen Güter oder Dienstleistungen dagegen keinen Vermögenswert dar – und dies ist in den hier im Vordergrund stehenden Fällen einer Mitarbeiterentlohnung der Fall – dann ist gem. IFRS 2.8 anstelle der Aktivierung eines Vermögenswertes eine Verbuchung als Aufwand vorgeschrieben.

Grundsätzlich erfolgt gem. IFRS 2.10 die Bewertung der erworbenen Güter und Dienstleistungen – und damit gleichzeitig die Bewertung der Eigenkapitalerhöhung – auf direktem Wege über den beizulegenden Zeitwert der erworbenen Güter und Dienstleistungen. Die Absicht des IASB besteht nämlich darin, den Wert der erbrachten Gegenleistung zu erfassen, und nicht den Ausübungsgewinn der Optionsberechtigten respektive den Verwässerungseffekt, den die Altaktionäre tragen.[63] Kann allerdings der beizulegende Zeitwert der erhaltenen Güter und Dienstleistungen nicht zuverlässig geschätzt werden, kommt alternativ eine indirekte Methode der Wertbestimmung zur Anwendung, die den entsprechenden Wert unter Bezugnahme auf den beizulegenden Zeitwert der ausgegebenen Eigenkapitalinstrumente bestimmt. Im Zusammmenhang mit der Entlohnung von Mitarbeitern[64] des Unternehmens ist diese indirekte Wertermittlung über den fair value der ausgegebenen Aktien oder Optionen die vorgeschriebene Vorgehensweise. IFRS 2.11 geht nämlich davon aus, daß der beizulegende Zeitwert der von den Mitarbeitern zu leistenden Arbeit nicht zuverlässig ermittelt werden kann.[65] Der relevante Zeitpunkt für die Ermittlung des fair values der gewährten Eigenkapitalinstrumente ist der Tag der Gewährung des Entlohnungsprogrammes (grant date).

Für die Ermittlung des beizulegenden Zeitwertes soll gem. IFRS 2.16 grundsätzlich auf Marktpreise zurückgegriffen werden. Durch die besonderen Gestaltungsparameter, mit denen insbesondere Stock Options i. d. R. ausgestattet sind, stehen jedoch in den meisten Fällen im Bereich der Managemententlohnung keine Marktpreise von vergleichbaren Eigenkapitalinstrumenten

59 Vgl. IFRS 2.10 - 2.29.

60 Vgl. IFRS 2.30 - 2.33.

61 Vgl. IFRS 2.34 - 2.43.

62 Vgl. IFRS 2.7.

63 Vgl. IFRS 2.BC 218 - 221.

64 Die Verwendung des Begriffs „Mitarbeiter“ (employees) in IFRS 2 schließt andere Personen mit ein, die ähnliche Leistungen erbringen. Vgl. IFRS 2.11 inklusive Fußnote.

65 Vgl. hierzu auch IFRS 2.12 und 2.13.

zur Verfügung. In diesem Fall muß der fair value mit Hilfe eines Bewertungsmodells geschätzt werden.[66] Für den Bereich der Aktienoptionen fordert IFRS 2.B6, daß das verwendete Optionspreismodell mindestens die folgenden Parameter zur Wertbestimmung heranzieht: den Ausübungspreis, die Laufzeit, den aktuellen Kurs der zugrundeliegenden Aktien, die erwartete Volatilität, die erwarteten Dividenden und den risikolosen Zins. Auf ein konkretes Bewertungmodell – wie z. B. das Black-Scholes- oder das Binomialmodell – legt sich der Standard jedoch nicht fest. Die Beurteilung der Angemessenheit des Modells wird vielmehr in das Ermessen des bilanzierenden Unternehmens gestellt.

In vielen Fällen ist die Gewährung von Eigenkapitalinstrumenten an bestimmte Ausübungsbedingungen (vesting conditions) geknüpft.[67] Entscheidend dabei ist die Unterscheidung des IFRS 2.19 zwischen Marktbedingungen (market conditions) und anderen Ausübungsbedingungen (other vesting conditions).[68] Unter Marktbedingungen versteht man dabei Vertragsklauseln der Entlohnungsvereinbarung, die vorsehen, daß die Eigenkapitalinstrumente nur bei Überschreiten von bestimmten Kurszielen ausübbar werden. Durch Marktbedingungen kann also beispielsweise eine absolute oder relative Steigerung des Aktienkurses des Unternehmens vorgegeben bzw. eine bestimmte Steigerung gegenüber einem Vergleichsindex gefordert werden. Charakteristisch für Marktbedingungen ist in jedem Fall die Anknüpfung an den Aktienkurs des Unternehmens zur Überprüfung der Zielerreichung. Solche Marktbedingungen sind bei der Bestimmung des beizulegenden Zeitwertes der gewährten Eigenkapitalinstrumente zu berücksichtigen.

Alle anderen Ausübungsbedingungen, die keine Marktbedingungen darstellen, sind dagegen nicht bei der Bestimmung des beizulegenden Zeitwertes zu berücksichtigen. Solche anderen Ausübungsbedingungen können ebenfalls Zielerreichungsbedingungen formulieren, die aber nicht an den Aktienkurs gekoppelt sind, sondern z. B. an Umsatz- oder Gewinnziele anknüpfen. Oder es kann sich bei ihnen um Bedingungen handeln, die einen weiteren Verbleib des Mitarbeiters im Unternehmen für einen bestimmten Zeitraum fordern, damit die Eigenkapitalinstrumente ausübbar werden.[69] Anstelle einer Berücksichtigung bei der Bestimmung des fair value müssen die anderen Ausübungsbedingungen durch eine Anpassung der Anzahl der einzubeziehenden Eigenkapitalinstrumente berücksichtigt werden.[70] Der zu erfassende Aufwand ergibt sich deshalb, indem der errechnete beizulegende Zeitwert gewichtet wird mit der Wahrscheinlichkeit, daß die Eigenkapitalinstrumente die geforderten anderen Ausübungsbedingungen erfüllen.[71] Hat sich beispielsweise in einer Folgeperiode die Einschätzung bei Eigenkapitalinstrumenten, für die ein Gewinnziel vereinbart war, dahingehend verändert, daß die Wahrscheinlich-

66 Vgl. IFRS 2.17.
67 Vgl. hierzu auch Kapitel 1.3.1.
68 Vgl. auch KPMG (2004), S. 37 f.
69 Vgl. Kapitel 1.2.
70 Vgl. IFRS 2.19
71 Vgl. KPMG (2004), S. 38.

keit für die Erreichung dieses Ziels gesunken ist, dann ist in der Folgeperiode eine Berechnung des zu erfassenden Aufwands auf Basis der neuen Schätzwerte vorzunehmen. Durch dieses Verfahren beruht der insgesamt verrechnete Aufwand letztlich auf der Anzahl der tatsächlich ausübbaren Eigenkapitalinstrumente.

Während im Zusammenhang mit anderen Ausübungsbedingungen in den Folgeperioden nachträgliche Korrekturen der ursprünglichen Eigenkapital- bzw. der Aufwandbuchungen möglich sind, wenn sich Einschätzungen ändern, ist dies im Zusammmenhang mit Marktbedingungen nicht der Fall. Diese werden — wie bereits beschrieben – einmalig bei der fair value-Bestimmung im Gewährungszeitpunkt berücksichtigt. Nachträgliche Änderungen der ursprünglichen Einschätzungen, die bei Marktbedingungen im Zusammenhang mit der Kursentwicklung der Aktien des Unternehmens stehen, führen zu keinen Korrekturen an der ursprünglichen fair value-Schätzung. Dies gilt gem. IFRS 2.23 insbesondere auch für den Fall, daß Aktienoptionen aufgrund einer unzureichenden Wertentwicklung der zugrundeliegenden Wertpapiere am Ende der Laufzeit wertlos verfallen. Begründet wird dieses Vorgehen vom IASB damit, daß der Gegenstand der Bewertung die Gegenleistung der Mitarbeiter darstellt und nicht der vom Optionsinhaber realisierte Gewinn abzubilden sei.[72]

Im Ergebnis sehen die Regelungen des IFRS 2 für den Bereich der realen Eigenkapitalinstrumente damit Buchungsvorschriften i. S. eines grant date accounting vor. Dies bedeutet, daß – zumindest in Bezug auf die Marktbedingungen – ausschließlich die Verhältnisse zum Zeitpunkt der Auflage eines Optionsprogramms (grant date) über die Bilanzierung entscheiden. Nachträgliche, z. B. überraschend positive Änderungen des Aktienkurses bleiben ohne Folgen für die Bilanzierung.

Im Anschluß an die Wertbestimmung stellt sich die Frage, wie die Aufwandbuchungen und die entsprechenden Eigenkapitalerhöhungen zu verteilen sind. Ist die Ausübung der gewährten Eigenkapitalinstrumente nicht von einer weiteren Dienstzeit des Mitarbeiters abhängig, sondern sind sie sofort ausübbar, ist davon auszugehen, daß vergangene Arbeitsleistungen des Mitarbeiters abgegolten werden sollen. In diesem Fall sind sowohl die erhaltenen Leistungen als auch die Erhöhung des Eigenkapitals in voller Höhe am Tag der Gewährung zu erfassen.[73] Ist dagegen die Ausübung an einen weiteren Verbleib des Mitarbeiters im Unternehmen gekoppelt, dann ist davon auszugehen, daß die Gegenleistung des Mitarbeiters gleichmäßig während dieses Erdienungszeitraumes erfolgt.[74] Die Aufwandbuchungen und die korrespondierenden Eigenkapitalerhöhungen sind deshalb pro rata temporis über den Leistungszeitraum zu verteilen.[75]

72 Vgl. IFRS 2.BC 218 - 221 sowie *Pellens / Crasselt* (2004), S. 114.

73 Vgl. IFRS 2.14.

74 Vgl. IFRS 2.15.

75 Vgl. *Pellens / Crasselt* (2004), S. 114. Der exposure draft zu IFRS 2 hatte noch eine Verteilung des Aufwands gem. der units of service method vorgesehen. Vgl. *Schmidt* (2002) S. 2660.

2.1.3 Virtuelle Eigenkapitalinstrumente

Gewährt ein Unternehmen als Entgelt für erhaltene Güter oder Dienstleistungen virtuelle Eigenkapitalinstrumente – ist also ein Ausgleich der entstandenen Verpflichtung in bar vorzunehmen –, sind gem. IFRS 2 völlig andere bilanzielle Konsequenzen vorgesehen als im Fall realer Eigenkapitalinstrumente. Grundsätzlich stellt sich die Situation bei der Ausgabe von virtuellen Eigenkapitalinstrumenten einfacher dar als bei realen, da sich die gesellschaftsrechtlichen Beteiligungsverhältnisse nicht ändern und die Empfänger des Entgeltes in diesem Fall keine potentielle Gesellschafterposition erhalten. Deshalb sieht IFRS 2 für virtuelle Vereinbarungen keine Buchungen im Eigenkapital vor. Statt einer Erhöhung des Eigenkapitals fordert IFRS 2.7 den Ansatz einer Verpflichtung (liability), um die unsichere Zahlungsverpflichtung des Unternehmens abzubilden.[76] Analog zur Vorgehensweise bei realen Instrumenten ist ein Aktivposten anzusetzen, wenn das Unternehmen einen aktivierungsfähigen Vermögenswert als Gegenleistung erwirbt. Ist die Gegenleistung nicht aktivierungsfähig – wie bei Arbeitsleistungen –, ist ein Aufwand zu erfassen.

Die Bewertung stellt bei virtuellen Eigenkapitalinstrumenten nicht auf den Wert der Gegenleistung ab, sondern in diesem Fall erfolgt die Bewertung über den beizulegenden Zeitwert der entstandenen Verpflichtung des Unternehmens. Die Bewertung der Eigenkapitalinstrumente selbst stellt damit bei virtuellen Programmen den Regelfall dar und wird nicht, wie bei realen Eigenkapitalinstrumenten, nur dann notwendig, wenn die Höhe der Gegenleistung nicht zuverlässig ermittelt werden kann. Eine Wertbestimmung der Eigenkapitalinstrumente ist deshalb in jedem Fall notwendig.

Völlig unterschiedlich ist darüber hinaus die Folgebewertung in späteren Geschäftsjahren gestaltet. Bis zur Begleichung der Schuld ist nämlich ihr Zeitwert zu jedem Berichtsstichtag und am Erfüllungstag neu zu bestimmen, und eventuelle Änderungen sind erfolgswirksam zu erfassen.[77] Im Gegensatz zu realen Eigenkapitalinstrumenten, bei denen aktienkursbedingte Änderungen des fair value der Optionen keine Anpassungen des Bilanzansatzes in Folgeperioden nach sich ziehen, sorgen die Vorschriften für virtuelle Eigenkapitalinstrumente für eine stetige Anpassung des fair value unter Berücksichtigung der jeweils aktuellen Schätzparameter.

Während die Vorschriften für reale Eigenkapitalinstrumente ein grant date accounting vorsehen, kommt damit im Bereich der virtuellen Eigenkapitalinstrumente ein sog. exercise date accouning zur Anwendung. Dies hat zur Folge, daß grundsätzlich die Wertverhältnisse zum Zeitpunkt der Ausübung (exercise date) relevant für die Bilanzierung sind. Ursprüngliche Schätzungen bezüglich des Ausübungsgewinns, die sich durch spätere Entwicklungen des Aktienkurses als falsch erweisen, werden bei Vornahme von exercise date accounting korrigiert. Bei dieser Vorgehensweise wird deshalb über den gesamten Betrachtungszeitraum exakt der letztlich reali-

76 Vgl. *Pellens / Crasselt* (2004), S. 115.

77 Vgl. IFRS 2.30.

sierte Ausübungsgewinn als Aufwand verrechnet.

Relativ unverständlich bleibt die vom IASB vorgenommene unterschiedliche Anknüpfung hinsichtlich der Bewertung von realen und virtuellen Eigenkapitalinstrumenten. Bei einer Entlohnung mit realen Eigenkapitalinstrumenten gilt die Bestimmung der Gegenleistung als eigentliches Ziel, die Bewertung der ausgegebenen Eigenkapitalinstrumente ist nur eine Notlösung; bei einer Entlohnung mit virtuellen Instrumenten dagegen knüpft die Bewertung an den Eigenkapitalinstrumenten selbst an. Das Ergebnis sind erhebliche Bewertungsunterschiede zwischen realen und virtuellen Optionsprogrammen[78], obwohl diese aus ökonomischer Sicht als weitgehend gleichwertig zu betrachten sind.

2.1.4 Kombinationsmodelle

Die dritte von IFRS 2 eingeführte Kategorie betrifft Transaktionen, die Kombinationen aus realen und virtuellen Eigenkapitalinstrumenten beinhalten. D. h. einer der beiden Beteiligten erhält ein Wahlrecht, ob die Entlohnung mit Eigenkapitaltiteln oder in bar erfolgen soll.[79] In Abhängigkeit davon, wie die Transaktion vertraglich ausgestaltet ist, kommen entweder die Vorschriften zur Bilanzierung von realen oder die Vorschriften zur Bilanzierung von virtuellen Eigenkapitalinstrumenten zur Anwendung.

Entschieden wird dies anhand des Kriteriums, ob durch die Vereinbarung beim Unternehmen eine Zahlungsverpflichtung entstanden ist oder nicht. Liegt eine Verpflichtung vor, die in bar (oder durch andere Vermögenswerte) abgegolten werden muß, kommen die Vorschriften für virtuelle Eigenkapitalinstrumente zum Tragen. Von diesem Fall ist insbesondere auszugehen, wenn das Wahlrecht über die Art der Abgeltung vom Entgeltempfänger ausgeübt werden darf. Besitzt dagegen das Unternehmen das Wahlrecht über die Art der Abgeltung, liegt eine Zahlungsverpflichtung nur unter der Bedingung vor, daß die Möglichkeit eines Ausgleichs durch Eigenkapitalinstrumente keinen wirtschaftlichen Gehalt hat.[80] Dies ist der Fall, wenn dem Unternehmen beispielsweise aufgrund von rechtlichen Restriktionen eine Ausübung der Eigenkapitalvariante faktisch nicht möglich ist oder wenn das Unternehmen in der Vergangenheit regelmäßig die Möglichkeit eines Barausgleichs wahrgenommen hat.

Darüber hinaus sind Vorschriften für den Fall vorgesehen, daß sich die fair values bei Wahl der Eigenkapital- bzw. der Barvariante voneinander unterscheiden. In diesem Fall ist von der Gewährung eines zusammengesetzten Finanzinstruments auszugehen, welches in eine Schuldkomponente, deren Wert zuerst zu ermitteln ist, und in eine Eigenkapitalkomponente zerlegt wird. Beide Komponenten sind dann jeweils entsprechend den Vorschriften für virtuelle bzw.

78 Vgl. hierzu auch das Beispiel in Kapitel 2.1.5.

79 Vgl. IFRS 2.34.

80 Vgl. IFRS 2.41.

reale Eigenkapitalinstrumente zu bilanzieren.[81] Wegen der geringen praktischen Bedeutung soll hierauf jedoch nicht näher eingegangen werden.[82]

2.1.5 Grant date vs. exercise date accounting am Beispiel

Abschließend soll ein stark vereinfachtes Beispiel die Unterschiede von grant date accounting und exercise date accounting verdeutlichen. Im Rahmen des Beispiels legt ein Unternehmen ein Entlohnungsprogramm auf, bei dem 1000 reale bzw. virtuelle Optionen mit einem festen Basispreis von 100 GE ausgegeben werden. Die Laufzeit des Programms beträgt drei Jahre. Folgende in Tabelle 2.1 dargestellte Datenkonstellation soll dem Beispiel zugrunde gelegt werden, wobei in der vorletzten Zeile der Tabelle vereinfachte Zeitwerte für die Optionen angenommen werden sollen. In der Praxis müßten diese Zeitwerte im Zuge der Ermittlung des Gesamtwertes der Optionen z. B. mit Hilfe eines Optionspreismodells ermittelt werden. Der Gesamtwert einer Option setzt sich, wie die letzte Zeile der Tabelle zeigt, aus dem inneren Wert und dem Zeitwert einer Option zusammen.

Zeitpunkt	00	01	02	03
Aktienkurs	100	110	120	130
innerer Wert	0	10	20	30
Zeitwert	15	10	5	0
Gesamtwert (fair value)	15	20	25	30

Tabelle 2.1: Datenkonstellation

Für den Fall, daß reale Optionen gewährt werden, kommt gem. der Vorschriften des IFRS 2 grant date accounting zur Anwendung. Die Wertbestimmung des Optionsprogramms erfolgt zum Ausgabezeitpunkt $t = 0$. Im Beispiel wird ein Gesamtwert des Programms von 15.000 GE ermittelt, der linear über die Laufzeit des Programms verteilt wird. Tabelle 2.2 verdeutlicht dies:

Jahr	Periodenaufwand			kumulierter Aufwand
01	$15.000 \cdot 1/3$	=	5.000	5.000
02	$15.000 \cdot 2/3 - 5.000$	=	5.000	10.000
03	$15.000 \cdot 3/3 - 10.000$	=	5.000	15.000

Tabelle 2.2: Periodenaufwand und kumulierter Aufwand bei Ausgabe realer Optionen

81 Vgl. IFRS 2.35 ff.

82 Vgl. hierzu ausführlich *Pellens / Crasselt* (2004), S. 116.

Wie deutlich zu sehen ist, entscheiden bezüglich der Marktbedingungen alleine die Verhältnisse des Ausübungszeitpunktes über die Bestimmung des Aufwands. Eine spätere Anpassung an durch Aktienkursentwicklungen verursachte Wertänderungen unterbleibt völlig.

Werden dagegen virtuelle Optionen gewährt, kommt exercise date accounting zur Anwendung. Der jährliche Periodenaufwand wird hierbei an Änderungen des Aktienkurses angepaßt. Als gesamter kumulierter Aufwand wird deshalb in diesem Fall der gesamte Ausübungsgewinn von 30.000 GE verrechnet, wie Tabelle 2.3 zeigt:

Jahr	Periodenaufwand			kumulierter Aufwand
01	$20.000 \cdot 1/3$	=	6.667	6.667
02	$25.000 \cdot 2/3 - 6.667$	=	10.000	16.667
03	$30.000 \cdot 3/3 - 16.667$	=	13.333	30.000

Tabelle 2.3: Periodenaufwand und kumulierter Aufwand bei Ausgabe virtueller Optionen

2.2 Die Bilanzierung nach den Grundsätzen ordnungsmäßiger Buchführung

2.2.1 Überblick

Während im Bereich der Internationalen Rechnungslegung mittlerweile detaillierte explizite Bilanzierungsvorschriften für die Berücksichtigung von Aktienoptionsprogrammen existieren – dies gilt sowohl für die IFRS als auch für die US-GAAP[83] –, ist die handelsrechtliche Behandlung solcher Optionsprogramme in Deutschland nicht gesetzlich kodifiziert. Eine konkrete gesetzliche Kodifizierung eines solchen speziellen Sachverhaltes würde wohl auch dem deutschen Rechtssystem nicht entsprechen, so daß die Regelungslücke im Sinne der allgemeinen GoB auszufüllen ist. Auffällig ist, daß in der deutschsprachigen Literatur der Diskussion über die Art der Hinterlegung eines Stock Option-Programms mit Aktien und den entsprechenden Auswirkungen auf die Bilanzierung ein breiter Raum gewährt wird. Gemeint ist damit die Frage, auf welche Art und Weise das ausgebende Unternehmen sich die Aktien beschafft, die zur Bedienung des Aktienoptionsprogramms benötigt werden. Zu vermuten ist, daß dieser Diskussion deshalb in Deutschland vermehrte Aufmerksamkeit gewidmet wurde, weil die Ausgabe von neuen Aktien zur Hinterlegung von Aktienoptionsprogrammen lange Zeit im deutschen

83 Vgl. zur Bilanzierung von Aktienoptionsprogrammen nach US-GAAP u. a. *Harth* (2003) und *Wollmert / Hey* (2002), S. 1061 ff. und im Hinblick auf die Überarbeitung des SFAS No. 123 *Holzmann / Robinson* (2005), S. 81 ff.

Gesellschaftsrecht nicht vorgesehen gewesen ist und deshalb nach Auswegen gesucht werden mußte, solche Programme in eine Form zu kleiden, die rechtlich durchführbar war.[84]

Die erste Möglichkeit zur Bereitstellung der Aktien stellt die Durchführung einer Kapitalerhöhung dar, bei der neue, junge Aktien zur Hinterlegung eines Optionsprogrammes verwendet werden. Dies ist international praktisch die einzige Methode, die Aufmerksamkeit genießt. Weil sich bei diesem Durchführungsweg durch die Ausgabe neuer Aktien die gesellschaftsrechtlichen Beteiligungsverhältnisse ändern, spricht man auch von einer Ausgabe der Aktien auf gesellschaftsrechtlicher Ebene. Die zweite Variante zeichnet sich dadurch aus, daß die benötigten Aktien über einen Rückkauf von eigenen Anteilen zur Verfügung gestellt werden. Bei dieser zweiten Möglichkeit kann deshalb auf die Ausgabe von neuen Aktien verzichtet werden, man spricht von einer Ausgabe auf betrieblicher Ebene. Im nächsten Abschnitt sollen kurz die Möglichkeiten zur Bedienung von Optionsprogrammen mit Aktien erläutert werden, die Einfluß haben auf die im Anschluß zu behandelnden Konsequenzen für die Bilanzierung.

2.2.2 Die Bedienung mit Aktien

2.2.2.1 Die Ausgabe auf gesellschaftsrechtlicher Ebene: Kapitalerhöhung

Kennzeichen dieser mit Abstand am weitesten verbreiteten Methode zur Bedienung eines Optionsprogrammes ist, daß durch die Durchführung einer Kapitalerhöhung neue Aktien des Unternehmens geschaffen werden. Hierdurch wird die Mitwirkung der Hauptversammlung beim Beschluß der Kapitalerhöhung unverzichtbar. Grundsätzlich kämen alle drei gesetzlich vorgesehen Möglichkeiten einer Kapitalerhöhung in Frage, aber sowohl der Weg über eine ordentliche[85] als auch der Weg über eine genehmigte Kapitalerhöhung[86] erweisen sich im Ergebnis als nicht praktikabel, so daß als klassischer Weg zur Bedienung eines Optionsprogramms letztlich nur die Vornahme einer bedingten Kapitalerhöhung gem. §§ 192 ff. AktG in Frage kommt. Der Beschluß bedarf gem. § 193 Abs. 1 AktG einer Mehrheit von mindestens drei Viertel des bei der Beschlußfassung anwesenden Kapitals. Die bedingte Kapitalerhöhung ist deshalb prädestiniert für die Verwendung im Rahmen eines Aktienoptionsplanes, weil sie zum einen nur in dem jeweils benötigten Umfang durchgeführt und zum anderen unmittelbar und sukzessive mit der fallweisen Ausübung der Optionsrechte wirksam wird.[87]

---

84 Vgl. hierzu auch die Ausführungen in Kapitel 2.2.2.1.

85 Zur Eignung einer ordentlichen Kapitalerhöhung vgl. *Baums* (1997), S. 34; *Kau / Leverenz* (1998), S. 2273; *Ettinger* (1999), S. 50; *Friedrichsen* (2000), S. 62; *Peltzer* (1996), S. 309 f.; *Wildner* (2000), S. 60; *Portner* (1998), S. 786.

86 Zur Eignung einer genehmigten Kapitalerhöhung vgl. *Baums* (1997), S. 34; *Peltzer* (1996), S. 310 f.; *Friedrichsen* (2000), S. 63; *Ettinger* (1999), S. 51 f.; *Portner* (1998), S. 787; *Wildner* (2000), S. 60; sowie *Kau / Leverenz* (1998), S. 2273, die eine Verwendung des genehmigten Kapitals durchaus befürworten. Soweit ersichtlich machte von der Möglichkeit des genehmigten Kapitals nur das Programm der Hegener + Glaser AG Gebrauch. Vgl. Bundesanzeiger, 11.5.1989, S. 2331.

87 Vgl. § 200 AktG sowie *Ettinger* (1999), S. 52.

Die Möglichkeiten, ein Stock Option-Programm mit jungen Aktien aus einer bedingten Kapitalerhöhung zu hinterlegen, sind durch das Gesetz zur Kontrolle und Transparenz im Unternehmensbereich (KonTraG)[88] wesentlich vereinfacht worden.[89] Durch die Änderungen des KonTraG ist explizit die Möglichkeit geschaffen worden, Aktienoptionsprogramme durch sog. nackte Optionen zu bedienen, während vorher meist ein Umweg über die Ausgabe von Wandel- oder Optionsanleihen beschritten wurde. Man war vor den Änderungen des KonTraG nämlich gezwungen, die Ausgabe von Stock Options in eine Form zu kleiden, die gem. § 192 Abs. 2 a. F. zulässig war, und zu diesen erlaubten Möglichkeiten zählte nicht eine Kapitalerhöhung zugunsten von Organmitgliedern. Deshalb wurde i. d. R. der Weg über eine Verbindung der bedingten Kapitalerhöhung gem. § 192 Abs. 2 Nr. 1 AktG mit einer Wandelschuldverschreibung (Wandel- oder Optionsanleihe) gem. § 221 AktG[90] gewählt.[91] Dieser Weg ist zwar auch nach den Änderungen des KonTraG grundsätzlich nach wie vor gangbar, stellt aber im Verhältnis zur neugeschaffenen Möglichkeit, der Ausgabe nackter Optionen, eine relativ komplizierte Vorgehensweise dar, so daß ihr nach Einführung des KonTraG nur noch eine geringe Bedeutung beizumessen ist.[92]

Als der am häufigsten verwendete Weg zur Bedienung eines Optionsprogramms mit Aktien ist deshalb die mit der Neufassung des § 192 Abs. 2 Nr. 3 AktG geschaffene Möglichkeit zu nennen, eine bedingte Kapitalerhöhung mit isolierten Aktienoptionen durchzuführen, die auch als nackte Optionen oder naked warrants bezeichnet werden.[93] Gem. § 192 Abs. 3 AktG gilt für bedingte Kapitalerhöhungen nach § 192 Abs. 2 Nr. 3, der Aktienoptionsprogramme betrifft, eine Höchstgrenze von 10% des Grundkapitals. Außerdem hat die Hauptversammlung in ihrem Beschluß die wesentlichen Eckpunkte des Stock Option-Programmes festzulegen. Hierzu gehören neben den allgemeinen und unveränderten Bestimmungen des § 193 Abs. 2 Nr. 1 - 3 AktG für

88 Vgl. BGBl. I, 27.4.1998, S. 786 ff.

89 Zu den durch das KonTraG verabschiedeten Änderungen im Bereich der Stock Options vgl. u. a. *Weiß* (1999), S. 353 ff.; *Lingemann / Wasmann* (1998), S. 860 f.

90 Der im Gesetz erwähnte Begriff der Wandelschuldverschreibung verbrieft neben den Rechten aus einer Teilschuldverschreibung ein *Umtauschrecht* oder ein *Bezugsrecht* auf Aktien. Er erfaßt also zwei unterschiedliche Finanzierungsformen: Zum einen die sog. Wandelanleihe (Wandelschuldverschreibung i. e. S.), bei der die Wandelschuldverschreibung mit der Ausübung des Optionsrechtes untergeht, und zum anderen die sog. Optionsanleihe, die auch nach dem Bezug der Aktien bestehen bleibt. Vgl. *Süchting* (1995), S. 129 und *Ettinger* (1999), S. 55.

91 Vgl. *Baums* (1997), S. 35. Von den neun von Friedrichsen untersuchten Programmen, die vor dem KonTraG aufgelegt wurden, sind in sechs Fällen Wandelanleihen und in drei Fällen Optionsanleihen ausgegeben worden. Vgl. *Friedrichsen* (2000), S. 65. Den Weg über Wandelschuldverschreibungen wählten z. B. die Optionsprogramme von Deutsche Bank, Bundesanzeiger, 2.4.1996, S. 4035; Puma, Bundeanzeiger, 29.2.1996, S. 2188; Continental, Bundesanzeiger, 27.4.1995, S. 4843.

92 Vgl. *Seibert* (1997), S. 9, der diesen Weg auch als „Krücke" bezeichnet. Lutter spricht in diesem Zusammenhang von einem „ziemlich lästigen Umweg". Vgl. *Lutter* (1997), S. 7. Zur Verwendung einer bedingten Kapitalerhöhung in Kombination mit Wandelschuldverschreibungen vgl. außerdem *Peltzer* (1996), S. 310; *Portner* (1997), S. 787.

93 Zur vom KonTraG ermöglichten Ausgabe nackter Optionen vgl. *Weiß* (1999), S. 356 ff.; *Kau / Leverenz* (1998), S. 2272 f.; *Wildner* (2000), S. 63 f.; *Lingemann / Wasmann* (1998), S. 861; *Fuchs* (1997), S. 662 f.; *Jäger* (1999), S. 30 f.; *Seibert* (1998), S. 37; *Schruff / Hasenburg* (1999), S. 620; von den 36 Programmen, die Friedrichsen nach In-Kraft-Treten des KonTraG untersucht hat, machen 22 Programme Gebrauch von dieser Neuregelung, während zwölf weiterhin Wandel- bzw. Optionsanleihen einsetzen. (Ein weiteres Programm verwendet eine Kombination aus beidem, und eines verwendet den neuen § 71 Abs. 1 Nr. 8 AktG.) Vgl. *Friedrichsen* (2000), S. 69.

eine bedingte Kapitalerhöhung[94] auch die Angaben, die durch den vom KonTraG eingeführten § 193 Abs. 2 Nr. 4 AktG gefordert werden:[95] Zunächst muß der Beschluß eine Aufteilung der Bezugsrechte auf Mitglieder der Geschäftsführung und Arbeitnehmer enthalten.[96] Desweiteren wird die Angabe von Erfolgszielen gefordert, wobei die gesetzliche Regelung hier weitgehenden Spielraum bezüglich der geeigneten Erfolgsparameter läßt, so daß sowohl die Anknüpfung an die absolute oder relative Aktienkursentwicklung als auch die Verwendung von buchhalterischen Kennziffern erlaubt ist. Ebenfalls erforderlich ist die Festlegung von Erwerbs- und Ausübungszeiträumen, die vor allen Dingen insiderrechtlichen Bedenken begegnen sollen.

Darüber hinaus muß die Hauptversammlung noch eine Wartefrist für die erstmalige Ausübung der Optionen festschreiben, die die langfristige Wirksamkeit der Leistungsanreize sichern soll. Sie muß laut der gesetzlichen Bestimmung mindesten zwei Jahre betragen. Alle darüber hinaus gehenden Bedingungen eines Stock Option-Planes müssen nicht zwingend von der Hauptversammlung festgelegt werden, sie können es aber selbstverständlich.

Unabhängig davon, wie die nötige Kapitalerhöhung im Einzelfall durchgeführt wird, ist es allen angesprochenen Ausgabevarianten gemein, daß sie die Ausgabe junger Aktien mit sich bringen und sich deshalb die Gesamtzahl der vom Unternehmen ausgegebenen Aktien erhöht. Somit kommt es, wenn die Aktienoptionen unter ihrem Marktwert ausgegeben werden, zu einer Verwässerung des Vermögens der Altaktionäre. Die durch die zusätzliche Entlohnungskomponente hervorgerufene Vermögensmehrung des Managements wird also bei der Ausgabevariante über eine Kapitalerhöhung in voller Höhe von den Altaktionären getragen, die eine Verwässerung ihres Aktionärsvermögens in Kauf nehmen müssen, wobei Ausübungsgewinn und Verwässerungseffekt sich definitionsgemäß in gleicher Höhe gegenüberstehen.[97]

2.2.2.2 Die Ausgabe auf betrieblicher Ebene: Rückkauf eigener Anteile

Der zweite Weg zur Bedienung von Stock Options mit Aktien, der durch das KonTraG eröffnet worden ist, betrifft den Rückkauf eigener Aktien gem. § 71 Abs. 1 Nr. 8 AktG.[98] Ein solcher Kauf von eigenen Anteilen am Markt ist prinzipiell verboten, wobei § 71 AktG Ausnahmere-

94 Diese fordern die Angabe des Zweckes der Kapitalerhöhung, des Kreises der Bezugsberechtigten und die Angabe des Ausgabebetrages oder der Grundlagen, nach denen dieser Betrag errechnet wird.

95 Zu den im neuen § 193 Abs. 2 Nr. 4 AktG geforderten Angaben vgl. insbesondere *Friedrichsen* (2000), S. 76 f.; *Ettinger* (1999), S. 31; *Weiß* (1999), S. 357 f.

96 Dies erfolgt vor dem Hintergrund einer Abgrenzung der Vergütungszuständigkeit von Vorstand und Aufsichtsrat und macht bei Beteiligung aller zulässigen Gruppen die Angabe von vier Quoten erforderlich, nämlich jeweils für Geschäftsführung und Arbeitnehmer, getrennt nach Mutterunternehmen und Tochtergesellschaften. Vgl. *Weiß* (1999), S. 357. Die Angabe aller vier Quoten erfolgt beispielsweise im Optionsprogramm der Hoechst AG. Vgl. Bundesanzeiger, 25.3.1998, S. 4530.

97 Zur Verwässerungsproblematik vgl. *Bernhardt* (1998), S. 7; *Menichetti* (1996), S. 1690; *Kau / Leverenz* (1998), S. 2271 f.; *Pellens / Crasselt* (1998b), S. 217 f.; *Friedrichsen* (2000), S. 122 f.; *Fuchs* (1997), S. 661; *Wildner* (2000), S. 57 f.; *Kohler* (1997), S. 262 ff.; *Achleitner / Wichels* (2000), S. 20.

98 Zum Rückkauf eigener Aktien vgl. *Weiß* (1999), S. 360 ff.; *Seibert* (1998), S. 34 f.; *Wildner* (2000), S. 64 ff.; *Lingemann / Wasmann* (1998), S. 860 f.; *Friedrichsen* (2000), S. 213 ff.; *Kau / Leverenz* (1998), S. 2274.

gelungen von diesem Grundsatz definiert.[99] Mit dem vom KonTraG eingefügten § 71 Abs. 1 Nr. 8 AktG kann der Vorstand von der Hauptversammlung ermächtigt werden, eigene Aktien zu erwerben. Diese Ermächtigung ist jedoch auf 18 Monate begrenzt, wobei diese Frist nur für den Erwerb der Aktien gilt, das anschließende Halten der Aktien jedoch zeitlich unbegrenzt möglich ist, so daß im Hinblick auf die Laufzeit des Stock Option-Programms hierdurch keine Einschränkungen entstehen.[100]
Außerdem muß der Hauptversammlungsbeschluß den niedrigsten und höchsten Gegenwert, also den Mindest- bzw. Höchstpreis für die zu erwerbenden Anteile, festlegen. Für den Fall, daß der Aktienrückkauf im Rahmen eines Stock Option-Planes Anwendung findet, verweist § 71 Abs. 1 Nr. 8 Satz 5 AktG überdies auf § 193 Abs. 2 Nr. 4 AktG, wodurch die dort erwähnten besonderen Beschlußanforderungen auch für den Rückerwerb eigener Aktien gelten.[101]

Ein wesentlicher Vorteil des Erwerbs eigener Anteile zur Bedienung von Aktienoptionsprogrammen ist, daß die Verwässerungsproblematik der Altanteile, die mit der Ausgabe junger Aktien stets verbunden ist, vermieden wird. Dies führt dazu, daß die mit einem Aktienoptionsprogramm für die Altaktionäre verbundenen Kosten in besonders transparenter Weise deutlich werden, während sie bei der Durchführung einer Kapitalerhöhung im Verwässerungseffekt gewissermaßen „versteckt“ werden können.[102] Als nachteilig beim Erwerb eigener Anteile ist allerdings anzumerken, daß der Rückkauf mit einer erheblichen Belastung der Liquidität des Unternehmens verbunden ist, da das Unternehmen die Mittel zum Rückkauf der Aktien selbst aufbringen muß. Aus diesem Grund erfreut sich der Rückkauf eigener Anteile nicht so großer Beliebtheit wie die Durchführung einer Kapitalerhöhung.

2.2.3 Bilanzielle Behandlung bei Ausgabe auf gesellschaftsrechtlicher Ebene

Während die bilanzielle Behandlung einer Ausgabe auf betrieblicher Ebene – wie noch zu zeigen sein wird[103] – relativ unumstritten ist, handelt es sich bei der Ausgabe auf gesellschaftsrechtlicher Ebene, die die Vornahme einer Kapitalerhöhung mit sich bringt, um einen in der Literatur ausgesprochen kontrovers diskutierten Durchführungsweg. Es haben sich im wesentlichen zwei Auffassungen zur korrekten Abbildung von Optionsprogrammen im Zusammenhang

99 Der auch schon vor Einführung des KonTraG vorhandene § 71 Abs. 1 Nr. 2 AktG war ausschließlich für Arbeitnehmer des Unternehmens vorgesehen und schied für Organmitglieder somit aus. Aber auch für sonstige Führungskräfte ist dieser Weg soweit ersichtlich nie beschritten worden. Vgl. insbesondere *Friedrichsen* (2000), S. 59 ff. sowie *Schneider* (1996), S. 1772 und *Seibert* (1998), S. 33 f.

100 Vgl. *Lingemann / Wasmann* (1998), S. 860; *Weiß* (1999), S. 361.

101 Zu den Beschlußanforderungen des § 193 Abs. 2 Nr. 4 AktG vgl. die obigen Ausführungen zu nackten Optionen. Zur Problematik des Verweises in § 71 Abs. 1 Nr. 8 Satz 5 AktG vgl. *Friedrichsen* (2000), S. 216 ff.

102 Apostolou/Crumbley bezeichnen Aktienoptionsprogramme als „stealth compensation“. Vgl. *Apostolou / Crumbley* (2001), S. 34.

103 Vgl. Abschnitt 2.2.4.

mit der Ausgabe von neuen Aktien herausgebildet: Eine Seite fordert eine erfolgswirksame Erfassung als Personalaufwand, die andere eine erfolgsneutrale Erfassung, d. h. während der Laufzeit des Optionsprogramms soll keine buchungstechnische Aufnahme in den Jahresabschluß stattfinden. Innerhalb der ersten Gruppe lassen sich zwei Auffassungen unterscheiden: Die eine befürwortet eine Buchung des Personalaufwandes gegen die Kapitalrücklage in Anlehnung an die internationale Vorgehensweise, die andere bevorzugt die Bildung einer Rückstellung. Die beiden angesprochenen Hauptströmungen sollen im folgenden vorgestellt werden.

2.2.3.1 Erfolgswirksame Berücksichtigung

2.2.3.1.1 Buchung in Anlehnung an die internationale Vorgehensweise

Die zuerst von Pellens/Crasselt vorgeschlagene Vorgehensweise einer erfolgswirksamen Berücksichtigung von Aktienoptionsprogrammen im deutschen Jahresabschluß lehnt sich eng an die in der internationalen Rechnungslegung übliche Art der Verbuchung an.[104] Sie sieht vor, den Gesamtwert der gewährten Optionen zum Gewährungszeitpunkt – bestehend aus innerem Wert und Zeitwert – als Personalaufwand zu verbuchen. Dabei soll die Gegenbuchung in der Kapitalrücklage erfaßt werden. Als Begründung für die Durchführung einer solchen Buchung wird die Notwendigkeit für eine korrekte Darstellung der Ertragslage des Unternehmens angeführt.[105] Das Unternehmen erspare sich durch die Optionsgewährung Barzahlungen in entsprechender Höhe, und deshalb werde bei einer bilanziellen Nichterfassung der Personalaufwand zu niedrig ausgewiesen, wodurch auch die Unternehmensvergleichbarkeit beeinträchtigt werde.

Begründet wird dieses buchungstechnische Vorgehen mit einer gedanklichen Trennung des Sachverhalts der Optionsausgabe in zwei Geschäftsvorfälle: Zum einen erbringen die Altaktionäre durch ihren Verzicht auf die jungen Aktien und die Hinnahme einer Kapitalverwässerung eine Sacheinlage in Form der Optionsrechte, die in der Kapitalrücklage erfaßt werden müsse. Und zum anderen erfolgt eine Entlohnung der Manager in Form der Optionsgewährung durch das Unternehmen. Der von den Altaktionären akzeptierte Vermögensverlust wird nach dieser Vorstellung zunächst per Fiktion in das Unternehmen eingelegt, und mit dessen Hilfe erfolgt anschließend die Entlohnung der Führungskräfte.[106]

Schließlich ist noch die Frage der zeitlichen Verteilung des Personalaufwands zu beantworten. Für den üblichen Fall, daß die Arbeitsleistung zukünftiger Perioden entlohnt werden soll, ist für eine periodengerechte Erfassung des Personalaufwands die Bildung eines aktiven Rechnungsabgrenzungspostens erforderlich. Ist im Optionsvertrag kein spezieller Entlohnungszeitraum

104 Vgl. zu diesem Bilanzierungsvorschlag auch im folgenden *Pellens / Crasselt* (1998b), S. 217 ff., *Pellens / Crasselt* (1998c), S. 1431 ff., *Pellens / Crasselt* (1998a), S. 127 ff.; *Esterer / Härteis* (1999), S. 2073 ff. und *Schild* (1998), S. 609 ff.

105 Vgl. *Pellens / Crasselt* (1998c), S. 1432; *Esterer / Härteis* (1999), S. 2076.

106 Vgl. *Pellens / Crasselt* (1998b), S. 223.

genannt, so soll die zeitliche Verteilung davon abhängig gemacht werden, wie häufig die Gesellschaft solche Programme auflegt, wobei eine proportionale Verteilung des Personalaufwands vorgeschlagen wird.[107]

2.2.3.1.2 Rückstellungbildung

Insbesondere die Vornahme einer Buchung des Personalaufwands gegen die Kapitalrücklagen hat vehemente Kritik an einer Bilanzierung in Anlehnung an die internationale Rechnungslegung hervorgerufen.[108] Um eine erfolgswirksame Bilanzierung zu gewährleisten, aber eine Buchung gegen die Kapitalrücklage zu vermeiden, bietet sich die Alternative an, eine Rückstellung für die zu erwartende Kapitalverwässerung zu bilden. Förschle/Kropp begründen diese Auffassung durch einen gedanklichen Gehaltsverzicht der Mitarbeiter als Gegenleistung für die Gewährung der Optionen.[109] Wegen des Gehaltsverzichts entsteht ihrer Auffassug nach bei wirtschaftlicher Betrachtungsweise ein Erfüllungsrückstand, der nach § 249 Abs. 1 Satz 1 HGB als ungewisse Verbindlichkeit zu passivieren ist. Die Höhe der Rückstellung hat dieser Ansicht zufolge zum inneren Wert der Optionen zum Bilanzstichtag zu erfolgen.[110] Dieser Bilanzierungsvorschlag stellt eine Art Kompromiß dar, der es ermöglicht, Optionsprogramme im Jahresabschluß zwar als Aufwand zu verbuchen, der aber gleichzeitig die als besonders kritisch empfundene Gegenbuchung im Eigenkapital vermeidet, indem eine Rückstellungsdotierung vorgenommen wird.[111]

2.2.3.2 Erfolgsneutrale Berücksichtigung

Insbesondere dem Bilanzierungsvorschlag einer erfolgswirksamen Berücksichtigung in Anlehnung an internationale Vorschriften ist in der Literatur von vielen Seiten entschiedene Ablehnung entgegengebracht worden.[112] Diese Stimmen lehnen insbesondere „eine aus der GuV dotierte Bildung der Kapitalrücklage" ab, da sie „nicht in das etablierte deutsche Rechnungslegungs- und Aktienrecht paßt".[113] In diesem Zusammenhang wird zumindest auf gravierende Unterschiede in den Zielsetzungen der externen Rechnungslegung in anglo-amerikanischen Ländern und in Deutschland hingewiesen, die eine einfache Übernahme internationaler Regelungen zweifelhaft erscheinen ließen.

107 Vgl. *Pellens / Crasselt* (1998a), S. 146 ff.

108 Vgl. hierzu das folgende Kapitel 2.2.3.2.

109 Vgl. *Förschle / Kropp* (1999), § 266 Tz. 270 ff.

110 Vgl. *Förschle / Kropp* (1999), § 266 Tz. 290.

111 Zum Vorschlag der Bildung einer Rückstellung vgl. auch *Schruff / Hasenburg* (1999), S. 639 f.; für eine Gegenüberstellung der verschiedenen Bilanzierungsvorschläge anhand eines Beispiels vgl. *Simons* (2001), S. 92 ff., für die Rückstellungsbildung insbesondere S. 97 f. sowie *Simons* (2002), S. 230 ff.

112 Vgl. hierzu auch im folgenden *Herzig* (1998), S. 184 ff.; *Rammert* (1998), S. 769 ff.; *Naumann* (1998), S. 1428 ff.; *Friedrichsen* (2000), S. 338 ff.; *Vater* (2000c), S. 36 ff.; *Vater* (2000a), S. 2178 ff.; *Schruff / Hasenburg* (1999), S. 640 ff.

113 *Naumann* (1998), S. 1430.

Im Hinblick auf das Gläubigerschutzprinzip, welches als dominantes Jahresabschlußziel des deutschen handelsrechtlichen Jahresabschlusses ausgemacht wird, vertreten die Verfechter der erfolgsneutralen Berücksichtigung die Auffassung, daß durch eine aufwandswirksame Erfassung der Gläubigerschutz übererfüllt werde.[114] Die Gewährung von Stock Options führt zu keinem Zeitpunkt zu Auszahlungen bzw. Vermögensabgängen bei der Gesellschaft, sondern die Vergütung der Manager erfolgt außerhalb der Vermögenssphäre der Gesellschaft durch eine vom Verwässerungseffekt hervorgerufene Reichtumsverlagerung von den Altaktionären auf die Manager. Die Auffassung, daß es überhaupt nicht zu einer Berührung der Unternehmenssphäre kommt, werde auch dadurch unterstrichen, daß für das deutsche Gesellschaftsrecht das aktienrechtliche Trennungsprinzip kennzeichnend sei, das eine Loslösung des Gesellschaftsvermögens vom Vermögen der Gesellschafter vorsieht.[115]

Die Ausgabe von Aktienoptionen führt deshalb nicht zu einer Reduktion des haftenden Vermögens der Gesellschaft, dessen Höhe bleibt vielmehr konstant, und nur seine Verteilung auf die verschiedenen Gesellschafter wird beeinflußt. Es wird argumentiert, daß eine solche bloße Umverteilung aber ohne Auswirkung auf die Vermögensinteressen der Gläubiger bleibe, so daß eine erfolgswirksame Buchung im Hinblick auf das Gläubigerschutzprinzip unnötig erscheine.[116]

Außerdem führen die Vertreter eines Buchungsverzichtes an – denn auf einen Buchungsverzicht während der Laufzeit des Optionsprogramms läuft die erfolgsneutrale Berücksichtigung hinaus –, daß eine Aufwandbuchung nicht mit den GoB zu vereinbaren ist. So weisen sie darauf hin, daß durch die Verbuchung als Personalaufwand die Grundsätze der Pagatorik bzw. das Kongruenzprinzip verletzt werden.[117] Der pagatorische Charakter der handelsrechtlichen Erfolgsermittlung komme dabei vor allem in § 252 Abs. 1 Nr. 5 HGB zum Ausdruck, der verlangt, daß die Erfolgsermittlung nur solche Aufwendungen und Erträge erfaßt, die irgendwann zu tatsächlichen Zahlungen führen.[118] Dagegen dürfen Aufwendungen und Erträge, die nur kalkulatorisch verrechnet werden, weder bei der Aufstellung der Bilanz noch bei der Gewinn- und Verlustrechnung berücksichtigt werden.[119] Eine aufwandswirksame Berücksichtigung von Stock Options führt aber genau dazu, daß eine Erfassung von Beträgen als Aufwendungen vorgenommen wird, die in keiner Periode zu Auszahlungen führen werden. Dies hat zur Folge, daß die Summe der Periodenerfolge nicht mehr mit dem Totalerfolg des Unternehmens übereinstimmt, was eine Verletzung des Kongruenz- bzw. des clean-surplus-Prinzips bedeutet.[120]

Ein weiterer Kritikpunkt an einer Buchung in Anlehnung an die internationale Vorgehensweise bezieht sich darauf, daß als Gegenbuchung zum Personalaufwand eine Erhöhung der Kapital-

114 Vgl. im folgenden *Rammert* (1998), S. 769; *Friedrichsen* (2000), S. 338 ff.
115 Vgl. *Vater* (2000c), S. 37; *Vater* (2000a), S. 2178.
116 Vgl. *Rammert* (1998), S. 769.
117 Vgl. *Vater* (2000c), S. 44 ff.; *Vater* (2000a), S. 2180 f.; *Rammert* (1998), S. 772 f.
118 Vgl. *Rammert* (1998), S. 772.
119 Vgl. *Adler/Düring / Schmaltz* (1995), § 252 HGB, Rdnr. 95.
120 Vgl. *Rammert* (1998), S. 772; *Vater* (2000c), S. 45.

rücklage nach § 272 Abs. 2 HGB vorgenommen werden soll. Als kritisch ist im Zusammenhang mit dieser Buchung festzustellen, daß bei Einstellungen in die Kapitalrücklagen die Gewinn- und Verlustrechnung generell nicht berührt wird, weil ein charakteristisches Merkmal der Kapitalerhöhung gerade deren erfolgsneutrale Bildung ist.[121]

Eine Rechtfertigung des vorgeschlagenen Buchungssatzes ist deshalb nur dann möglich, wenn man davon ausgeht, daß die Buchung zwei Geschäftsvorfälle simultan erfaßt[122], nämlich zum einen eine in die Kapitalrücklage einzustellende Einlage in das Gesellschaftsvermögen und zum anderen der als Aufwand zu erfassende Verzehr des eingelegten Vermögenswertes.[123] Die für das Ansprechen der Kapitalrücklage notwendige Zuführung einer Gegenleistung kann entweder in der Einlage des Bezugs- bzw. Optionsrechts durch die Altaktionäre oder in der Einlage der zu erbringenden Arbeitsleistungen der Manager bestehen.[124]

Eine Einlage des Bezugsrechts von Seiten der Aktionäre wird abgelehnt, da das Bezugs- bzw. Optionsrecht nicht die notwendigen Voraussetzungen für einen Vermögensgegenstand erfülle und außerdem bei einer Gewährung von Aktienoptionen gem. § 192 Abs. 2 Nr. 3 HGB eine Einlage des Bezugsrechtes ausgeschlossen werden kann, da die Altaktionäre beim bedingten Kapital eben gerade über kein gesetzliches Bezugsrecht verfügen und sie folgerichtig nicht darauf verzichten können.[125] Eine Einlage der Leistungsverpflichtungen der Manager scheide sowohl von Seiten der Altaktionäre als auch von Seiten der Manager selbst aus, da der Vorteil für die Gesellschaft nicht greifbar ist und das Unternehmen keinen konkretisierbaren und rechtlich verfestigten Anspruch auf die zu erwartenden Dienstleistungen erhalte und zudem die gesetzliche Regelung des § 27 Abs. 2 AktG die Einlagefähigkeit von Dienstleistungen explizit ausschließt.[126]

2.2.4 Bilanzielle Behandlung bei Ausgabe auf betrieblicher Ebene

Die Ausgabe von Stock Options auf betrieblicher Ebene führt dazu, daß das ausgebende Unternehmen eine Stillhalterverpflichtung eingeht, die nicht durch die Ausgabe junger Aktien, sondern aus dem Gesellschaftsvermögen bedient wird, nämlich durch den Rückkauf eigener Anteile am Markt.[127] Für den Rückkauf der eigenen Anteile kommen für das Unternehmen grundsätzlich drei Zeitpunkte in Frage: Der Rückkauf kann bei Optionsausübung, bei Options-

121 Vgl. *Vater* (2000c), S. 37; *Rammert* (1998), S. 773.

122 Diese Möglichkeit der Rechtfertigung wurde bereits in Abschnitt 2.2.3.1.1 angesprochen.

123 Vgl. *Rammert* (1998), S. 773; *Vater* (2000c), S. 37.

124 Vgl. hierzu ausführlicher *Vater* (2000c), S. 37 ff.; *Vater* (2000a), S. 2179 ff.; *Rammert* (1998), S. 773 ff.; *Herzig* (1999), S. 7 ff.

125 Vgl. *Vater* (2000a), S. 2179; *Herzig* (1999), S. 7.

126 Vgl. *Naumann* (1998), S. 1430.

127 Vgl. *Herzig* (1999), S. 8.

einräumung oder während der Laufzeit des Optionsprogrammes erfolgen.[128] Werden die Aktien nicht bereits zu Beginn der Laufzeit des Optionsprogramms zurückgekauft, so entsteht nach einhelliger Auffassung der Literatur ein Erfüllungsrückstand, wenn der Aktienkurs des Unternehmens an nachfolgenden Bilanzstichtagen den Basispreis der gewährten Aktienoptionen übersteigt. In Höhe des inneren Wertes der Optionen wird deshalb die Buchung einer Rückstellung für ungewisse Verbindlichkeiten für notwendig erachtet, wobei die Gegenbuchung im Personalaufwand erfolgen soll.[129]

2.3 Zusammenfassung

Aufgabe des ersten Teils dieser Arbeit war es, zunächst einen kurzen Überblick über die Gestaltungsparameter von Aktienoptionsprogrammen zu geben. Angesichts der nahezu unüberschaubaren Vielfalt an Gestaltungsvarianten in der Praxis beschränkt sich dieser Überblick auf charakteristische Parameter aller Stock Option-Programme und insbesondere auf solche Parameter, die im zweiten Teil dieser Arbeit Eingang in die dort verwendeten Modelle finden. Eine wichtige Basis für die im zweiten Teil folgenden Überlegungen bilden auch die in diesem Kapitel vorgestellten Rechnungslegungsvorschriften zum Bereich der Erfassung von Aktienoptionsprogrammen. Es ist deutlich geworden, daß sich im wesentlichen zwei konträre Auffassungen zur Berücksichtigung von Optionsprogrammen in der externen Rechnungslegung herausarbeiten lassen: der Buchungsverzicht und die Aufwandbuchung. Während sich in der internationalen Rechnungslegung eine Aufwanderfassung mittlerweile weitgehend durchgesetzt hat – allerdings in den verschiedenen Ausprägungen des exercise date und grant date accounting –, ist die Frage aus Sicht der deutschen GoB nach wie vor umstritten. Aufgabe des folgenden zweiten Teils dieser Arbeit soll es deshalb sein zu prüfen, ob sich aus dem Blickwinkel verschiedener Rechnungslegungszwecke Argumente herausarbeiten lassen, die für die Variante des Buchungsverzichts bzw. für die Erfassung von Optionsprogrammen als Aufwand sprechen.

128 Vgl. *Friedrichsen* (2000), S. 355; *Vater* (2000c), S. 47. Zur Ausgabe der Optionen auf betrieblicher Ebene vgl. ebenfalls *Herzig* (1998), S. 182 f.; *Pellens / Crasselt* (1998a), S. 148 ff. Zu beachten ist allerdings, daß bei Stock Option-Programmen, die auf Basis des § 71 Abs. 1 Nr. 8 AktG ausgegeben werden, eine Ermächtigungsdauer für den Rückkauf der eigenen Aktien von 18 Monaten gilt, während eine Mindestlaufzeit des Optionsprogramms von zwei Jahren vorgeschrieben ist.

129 Die zeitliche Zuordnung erfolgt im Sinne einer Ausübungshypothese, indem die Fiktion vorgenommen wird, daß die Optionen zum jeweiligen Abschlußstichtag ausgeübt werden. Berücksichtigt wird also nur der innere Wert, wobei allerdings eine Korrektur des ursprünglichen Wertes nötig sein kann, um z. B. Fluktuation, Todesfälle etc. zu berücksichtigen. Vgl. *Herzig* (1999), S. 10; *Friedrichsen* (2000), S. 362 f.; *Vater* (2000c), S. 49. Neben dem Vorschlag, nur den inneren Wert zum Ansatz zu bringen, existiert ebenfalls der Vorschlag von Pellens/Crasselt, den Gesamtwert der Optionen zum Zeitpunkt der Einräumung linear über den Zeitraum bis zum Ablauf der Ausübungssperre zu verteilen, also eine ratierliche Erhöhung der Rückstellung vorzunehmen. Vgl. *Pellens / Crasselt* (1998a), S. 134 ff. Die Aussagen beziehen sich zunächst nur auf Stock Appreciation Rights, aber auch für Stock Options soll eine solche ratierliche Erhöhung der Rücklage gelten. Vgl. *Pellens / Crasselt* (1998a), S. 149. Dieser Bilanzierungsvorschlag wird jedoch mit dem Hinweis auf eine Verletzung des Realisationsprinzips abgelehnt. Vgl. *Herzig* (1999), S. 10; *Friedrichsen* (2000), S. 362 f.

Teil II

Ökonomische Analyse aus Sicht verschiedener Rechnungslegungszwecke

Kapitel 3

Rechnungslegung und Entscheidungsunterstützung: Informationsfunktion

3.1 Rechnungslegungszwecke

Insbesondere im Kapitel zur Bilanzierung von Optionsprogrammen nach den GoB[130] ist deutlich geworden, daß in Deutschland verschiedene, völlig konträre Auffassungen zur „richtigen“ Erfassung von Aktienoptionsprogrammen im Jahresabschluß existieren. Aber die großen Widerstände in der internationalen Rechnungslegung gegen die Einführung einer Verbuchung als Personalaufwand zeigen, wie umstritten das Thema auch außerhalb Deutschlands ist. Insbesondere ist hier an die Kontroverse in den Vereinigten Staaten zu erinnern, als Mitte der neunziger Jahre erstmalig die Einführung einer verpflichtenden erfolgswirksamen Berücksichtigung durchgesetzt werden sollte.[131] Zentraler Streitpunkt ist die Frage, ob Aktienoptionsprogramme aufwandswirksam berücksichtigt werden müssen oder nicht, so daß sich zwei Hauptströmungen ausmachen lassen: Befürworter einer Aufwandbuchung und Verfechter eines Buchungsverzichtes. Daß die Beantwortung dieser Frage bei manchen Autoren fast schon in den Rang einer „Seinsfrage“ erhoben wird, fangen Elayan/Pukthuanthong in amüsanter Weise mit ihrem an Shakespeare gemahnenden Beitragstitel ein: „To Expense or not to Expense Employee Stock Options“.[132]

130 Vgl. die Ausführungen in Kapitel 2.2.

131 Die Widerstände gegen diese Neuregelung waren derart massiv, daß sich das FASB sogar in seiner Funktion als privater Standardsetter gefährdet sah. Vgl. *Rammert* (1998), S. 767; *Pellens / Crasselt* (1998b), S. 220.

132 Vgl. *Elayan / Pukthuanthong* (2004).

Im zweiten Teil dieser Arbeit soll der Vermutung nachgegangen werden, daß diese verschiedenen Meinungen im Bereich der Bilanzierung von Optionsprogrammen ihren Ursprung in ganz grundsätzlich unterschiedlichen Auffassungen über den Zweck von Rechnungslegung haben. So ist hinlänglich bekannt, daß Rechnungslegung verschiedenen Zwecken dienen kann, und die unterschiedlichen Zwecke, die mit der Erstellung von Jahresabschlüssen verfolgt werden, erfordern verschiedene Mittel – namentlich verschiedene Rechnungslegungsvorschriften – um das jeweilige Ziel zu erreichen. D. h. für eine bestmögliche Umsetzung des jeweiligen Rechnungszweckes können durchaus unterschiedliche Rechnungslegungsvorschriften für dasselbe Rechnungslegungsproblem vonnöten sein. Diesen Gedanken faßt Dieter Schneider folgendermaßen zusammen: „Aus dem Rechnungszweck folgt der Rechnungsinhalt.“[133] Die insbesondere in Deutschland stark von juristischen Detailfragen geprägte Diskussion über die Bilanzierung von Aktienoptionsprogrammen überdeckt dabei, daß eigentlich gar nicht über juristische Problemfragen[134] diskutiert werden müßte, sondern über die grundlegenden Differenzen zwischen den Zwecken von Rechnungslegung.

Die Literatur nennt in diesem Zusammenhang verschiedene Funktionen, die Jahresabschlüsse erfüllen können.[135] Drei Rechnungszwecke, die sich für eine Operationalisierung eignen, sollen dabei im zweiten Teil dieser Arbeit daraufhin untersucht werden, wie aus ihrer Sicht heraus eine Bilanzierung von Aktienoptionsprogrammen auszusehen hätte, um den jeweiligen Rechnungszweck zu unterstützen: Die Informations-, die Anreiz- und die Ausschüttungsbemessungsfunktion. Bei der ersteren wird der primäre Zweck der Rechnungslegung insbesondere in der Entscheidungsunterstützung von Kapitalmarktteilnehmern gesehen. Diese erhalten durch die Veröffentlichung des Jahresabschlusses wichtige Informationen, die es ihnen erlauben, Rückschlüsse für ihre Investitionsentscheidungen zu ziehen. Im englischsprachigen Raum finden sich im Hinblick auf dieses Jahresabschlußziel, das die Nützlichkeit von Jahresabschlüssen bei der Entscheidungsfindung von Investoren betont, Bezeichnungen wie „decision-making“- oder „decion-usefullness“-Ansatz.[136]

Rechnungslegung kann jedoch auch in einem anderen Kontext eingesetzt werden. Sind Eigentum und Führung eines Unternehmens in verschiedenen Händen, werden also operative Entscheidungen von den Eigentümern eines Unternehmens an das Management delegiert, benötigen die Eigentümer Informationen über die vom Management getroffenen Entscheidungen, um eine Kontrollmöglichkeit über die Handlungen des Managements zu besitzen. Man spricht

133 *Schneider* (1997), S. 33.

134 Vgl. z. B. die in Kapitel 2.2.3.2 angesprochene Diskussion über die Möglichkeit der Einlage des Bezugs- bzw. Optionsrechts durch die Altaktionäre bzw. die Einlage der zu erbringenden Arbeitsleistungen durch die Manager.

135 Dazu gehören insbesondere die Rechenschafts- bzw. Dokumentations-, die Gewinnermittlungs-, die Ausschüttungsbemessungs-, die Gläubigerschutz- und die Informationsfunktion. Vgl. *Winkeljohann / Schellhorn* (2006), § 264 Rdnr. 35.

136 Vgl. *Gjesdal* (1981), S. 208. Vgl. auch die Ausführungen im Framework der US-GAAP: *FASB* (1978), SFAC 1.34.

in diesem Kontext auch von einer „stewardship"-Funktion der externen Rechnungslegung.[137] Um nämlich sicherzustellen, daß Entscheidungen des Managements im Sinne der Eigenkapitalgeber ausfallen – obwohl das Management durchaus über divergierende Interessen verfügen kann –, wird insbesondere im Rahmen von Entlohnungsverträgen mit dem Management auf Rechnungslegungsdaten zurückgegriffen, indem z. B. ein variabler Entlohnungsbestandteil vereinbart wird, der sich an der Höhe des vom Rechnungslegungssystem ausgewiesenen Gewinns orientiert. Die Rechnungslegung wird in diesem Fall zur Leistungsbeurteilung des Managements herangezogen, um das Management zu einem interessenkompatiblen Verhalten anzuhalten. Man kann deshalb in diesem Zusammenhang auch von einer Anreizfunktion der Rechnungslegung sprechen – auch bezeichnet als „performance measurement" oder „performance evaluation".[138]

Demski/Feltham grenzen die beiden angesprochenen Rechnungszwecke voneinander ab, indem sie bei ersterem – der Informationsfunktion – die entscheidungsunterstützende Funktion der Rechnungslegung im Hinblick auf Investitionsentscheidungen der Eigenkapitalgeber betonen, sie bezeichnen diese mit „decision facilitating", und bei letzterem – der Anreizfunktion – die Beeinflussung von Entscheidungen des Managements durch Rechnungslegung hervorheben, Demski/Feltham sprechen von „decision influencing".[139]

Der dritte zu untersuchende Rechnungszweck kommt dann zum Tragen, wenn sich haftungsbeschränkte Unternehmen fremdfinanzieren. In diesem Kontext können Anreize für die Eigner eines solchen haftungsbeschränkten Unternehmens entstehen, sich durch übermäßige Ausschüttungen auf Kosten der Fremdkapitalgeber zu bereichern. Gegenmaßnahmen können daran ansetzen, daß die Zulässigkeit von Ausschüttungen an Daten des Rechnungslegungssystems anknüpfen – z. B. an den vom Rechnungswesen ausgewiesenen Gewinn. Die Rechnungslegung dient hier als Basis für die Bestimmung der Zulässigkeit von Ausschüttungen, sie besitzt eine Ausschüttungs- bzw. Zahlungsbemessungsfunktion.

Man sieht, daß ganz verschiedene Zwecksetzungen als primäres Ziel der Rechnungslegung ausgemacht werden können. Und es ist naheliegend, daß die verschiedenen Zielsetzungen auch unterschiedliche Bilanzierungsvorschriften innerhalb des Rechnungslegungssystems erfordern, um ihr jeweiliges Ziel erreichen zu können. Dieser Zusammenhang soll im folgenden für die Bilanzierung von Aktienoptionsprogrammen genauer untersucht werden, indem die vorgeschlagenen Bilanzierungsmethoden für Optionsprogramme aus dem Blickwinkel eines bestimmten Rechnungslegungszwecks heraus analysiert werden. Hierzu werden bekannte Modelle, die sich mit den verschiedenen Rechnungslegungszwecken im Allgemeinen auseinandersetzen um die Effekte von Aktienoptionsprogrammen erweitert. Dabei beschäftigt sich der verbleibende Teil

137 Vgl. zur „stewardship"-Funktion der Rechnungslegung *Gjesdal* (1981), S. 208 ff.
138 Vgl. z. B. *Dutta / Reichelstein* (2005), S. 527.
139 Vgl. *Demski / Feltham* (1976), S. 8 ff.

dieses Kapitels 3 mit der Entscheidungsunterstützung, Kapitel 4 mit der Leistungsbeurteilung und Kapitel 5 mit der Ausschüttungsbemessungsfunktion.

3.2 Entscheidungsuntertützung: meß- und informationsperspektivische Sichtweise

Im Rahmen des Rechnungslegungszwecks der Entscheidungsunterstützung wird die Fähigkeit von Rechnungslegung in das Zentrum des Interesses gestellt, Adressaten des Jahresabschlusses Unterstützung bei verschiedenen Arten von Entscheidungen zu gewähren. Situationen, in denen eine solche Unterstützung notwendig werden könnte, sind z. B. Entscheidungen über den Kauf oder den Verkauf von Unternehmensanteilen oder auch Entscheidungen über eine Kreditvergabe oder den Abschluß von Lieferverträgen. Betrachtet man die Rahmenkonzepte des US-amerikanischen Standardsetters FASB und des IASB wird deutlich, daß dieser Gedanke der Entscheidungsunterstützung – der decision usefullness – eine wichtige Rolle bei der Erstellung von US-GAAP- und IFRS-Jahresabschlüssen spielt. Die Hilfe bei der Entscheidungsfindung soll dabei ermöglicht werden, indem die Rechnungslegung Informationen zur Verfügung stellt, die die Basis für eine vernünftige Entscheidung darstellen: „Financial Reporting should provide information that is useful [...] in making rational investment, credit and similar decisions."[140] Gemeinsam ist allerdings beiden Rahmenkonzepten, daß sie sich trotz eines zunächst relativ breit formulierten Adressatenkreises – genannt werden: Eigen- und Fremdkapitalgeber, Arbeitnehmer, Lieferanten, Kunden, der Staat und die Öffentlichkeit[141] – letztlich auf die Informationsbedürfnisse der Eigenkapitalgeber konzentrieren. Nach Auffassung von FASB und IASB stimmen die Informationsbedürfnisse der Eigenkapitalgeber mit den meisten Informationsbedürfnissen der anderen Adressaten überein.[142]

Bei der Untersuchung aus Sicht der Entscheidungsunterstützung soll im Rahmen der folgenden Analyse zwischen zwei verschiedenen theoretischen Perspektiven auf Rechnungslegung unterschieden werden: Bei der ersten Perspektive handelt es sich um ein eher klassisches Verständnis von Rechnungslegung – so bezeichnet Beaver diese Sichtweise als historische Perspektive.[143] Im Vordergrund steht hier die Ausrichtung der Rechnungslegung am Ideal des öko-

140 Vgl. *FASB* (1978), SFAC 1.34. Vgl. auch *FASB* (1978), SFAC 1.9: „Financial Reporting is not an end in itself but is intended to provide information that is useful in making business and economic decisions." Eine wichtige Grundlage für die Arbeit des FASB bildete eine Studie der vom AICPA eingesetzten „Accounting Objectives Study Group", die – benannt nach ihrem Vorsitzenden – auch als Trueblood Committee bekannt wurde und 1973 mit folgender Keraussage veröffentlicht wurde: „The basic objective of financial statements is to provide information useful for making economic decisions." Vgl. *AICPA* (1973), S. 61.

141 Vgl. *IASB* (2006), Framework Par. 9.

142 „As investors are providers of risk capital to the entity, the provision of financial statements that meets their needs will also meet most of the needs of other users that financial statements can satisfy." Vgl. *IASB* (2006), Framework Par. 10.

143 Vgl. *Beaver* (1998), S. 2 f.

nomischen Gewinns.[144] Der buchhalterische Gewinn wird verstanden als Approximation des ökonomischen Gewinns. Weil es im Rahmen dieser Interpretation darum geht, die Flußgröße – den ökonomischen Gewinn – bzw. die Bestandsgröße – den Wert des Unternehmens, gemessen durch den Wert diskontierter zukünftiger Cash Flows – möglichst genau zu approximieren, zu „messen", kann man diese Sichweise auch als „Meßperspektive" bezeichnen.[145]

Das Konzept des ökonomischen Gewinns kann aber nur dann überzeugen, wenn vollkommene und vollständige Kapitalmärkte eine unabhängige Preisbildung gewährleisten. In der Realität gibt es allerdings viele Beispiele für Vermögenswerte und andere Ansprüche, für die eine Handelbarkeit auf solchen idealtypischen Märkten nicht vorausgesetzt werden kann. Bei Verletzung dieser Annahme entsteht aber das Problem, daß der ökonomische Gewinn bei solchen „nicht-idealen" Marktstrukturen nicht mehr definiert ist. Die Richtschnur, an der sich im Verständnis der Meßperspektive die Rechnungslegung ausrichten soll, ist deshalb in der Realität nicht bestimmbar, was die Interpretationsmöglichkeiten dieser Sichtweise einschränkt.[146] Hinzu kommt, daß die Meßperspektive nicht von Informationsunterschieden zwischen Management und Kapitalmarktteilnehmern ausgeht. Die Kapitalmarktteilnehmer schätzen den Wert eines Unternehmens auf Basis der gleichen Informationen ein wie die Manager. Da sie über diese Informationen auch ohne Hilfe der Rechnungslegung verfügen, ist ein Nutzen von Rechnungslegung in diesem Kontext schwer begründbar.

Diese Schwächen haben dazu beigetragen, daß dieses eher klassische Verständnis der Rechnungslegung um eine neuere Interpretation ergänzt worden ist. Bei dieser neueren Sichtweise steht die Möglichkeit im Vordergrund des Interesses, mit Hilfe des Rechnungslegungssystems Informationen zu vermitteln, und zwar insbesondere Informationen über zukünftige mögliche Umweltzustände. Im Gegensatz zur Meßperspektive wird in diesem Kontext von einem unterschiedlichen Informationsstand von Management und Kapitalmarkt ausgegangen. Unterstellt man, daß das Management über besonders weitgehende Kenntnisse über das von ihm geführte Unternehmen verfügt – also einen Informationsvorsprung hinsichtlich der Eintrittswahrscheinlichkeiten zukünftiger Umweltzustände besitzt –, kann man in der Rechnungslegung ein Mittel sehen, mit dem diese Informationen weitergegeben werden können. Der Rechnungslegung fällt deshalb im Gegensatz zur Meßperspektive eine gut zu interpretierende Rolle zu: Mit Hilfe der

144 Versuche mit dem ökonomischen Gewinn einen an zukünftigen Zahlungsgrößen orientierten Gewinnbegriff für die Bilanzierung zu nutzen, gehen zurück auf den von Böhm-Bawerk und Fisher geprägten Gewinnbegriff der ökonomischen Theorie. Vgl. *Böhm-Bawerk* (1921), S. 374 ff. und *Fisher* (1906). Erweiterungen stammen von *Lindahl* (1933) und *Hicks* (1946). Vgl. zum ökonomischen Gewinn ebenfalls *Hansen* (1962) und *Honko* (1965), S. 611 ff. Im deutschen Schrifttum wurde bereits in den 60er Jahren des letzten Jahrhunderts eine intensive Diskussion über die Bedeutung des ökonomischen Gewinns für die Gestaltung des Jahresabschlusses geführt. Vgl. hierzu u.a. *Münstermann* (1966), S. 579 ff., *Münstermann* (1969), S. 39 ff., *Schneider* (1963), S. 457 ff., *Schneider* (1968), S. 1 ff., *Schneider* (1971), S. 607 ff., wobei Schneider den Begriff des „kapitaltheoretischen Gewinns" für geeigneter hält, als den des „ökonomischen Gewinns". Vgl. *Schneider* (1995), S. 211. Vgl. ebenfalls *Seicht* (1970), S. 511 ff.

145 So verwenden Christensen/Demski beispielsweise die Bezeichnung „‚measure value'-approach". Vgl. *Christensen / Demski* (2003), S. 4. Beaver/Demski sprechen von einer „measurement perspective". Vgl. *Beaver / Demski* (1979), S. 38.

146 Vgl. *Beaver* (1998), S. 4.

im Rechnungslegungssystem kodierten Informationen werden die Adressaten der Rechnungslegung in die Lage versetzt, ihre Wahrscheinlichkeitseinschätzungen über das Eintreten möglicher Umweltzustände zu revidieren. Da diese Aktualisierung der Einschätzung der Eintrittswahrscheinlichkeiten für zukünftige Umweltzustände auf der Fähigkeit des Rechnungslegungssystems beruht, Informationen zu vermitteln, kann man diese Sichtweise auf Rechnungslegung als „Informationsperspektive“ bezeichnen.[147] Im Sinne der Informationsperpspektive wird Rechnungslegung z. B. dann eingesetzt, wenn es darum geht, ihre Daten zur Prognose der Entwicklung von künftigen Cash Flows einzusetzen. In den folgenden beiden Abschnitten sollen die Meß- und Informationsperspektive näher betrachtet werden. Insbesondere die Integration von Optionsprogrammen in die meßperspektivische Sichtweise ist dabei von Bedeutung, da sie als Grundlage für die weitere Vorgehensweise in der Arbeit benötigt wird.

3.3 Meßperspektive

3.3.1 Zerlegung der ökonomischen Gewinne

Wie bereits angesprochen besteht im Sinne einer meßperspektivischen Sichtweise die Zielsetzung von Rechnungslegung darin, das Ideal des ökonomischen Gewinns auf Ebene der Rechnungslegungsdaten nachzubilden. Ziel ist deshalb die Aproximation des ökonomischen Gewinns des betrachteten Unternehmens. Der ökonomische Gewinn I_t ist dabei definiert als:

$$I_t = V_t - V_{t-1} + CF_t$$

Damit umfaßt der ökonomische Gewinn auf der einen Seite Veränderungen des Unternehmenswertes V_t von der letzten zur aktuellen Periode und auf der anderen Seite die jeweiligen Ausschüttungen der Periode CF_t.

Der Unternehmenswert zum Zeitpunkt t ist dabei definiert als Summe aller diskontierten zukünftigen Cash Flows:

$$V_t = \sum_{\tau=t+1}^{T} \frac{CF_\tau}{(1+r)^{\tau-t}}$$

Verfügt das betrachtete Unternehmen über kein Aktienoptionsprogramm, existiert eine homogene Gruppe von gleichberechtigten Aktionären, und es ist klar, daß diesen gemeinsam der gesamte Unternehmenswert V_t zusteht. Komplizierter wird die Situation jedoch, wenn das betrachtete Unternehmen über ein Aktienoptionsprogramm verfügt. In diesem Fall existiert nämlich keine Gruppe von gleichberechtigten Aktionären, sondern man muß unterscheiden zwischen der

147 So sprechen Christensen/Demski von „„information content‘approach“ oder „information content perspective“. Vgl. *Christensen / Demski* (2003), S. 4 f. Beaver spricht von einer „informational perspective“. Vgl. *Beaver* (1998), S. 4. Vgl. auch *Beaver / Demski* (1979), S. 43.

Gruppe der Altaktionäre, die auch vor Auflage des Optionsprogramms schon am Vermögen des Unternehmens beteiligt war, und der Gruppe der vom Optionsprogramm begünstigten Manager, die erst durch die Einführung des Programms zu potentiellen, zukünftigen Aktionären werden und so einen Anspruch auf einen Teil des Vermögens des Unternehmens erwerben. Diese zweite Gruppe soll im weiteren als Neuaktionäre bezeichnet werden. Entscheidend ist, daß sich bei einem Unternehmen mit Aktienoptionsprogramm der gesamte Unternehmenswert auf zwei getrennt zu betrachtende Gruppen verteilt. Ein Teil steht den Altaktionären zu, ein anderer Teil wird im Zuge des Optionsprogramms – zumindest potentiell – den Neuaktionären übertragen. Dies verdeutlicht die folgende Abbildung 3.1:[148]

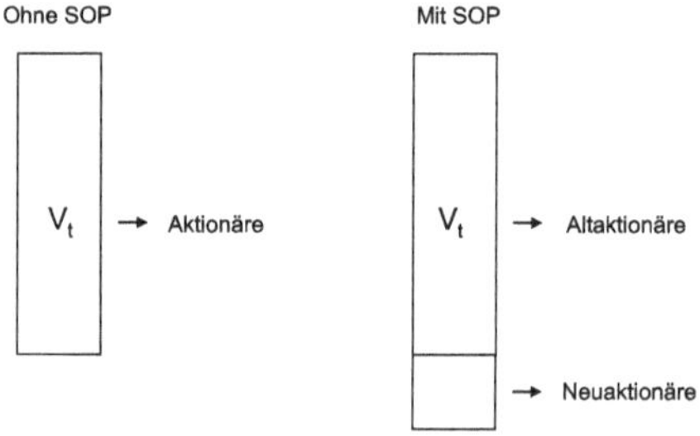

Abbildung 3.1: Verteilung des Unternehmenswertes auf Alt- und Neuaktionäre

Verfügt ein Unternehmen über ein Aktienoptionsprogramm, läßt sich der Unternehmenswert nicht mehr eindeutig bestimmen, wie bei einem Unternehmen ohne Optionsprogramm. Man muß sich vielmehr die Frage stellen, aus wessen Sicht der Unternehmenswert gemessen werden soll. Soll als Unternehmenswert der Wert bestimmt werden, der Alt- und Neuaktionären gemeinsam zusteht? Oder soll der Unternehmenswert nur den Wert repräsentieren, der den Altaktionären alleine zusteht? Es soll gar nicht versucht werden, diese Frage allgemeingültig zu beantworten, da es Situationen gibt, in denen beide Wertbestimmungen ihre Berechtigung haben können. Allerdings scheint es sich bei einer Betrachtung des Unternehmens als Einheit um eine stark juristisch geprägte Sichtweise zu handeln, die eine strikte Trennung von Gesellschafter- und Gesellschaftsspäre fordert. Betrachtet man dagegen das Framework der IAS/IFRS, dann nennt dieses zwar eine ganze Vielzahl von Jahresabschlußadressaten – Eigen- und Fremdkapitalgeber, Mitarbeiter, Lieferanten, Kunden, den Staat und die Öffentlichkeit[149] –, es wird jedoch deutlich, daß für das IASB die Interessen der Eigenkapitalgeber letztlich entscheidend sind.[150]

148 Beim Unternehmen mit Optionsprogramm wird, wie die Abbildung zeigt, mehr Wert verteilt als beim Unternehmen ohne Optionsprogramm. Dies geschieht quasi schon im Vorgriff auf die Ausführungen des Kapitels 3.3.2.2. Intuitiv sollte aber klar sein, daß sich die Altaktionäre durch die Auflage eines Optionsprogramms die Schaffung von zusätzlichem Wert versprechen, da sie sonst den Wert des ihnen zustehenden Anteils reduzieren würden, d. h. freiwillig Vermögenseinbußen hinnehmen würden.

149 Vgl. *IASB* (2006), Framework Par. 9.

150 So geht das Framework ohne nähere Begründung nämlich davon aus, daß Informationen, die für die Eigenka-

Und zwar sollen die Informationen eines IAS/IFRS-Jahresabschlusses insbesondere dazu dienen, aktuelle und potentielle Eigenkapitalgeber bei ihrer Anlageentscheidung zu unterstützen. Der Jahresabschluß soll Orientierung bei Kaufs- bzw. Verkaufsentscheidungen von Unternehmensanteilen bieten.[151] Um diese Entscheidungen treffen zu können, ist aber nur der Wert, der den Altaktionären zusteht, von Bedeutung, da die den Neuaktionären, also dem Management, zustehende Entlohnung in die Höhe des Aktienkurses nicht mit einfließt. Die Mittel, die zur Entlohnung für das Management verwendet werden müssen, stehen gerade nicht für die Altaktionäre des Unternehmens zur Verfügung.

Folgt man konsequent der Erkenntnis, daß unterschieden werden muß, für welche Gruppe von Aktionären der Unternehmenswert berechnet werden soll, bietet es sich an, eine Zerlegung des Unternehmenswertes – und in Analogie auch eine Zerlegung des ökonomischen Gewinns – vorzunehmen; nämlich in einen Teil, der den Altaktionären zusteht, und in einen Teil, der den Neuaktionären zusteht:

$$V_t^{Alt} = \sum_{\tau=t+1}^{T} \frac{CF_\tau^{Alt}}{(1+r)^{\tau-t}} \qquad \text{und} \qquad V_t^{Neu} = \sum_{\tau=t+1}^{T} \frac{CF_\tau^{Neu}}{(1+r)^{\tau-t}},$$

wobei gilt:

$$CF_t^{Alt} + CF_t^{Neu} = CF_t$$

Dabei repräsentiert CF_t^{Neu} den Ausübungsgewinn, den die Neuaktionäre bei Ausübung am Ende der Laufzeit des Optionsprogrammes erhalten, die Differenz zwischen Aktienkurs und Basispreis im Ausübungszeitpunkt. In allen anderen Perioden nimmt CF_t^{Neu} den Wert Null an.[152] Bei CF_t^{Neu} handelt es sich nicht um einen Zahlungsstrom im engeren Sinne, da keine Auszahlung wie bei Dividenden vorgenommen wird. Vielmehr wird der Vermögenstransfer von Alt- zu Neuaktionären durch die Ausgabe von verbilligten Aktien ermöglicht. Dieser Wertetransfer wird im Rahmen der hier vorgeschlagenen Zerlegung als „Ausschüttung" an die Neuaktionäre aufgefaßt, so daß im Ergebnis nicht mehr die gesamten Cash Flows den Altaktionären zugerechnet werden, sondern der Ausübungsgewinn, der auf die Neuaktionäre entfällt in Abzug gebracht wird. Die Summe aller diskontierten Cash Flows abzüglich des Ausübungsgewinns entspricht genau dem Wert, der den Altaktionären zusteht. Wichtig ist aber folgendes: Auch wenn es sich bei CF_t^{Neu} nicht um einen herkömmlichen, sondern um eine Art „fiktiven" Zahlungsstrom handelt, steht die Höhe des Vermögenstransfers zum Ausübungszeitpunkt eindeutig fest und ist auch für Dritte beobachtbar, so daß ein vergleichbares Maß an Objektivität wie bei einem „normalen" Zahlungsstrom zu konstatieren ist.

pitalgeber bedeutsam sind, auch die meisten Informationsbedürfnisse aller anderen Jahresabschlußadressaten erfüllen werden. Vgl. *IASB* (2006), Framework Par. 10.

151 Vgl. *IASB* (2006), Framework Par. 9 (a).

152 Im folgenden Beispiel in Kapitel 3.3.2 soll davon ausgegangen werden, daß die Optionen erst zum Zeitpunkt T ausgeübt werden können. Bezeichnet man den Aktienkurs zum Zeitpunkt T als S_T und den Basispreis mit B, so gilt: $CF_T^{Neu} = S_T - B$. Für alle $t < T$ gilt dementsprechend, daß CF_t^{Neu} den Wert Null annimmt.

Für den gesamten Unternehmenswert gilt damit die Zerlegung:

$$V_t^{Alt} + V_t^{Neu} = V_t = \sum_{\tau=t+1}^{T} \frac{CF_\tau}{(1+r)^{\tau-t}}$$

Diese läßt sich auch auf den ökonomischen Gewinn übertragen:

$$I_t^{Alt} = V_t^{Alt} - V_{t-1}^{Alt} + CF_t^{Alt} \qquad \text{bzw.} \qquad I_t^{Neu} = V_t^{Neu} - V_{t-1}^{Neu} + CF_t^{Neu}$$

3.3.2 Bilanzierung aus Meßperspektive

3.3.2.1 Ausgangssituation

Diese Zerlegung des ökonomischen Gewinns und die Konsequenzen für eine aus Meßperspektive sinnvolle Bilanzierung sollen im folgenden anhand eines Beispiels verdeutlicht werden, welches auf ein zweiperiodiges Binomialmodell zurückgreift. Das Binomialmodell bestimmt dabei den Verlauf der Cash Flows und nicht den Verlauf des Aktienkurses.[153] Zunächst wird ein Unternehmen ohne Stock Option-Programm betrachtet, um einen Ausgangspunkt für einen Vergleich mit einem Unternehmen mit Stock Option-Programm zu erhalten. Unterstellt wird ein Unternehmen, das in Periode $t = 0$ gegründet wird und über ein Grundkapital von 1000 GE verfügt. Dieses verteilt sich auf zehn Aktien mit einem Nennwert von jeweils 100 GE. Die Investoren seien risikoneutral. Die eingezahlten 1000 GE werden vom Unternehmen investiert, und in $t = 1$ zeigt sich das Ergebnis dieser Investition. Es kann dabei entweder eine positive Entwicklung („up") oder eine negative Entwicklung („down") eintreten. Im Fall einer positiven Entwicklung fließen dem Unternehmen als Rückflüsse aus seiner Investition zusätzliche 250 GE zu, so daß insgesamt 1250 GE im Unternehmen vorhanden sind. Die vorhandenen Geldmittel im Unternehmen im Fall einer positiven Entwicklung berechnen sich durch die Multiplikation des eingesetzten Kapitals von 1000 GE mit dem up-Faktor von 1,25. Analog geschieht dies auch im Fall einer negativen Entwicklung. Der down-Faktor beträgt dabei 0,8. Das führt dazu, daß nach einer negativen Entwicklung in $t = 1$ nur noch 800 GE im Unternehmen vorhanden sind. 200 GE sind aus dem Unternehmen abgeflossen.

In $t = 1$ werden die vorhandenen Mittel wieder investiert. Die Rückflüsse aus dieser erneuten Investition in $t = 2$ berechnen sich analog zu $t = 1$. Dies verdeutlicht die folgende Abbildung 3.2.

153 Die Verwendung eines Binomialmodells ist in der Literatur in diesem Zusammenhang eine häufig verwendete Vorgehensweise, vgl. z. B. *Simons* (2001), S. 230 ff. und *Crasselt* (2005), S. 444 ff. Während jedoch üblicherweise der Verlauf des Aktienkurses durch ein Binomialmodell modelliert wird, soll hier die Entwicklung der Cash Flows des Unternehmens dem Binomialmodell gemäß erfolgen. Diese Modellierung ermöglicht es zwei Unternehmen zu vergleichen, die über identische Cash Flows verfügen, von denen aber nur ein Unternehmen ein Aktienoptionsprogramm besitzt.

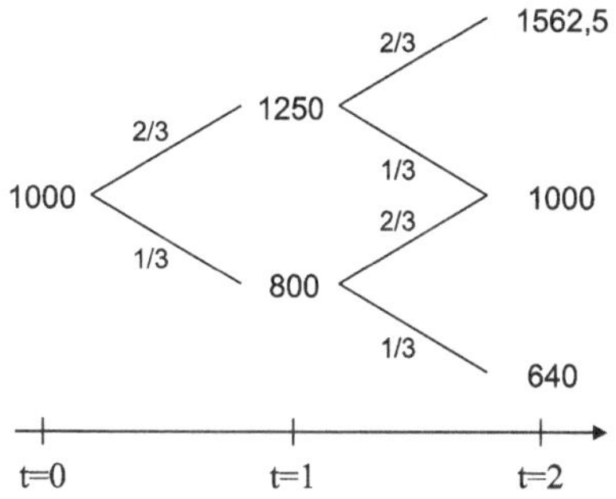

Abbildung 3.2: Cash Flows des Ausgangsbeispiels

Geht man davon aus, daß das Unternehmen mit dem Projekt eine Rendite von $i = 10\%$ erwirtschaftet, dann berechnen sich die Pseudowahrscheinlichkeiten für die up- und down-Bewegungen p bzw. $1 - p$ folgendermaßen, wobei u den up-Faktor und d den down-Faktor repräsentiert:

$$p = \frac{1 + i - d}{u - d} = \frac{2}{3} ,$$

und damit $1 - p = \frac{1}{3}$. Die Rendite von 10% soll genau mit dem Kapitalmarktzins $r = 10\%$ übereinstimmen, d. h. das Unternehmen investiert in Projekte mit einem Kapitalwert von Null, erzielt also keine Überrenditen.

Aus dem bisher Gesagten läßt sich auf einfache Weise auf den Aktienkurs des betrachteten Unternehmens zu den verschiedenen Zeitpunkten schließen: In $t = 2$ müssen die in Abbildung 3.2 dargestellten Cash Flows auf jeweils zehn Aktien verteilt werden. Die Aktienkurse betragen deshalb in $t = 2$, wie Abbildung 3.3 verdeutlicht, 156,25 GE, 100 GE bzw. 64 GE. Bei Unterstellung risikoneutraler Investoren ergeben sich die Kurse der Vorjahre durch eine Bewertung mit dem diskontierten Erwartungswert.

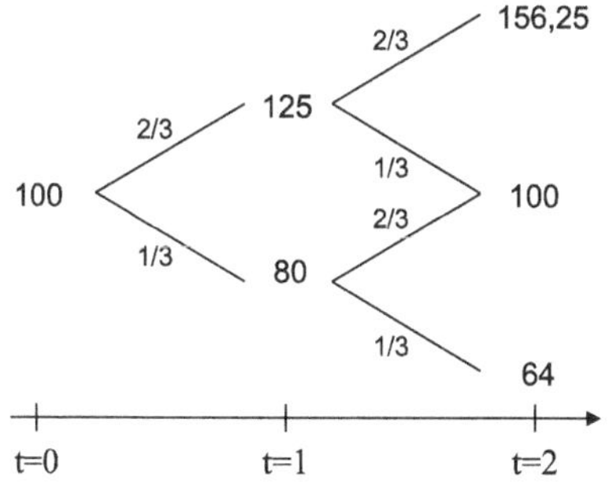

Abbildung 3.3: Aktienkurs des Unternehmens ohne SOP

Um die Problematik der Aktienoptionen in die Betrachtung mit einzubeziehen, soll ein anderes Unternehmen betrachtet werden, das in allen Perioden über exakt identische Cash Flows verfügt wie das bisherige Unternehmen; einziger Unterschied ist, daß das zweite Unternehmen in $t = 0$ ein Stock Option-Programm auflegt, das die Ausgabe einer Option auf eine Aktie des Unternehmens zu einem Basispreis von 100 GE vorsieht. Aus Vereinfachungsgründen sollen die Ausübungs- und Veräußerungssperrfrist mit der Laufzeit des Optionsprogramms übereinstimmen. Ausgeübt werden kann die Option deshalb erst in $t = 2$.

Um die Konsequenzen der Einführung eines Optionsprogramms abschätzen zu können, muß man zunächst betrachten, in welchen Umweltzuständen in $t = 2$ durch das Optionsprogramm eine Änderung der Situation eintritt. Bei zwei Abwärtsbewegungen bzw. bei einer Auf- und einer Abwärtsbewegung beträgt der Aktienkurs, wie Abbildung 3.3 verdeutlicht, 64 bzw. 100 GE. Da der Basispreis der Option 100 GE beträgt, verfällt die Option in diesen beiden Zuständen unausgeübt. Nur im Falle von zwei Aufwärtsbewegungen lohnt sich die Optionsausübung. Zusätzlich zu den 1562,5 GE, die das Unternehmen in diesem Fall erwirtschaftet hat, kommen 100 GE, die der Manager als Basispreis bei Optionsausübung zu zahlen hat. Insgesamt sind also 1662,5 GE im Unternehmen vorhanden, die sich aber auf jetzt elf Aktien verteilen. Der Wert einer Aktie – und das ist der für die Altaktionäre relevante Wert – beträgt mit Stock Option-Programm bei zwei up-Bewegungen $\frac{1662,5}{11} = 151,13$ GE. Dies wirkt sich natürlich entsprechend auch auf den Wert der Aktien in den Perioden $t = 1$ und $t = 0$ aus. Mit dem Diskontierungszinssatz von 10% berechnet sich der diskontierte Erwartungswert aus Sicht von $t = 0$ auf 98,12 GE, wie folgende Abbildung 3.4 verdeutlicht.

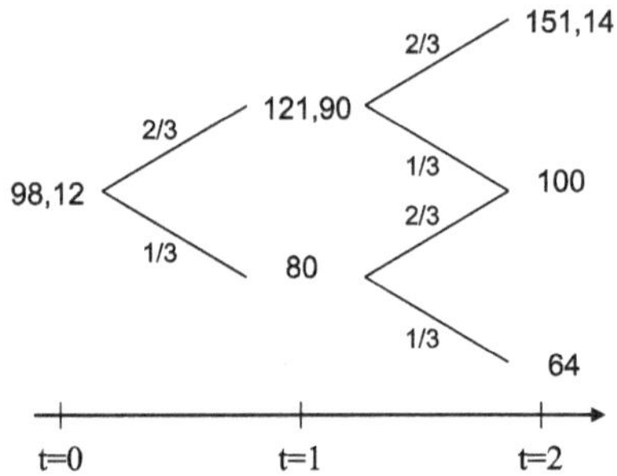

Abbildung 3.4: Aktienkurs des Unternehmens mit SOP

An dieser Stelle wird deutlich, daß sich die beiden Unternehmen – trotz gleicher Cash Flows auf Unternehmensebene – voneinander unterscheiden. Der Aktienkurs des Unternehmens mit Optionsprogramm liegt in $t = 0$ mit 98,12 GE unter dem Wert des Unternehmens ohne Optionsprogramm, der 100 GE beträgt. Die Differenz erklärt sich durch den Vermögenstransfer, der durch die Optionsausgabe von den Altaktionären zum Management als Neuaktionär stattgefunden hat. Der Wert der einen ausgegebenen Option zum Zeitpunkt $t = 0$ beträgt 18,78 GE und leitet sich ab aus dem Ausübungsgewinn von 51,14 GE für den Fall von zwei Aufwärtsbewegungen. Dies wird von Abbildung 3.5 veranschaulicht.

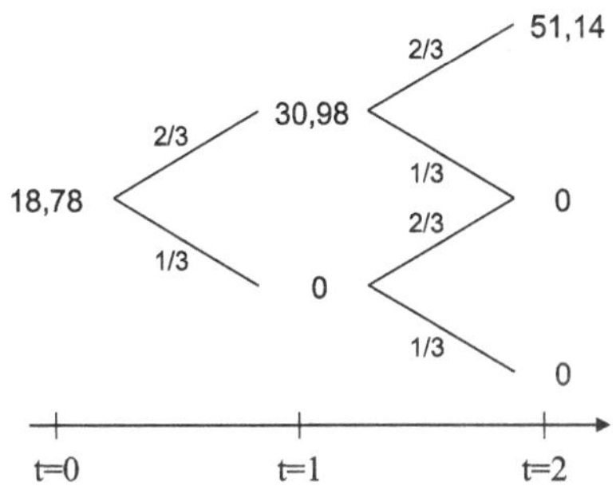

Abbildung 3.5: Wert des Aktienoptionsprogramms

Diese Verwässerung des Wertes haben die Altaktionäre zu tragen. Verteilt man den Gesamtwert des Optionsprogramms von 18,78 GE auf die zehn ursprünglichen Aktien des Unternehmens, erklärt er exakt den Rückgang des Aktienkurses von 100 GE (Unternehmen ohne Optionsprogramm) auf $100 - \frac{18,78}{10} = 98,12$ GE (Unternehmen mit Optionsprogramm).

3.3.2.2 Veränderung der Wahrscheinlichkeitsverteilung

Da ein Optionsprogramm im bisherigen Szenario aus Sicht der Altaktionäre ausschließlich zusätzliche Lohnkosten für die Motivation des Managements hervorruft, ist verständlich, daß der Aktienkurs des Unternehmens mit Optionsprogramm niedriger liegt als beim Unternehmen ohne ein solches Programm. Empirisch läßt sich ein solcher Effekt allerdings nicht beobachten. Es müßte sonst im Zuge der Einführung von Stock Option-Programmen ein systematischer Rückgang der Aktienkurse zu beobachten sein. Tatsächlich sind dagegen sogar tendenziell positive Reaktionen des Kapitalmarktes auf die Einführung von Optionsprogrammen festzustellen.[154] Die Annahme, die im Modell für dieses in der Realität nicht zu beobachtende Absinken des Börsenkurses führt, ist die Identität der Cash Flows und ihrer Eintrittswahrscheinlichkeiten bei beiden Unternehmen. Das Unternehmen mit Optionsprogramm führt dieses Programm ein, ohne daß damit eine Steigerung der Cash Flows bzw. eine Veränderung der Wahrscheinlichkeitsverteilung ihres Eintretens verbunden wäre. Die i. d. R. mit einem Stock Option-Programm intendierte Absicht, das Management zu besserer Leistung zu motivieren, ist bisher also völlig vernachlässigt worden. Daß die Altaktionäre unter diesen Umständen einem Optionsprogramm zustimmen würden, darf bezweifelt werden. Eine Zustimmung zu einem Optionsprogramm

154 Vgl. *Brickley et al.* (1985), S. 115; *Murphy* (1985), S. 11 sowie *Menichetti* (1996), S. 1689 und *Friedrichsen* (2000), S. 29.

kann nur dann vorausgesetzt werden, wenn die Altaktionäre mit einer gesteigerten Arbeitsleistung des Managements rechnen bzw. zu erwarten ist, daß mit dem Optionsprogramm neue, fähigere Mitarbeiter für das Unternehmen gewonnen werden können, so daß eine Steigerung der Cash Flows bzw. eine Veränderung der Wahrscheinlichkeitsverteilung der Cash Flows erreicht werden kann.

Diese Überlegungen sollen folgendermaßen in das Beispiel integriert werden: An der Höhe der jeweilgen Cash Flows soll nichts verändert werden, d. h. die up- und down-Faktoren im Binomialmodell bleiben unverändert. Verändert werden allerdings die Wahrscheinlichkeiten für die jeweiligen Auf- und Abwärtsbewegungen. Um der gesteigerten Motivation des Managements bzw. den größeren Fähigkeiten der neu hinzugewonnenen Führungskräfte gerecht zu werden, steigt die Wahrscheinlichkeit p für eine positive Entwicklung an.[155] Die Frage, mit welcher neuen Wahrscheinlichkeitsverteilung die Altaktionäre nach Einführung des Optionsprogramms rechnen, läßt sich nicht eindeutig beantworten. Dennoch scheint es interessant, der Frage nachzugehen, mit welcher Steigerung von p sie mindestens rechnen müssen, damit ihre Entscheidung für das Optionsprogramm sinnvoll erscheint. Anders formuliert: Die Kosten, die das Optionsprogramm in Form des Verwässerungseffektes für die Altaktionäre mit sich bringt, sollen durch die höhere Wahrscheinlichkeit für die positiven Umweltzustände genau ausgeglichen werden. Gesucht ist die Wahrscheinlichkeit p_{neu}, für die die Altaktionäre indifferent sind zwischen Einführung bzw. Nichteinführung eines Optionsprogrammes.

Die gesuchte Wahrscheinlichkeit p_{neu} kann folgendermaßen ermittelt werden: Losgelöst vom konkreten Beispielfall muß in allgmeiner Form der Wert einer Aktie des Unternehmens mit Optionsprogramm im Zeitpunkt $t = 0$ (rechte Seite der Gleichung 3.1) dem ursprünglichen Wert des Unternehmens ohne Optionsprogramm pro Aktie (linke Seite der Gleichung 3.1) entsprechen. Die Minimum-Beziehung auf der rechten Seite der Gleichung spiegelt dabei die Stillhalterverpflichtung der Altaktionäre wider. Diese sind dazu verpflichtet, die Entscheidung des Optionsinhabers über Ausübung bzw. Nicht-Ausübung der Optionen abzuwarten. Und diese Entscheidung fällt natürlich immer zuungunsten des Stillhalters aus. Deshalb wird aus Sicht der Altaktionäre immer der niedrigere Wert gewählt, der bei Ausübung bzw. Nicht-Ausübung der Optionen entsteht. Gleichung 3.2 gibt die Berechnung des Optionswertes C_{neu} wieder. Diese Berechnung ist notwendig, da sich durch die veränderte Wahrscheinlichkeitsverteilung auch der Optionswert gegenüber dem Ausgangsbeispiel verändert. Bei dieser Berechnung kommt die Maximum-Funktion zum Einsatz, da aus Sicht der Neuaktionäre nur bei positivem Ausübungs-

155 Im folgenden soll ein gleichmäßiger Anstieg der Wahrscheinlichkeit in allen Umweltzuständen unterstellt werden, unabhängig davon, ob eine Ausübung der Optionen noch möglich ist oder nicht. Dies entspricht der Vorstellung, daß durch das Optionsprogramm tatsächlich „bessere" Manager gewonnen werden konnten, die in allen Umweltzuständen für die höheren Eintrittswahrscheinlichkeiten guter Umweltzustände sorgen. Geht man dagegen von reinen Motivationseffekten aus, die das Optionsprogramm auslöst, müßten diese Effekte nachlassen oder verschwinden, wenn eine Ausübung nicht mehr möglich ist. In der Realität dürfte eine Mischung beider Effekte auftreten: eine grundsätzlich qualitativ bessere Arbeit durch neugewonnene Mitarbeiter und eine Motivationswirkung, die nachläßt, wenn die Optionen nicht mehr ausgeübt werden können.

gewinn auch eine tatsächliche Ausübung der Optionen vorgenommen wird.

$$\frac{V_0^{ohneSOP}}{A} = \sum_{k=0}^{T} \binom{T}{k} p_{neu}^k (1 - p_{neu})^{T-k}$$

$$\cdot \min \left\{ \frac{u^k \cdot d^{T-k} \cdot N \cdot A + \bar{O} \cdot B}{A + \bar{O}}; u^k \cdot d^{T-k} \cdot N \right\} \cdot R^{-T} \tag{3.1}$$

$$C_{neu} = \sum_{k=0}^{T} \binom{T}{k} p_{neu}^k (1 - p_{neu})^{T-k}$$

$$\cdot \max \left\{ \frac{u^k \cdot d^{T-k} \cdot N \cdot A + \bar{O} \cdot B}{A + \bar{O}} - B; 0 \right\} \cdot \bar{O} \cdot R^{-T} \tag{3.2}$$

Dabei gelten folgende Variablenbezeichnungen:

A	Anzahl ausgegebener Aktien
B	Basispreis
C_{neu}	Optionswert (unter Berücksichtigung der neuen Wahrscheinlichkeitsverteilung) in $t = 0$
k	Anzahl der „up"-Bewegungen bis T
N	Nennwert der Aktien
$\bar{O}$	Anzahl ausgegebener Optionen
p_{neu}	neue Wahrscheinlichkeit für Aufwärtsbewegung
r	Kapitalmarktzins
R	Diskontierungsfaktor $(1 + r)$
T	Laufzeit des Optionsprogramms
u,d	up- bzw. down-Faktor
$V_0^{ohneSOP}$	Wert des Unternehmens ohne Optionsprogramm zum Zeitpunkt t=0; entspricht im Beispiel dem gesamten Nennwert der Aktien

Bezogen auf das verwendete Zahlenbeispiel sind folgende Gleichungen mit den Unbekannten p_{neu} und C_{neu} zu lösen:

$$\frac{p_{neu}^2 \cdot 151,14 + 2 \cdot p_{neu} \cdot (1 - p_{neu}) \cdot 100 + (1 - p_{neu})^2 \cdot 64}{1,1^2} = 100$$

$$\frac{p_{neu}^2 \cdot 51,14}{1,1^2} = C_{neu}$$

Als Lösungen erhält man eine Wahrscheinlichkeit p_{neu} von $0,69$ und damit $1 - p_{neu} = 0,31$, sowie den Optionswert $C_{neu} = 20,19$.

Abbildung 3.6 veranschaulicht die neue Situation des Unternehmens nach Einführung des Optionsprogramms.

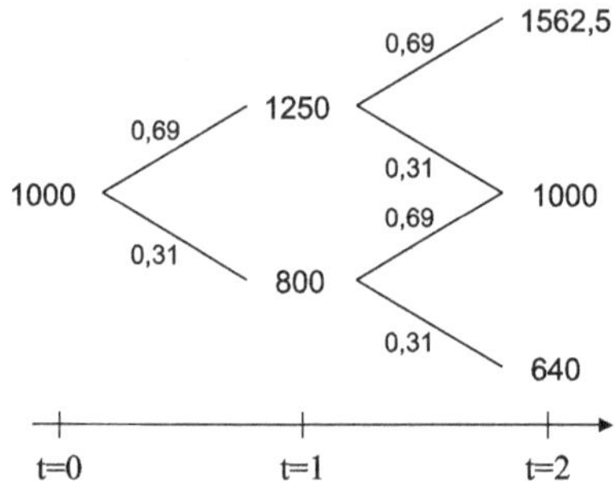

Abbildung 3.6: Cash Flows mit veränderter Wahrscheinlichkeitsverteilung

Das Unternehmen verfügt in $t = 1$ mit einer erhöhten Wahrscheinlichkeit von 0,69 über 1250 GE, die reinvestiert werden können. Der negative Umweltzustand, in dem das Unternehmen nur 800 GE in $t = 1$ reinvestieren kann, tritt dagegen nur noch mit einer Wahrscheinlichkeit von 0,31 ein. Wegen der veränderten Wahrscheinlichkeitsverteilung ändert sich – wie angesprochen – auch der Wert der ausgegebenen Option. Abbildung 3.7 zeigt die Berechnung des veränderten Optionswertes C_{neu}.

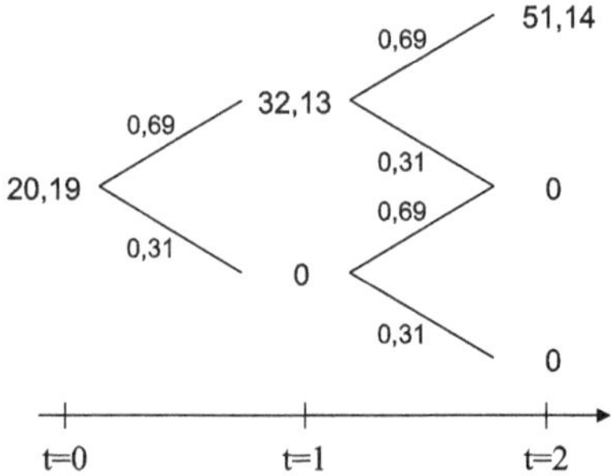

Abbildung 3.7: Wert des Aktienoptionsprogramms bei veränderter Wahrscheinlichkeitsverteilung

Die Wahrscheinlichkeiten im Rahmen des Binomialmodells stellen letztlich nur Pseudowahrscheinlichkeiten dar. Sie ergeben sich zwingend aus der Höhe des unterstellten Zinssatzes. Es schien im Rahmen dieser Darstellung allerdings eingängiger zu sein, die angenommene verbesserte Arbeitsleistung des Managements in eine höhere Wahrscheinlichkeit für positive Umweltzustände einmünden zu lassen. Letztlich impliziert diese höhere Wahrscheinlichkeit aber nichts anderes, als daß die Rendite für vom Unternehmen durchgeführte Projekte steigt.

Löst man die Gleichung für die Pseudowahrscheinlichkeit nach der gesuchten neuen Rendite i_{neu} auf, erhält man:

$$i_{neu} = p_{neu}(u-d)+d-1$$
$$i_{neu} = 0,111$$

Dies bedeutet im Ergebnis eine Erhöhung der Rendite der durchgeführten Investitionen von 10% auf 11,1%. Dies läßt sich folgendermaßen interpretieren: Während den Aktionären des Unternehmens ohne Stock Option-Programm eine Rendite der vom Management durchgeführten Projekte in Höhe von 10% einen Wert von 100 GE pro Aktie garantiert hat, führt die Einführung des Optionsprogramms dazu, daß die Renditeerwartungen für Investitionen des Unternehmens auf 11,1% ansteigen müssen, um weiterhin einen Wert von 100 GE pro Aktie zu gewährleisten. Dieser Anstieg wird nämlich mindestens gebraucht, um die Kosten des Optionsprogrammes ausgleichen zu können. War vor Einführung des Optionsprogramms eine dem Kapitalmarktzins von 10% entsprechende Verzinsung des eingesetzten Kapitals als ausreichend angesehen worden, ist mit Optionsprogramm die Erzielung von Überrenditen notwendig, um die Altaktionäre nicht schlechter zu stellen als vor Einführung des Programms. Es findet eine Art Transfer statt: Aus den Parametern des Aktienoptionsprogramms (Anzahl der Optionen, Basispreis etc.) wird abgeleitet, welche Renditesteigerung im Gegenzug vom Management erwartet werden muß, um die Kosten des Aktienoptionsprogramms auszugleichen. So bietet sich den Aktionären schon im Vorfeld der Einführung eines Aktienoptionsplanes eine Möglichkeit zu prüfen, ob die Erwartungen an eine Leistungssteigerung des Managements realistisch sind und die Kosten des Optionsprogramms wieder „hereingeholt“ werden können oder ob die Auflage eines Optionsprogrammes abgelehnt werden sollte, weil die benötigte Erhöhung der Rendite unrealistisch erscheint.

Daß die Altaktionäre unter Voraussetzung der neuen Wahrscheinlichkeitsverteilung indifferent zwischen Einführung und Nichteinführung des Optionsprogramms sind, verdeutlicht Abbildung 3.8, die den Wert einer Aktie des Unternehmens unter den neuen Annahmen widergibt. In Periode $t = 0$ entspricht der als diskontierter Erwartungswert berechnete Kurs von 100 GE exakt dem ursprünglichen Kurs aus Abbildung 3.3 vor Einführung des Optionsprogramms.

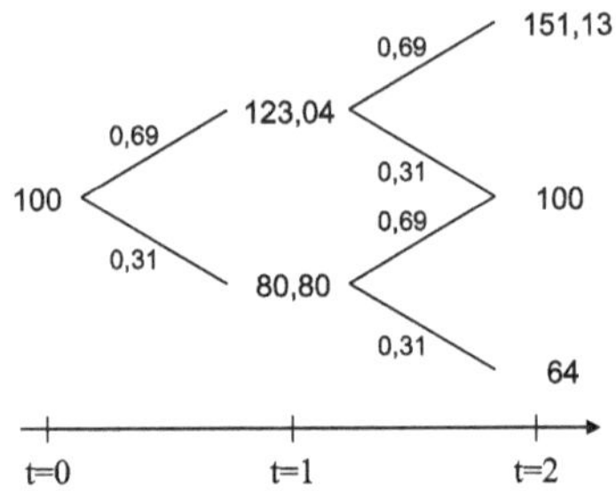

Abbildung 3.8: Aktienkurs bei veränderter Wahrscheinlichkeitsverteilung

An dieser Stelle bietet es sich an, auf die zu Beginn des Kapitels angesprochene Trennung des ökonomischen Gewinns zurückzukommen, in einen Teil, der den Alt-, und einen Teil, der den Neuaktionären zusteht. Zunächst ist jedoch darauf hinzuweisen, daß das obige Konzept des ökonomischen Gewinns aus Vereinfachungsgründen unter Sicherheit vorgestellt wurde, im Beispiel jedoch Unsicherheit über die Cash Flows des Unternehmens besteht. Betrachtet man den ökonomischen Gewinn unter Unsicherheit, bleibt der Grundgedanke des Konzeptes erhalten, aber man muß differenzieren zwischen ex ante und ex post ökonomischen Gewinnen. Ex ante ökonomische Gewinne werden dabei berechnet ohne das Wissen um die Realisation von nachfolgenden Umweltzuständen – im Beispiel also ohne das Wissen, ob eine Auf- oder eine Abwärtsbewegung auftritt. Bei ex post ökonomischen Gewinnen, die nach dem Eintreten der jeweilgen Umweltzustände berechnet werden, ist das Wissen um die jeweilige Realisation dagegen vorhanden. Der Informationsstand, auf dem die Berechnung der ökonomischen Gewinne und der Unternehmenswerte erfolgt, soll dabei im folgenden durch die Informationshierarchie h_t widergegeben werden.[156] Dies bedeutet, unter Informationshierarchie h_0 weiß man noch nichts über konkrete Realisationen von Umweltzuständen, unter h_1 weiß man, ob eine Auf- oder eine Abwärtsbewegung in $t = 1$ stattgefunden hat, und unter h_2 kennt man zusätzlich die Realisation in $t = 2$. Nimmt man in Analogie zur Vorgehensweise unter Sicherheit wieder die bekannte Trennung für Alt- und Neuaktionäre vor, berechnet sich z. B. der ex ante ökonomische Gewinn der ersten Periode für die Altaktionäre folgendermaßen:

$$E[I_1^{Alt}|h_0] = E[V_1^{Alt}|h_0] - E[V_0^{Alt}|h_0] = 1100 - 1000 = 100$$

156 Vgl. dazu auch ausführlich die Ausführungen in Kapitel 3.4.1. Wichtig ist, daß die Informationen über die Umweltzustände in diesem Kapitel zur Meßperspektive nur auf der Realisation der Cash Flows beruhen und deshalb allgemein zugänglich sind. Die Rechnungslegung wird zum Transport zusätzlicher Informationen nicht gebraucht. Dies ändert sich in Kapitel 3.4 zur Informationsperspektive. Dort kommt es ganz wesentlich darauf an, inwieweit Informationen, die über bloßes Cash Flow-Accounting hinausgehen, durch die Rechnungslegung übermittelt werden können. Während bei der Meßperspektive nur Informationen über die Cash Flows in der Informationshierarchie h_t enthalten sind, umfaßt diese im Kapitel zur Informationsperspektive deshalb auch Informationen über das zusätzliche Signal y_t. Vgl. dazu Kapitel 3.4.1.

Folgende Tabelle 3.1 stellt die ex ante ökonomischen Gewinne und die entsprechenden Unternehmenswerte aus Sicht von Periode t=0 dar:

Zeitpunkt	0	1	2 [vor Aus.]
$E[V_t \vert h_0]$	1020,19	1122,21	1234,43
$E[V_t^{Alt} \vert h_0]$	1000	1100	1210
$E[V_t^{Neu} \vert h_0]$	20,19	22,21	24,43
$E[I_t \vert h_0]$	-	102,02	112,22
$E[I_t^{Alt} \vert h_0]$	-	100	110
$E[I_t^{Neu} \vert h_0]$	-	2,02	2,20

Tabelle 3.1: Ex ante ökonomische Gewinne und Unternehmenswerte aus Sicht von Periode $t = 0$

Bei der Betrachtung fällt auf, daß der ökonomische Gewinn, der auf die Altaktionäre entfällt – 100 GE in $t = 1$ bzw. 110 GE in $t = 2$ –, jeweils genau eine 10%-ige Verzinsung des eingesetzten Kapitals von 1000 GE bzw. 1100 GE ergibt. Der darüber hinaus gehende ökonomische Gewinn von 2,02 GE in t=1 bzw. 2,20 GE in $t = 2$, der – durch die Konstruktion des Beispiels – genau den durch das Management erwirtschafteten Überrenditen entspricht, steht dagegen den Neuaktionären zu. Auch auf Seiten des aus Sicht von $t = 0$ erwarteten Unternehmenswertes sorgt die Konstruktion des Beispiels dafür, daß der den Altaktionären erwartungsgemäß zustehende Wert, wie beim Unternehmen ohne Optionsprogramm, von 1000 GE in $t = 0$ über 1100 GE bis auf 1210 GE in $t = 2$ steigt. Die durch die Mehrarbeit des Managements hervorgerufenen Wertsteigerungen dagegen stehen in voller Höhe den Neuaktionären zu; aus Sicht von $t = 0$ sind dies erwartungsgemäß 20,19 GE.

Die ex post ökonomischen Gewinne berechnen sich mit dem Wissen über das Eintreten der Umweltzustände. Von Interesse sind hier im Prinzip für die weitere Betrachtung nur „up"-Bewegungen, da nur bei zwei Aufwärtsentwicklungen ein Ausüben der Optionen möglich ist. Der ex post ökonomische Gewinn der Altaktionäre in $t = 1$ berechnet sich dann folgendermaßen:

$$E[I_1^{Alt}|h_1 = u] = E[V_1^{Alt}|h_1 = u] - E[V_1^{Alt}|h_0] = 1230,42 - 1000 = 230,42$$

Tabelle 3.2 zeigt die ex post ökonomischen Gewinne und Unternehmenswerte aus Sicht der Altaktionäre bei Eintreten von Aufwärtsbewegungen:

Zeitpunkt	1	2 [vor Aus.]
$E[V_t^{Alt} \| h_t]$	1230,42	1511,36
$E[I_t^{Alt} \| h_t]$	230,42	280,93

Tabelle 3.2: Ex post ökonomische Gewinne und Unternehmenswerte der Altaktionäre bei Aufwärtsbewegungen

Die den Altaktionären ex post zustehende Summe ökonomischer Gewinne für den Fall von zwei Aufwärtsbewegungen beträgt damit 511,36 GE, wie sich auch anhand von Abbildung 3.8 nachvollziehen läßt.

3.3.2.3 Konsequenzen für die Bilanzierung

Nach diesen Vorarbeiten soll im folgenden die Frage der Bilanzierung in den Mittelpunkt treten. Da eine meßperspektivische Sichtweise für den Bilanzierungsvorschlag verwendet werden soll, werden die im vorherigen Abschnitt berechneten Aktienkurse als Vergleichswerte für die Bilanzierung eine wichtige Rolle spielen. Den Ausgangspunkt der Betrachtung bildet erneut das ursprünglich eingeführte Unternehmen ohne Stock Option-Programm, dessen Bilanzen zu den Zeitpunkten $t = 0$ bis $t = 2$ in der folgenden Abbildung 3.9 widergegeben sind. Dabei wird davon ausgegangen, daß die Projekte, in die das Unternehmen investiert, ausschließlich im Anlagevermögen zu bilanzieren sind und die jeweils angefallenen Cash Flows sofort wieder in Projekte des Anlagevermögens reinvestiert werden. Da in der weiteren Betrachtung lediglich ein Umweltzustand von Interesse ist, bei dem die Aktienoption auch ausgeübt werden kann und nicht wertlos verfällt, wird für die Zeitpunkte $t = 1$ und $t = 2$ jeweils vom Auftreten einer „up"-Bewegung ausgegangen.

Bilanz in t=0

Anlagevermögen	1000,00	gezeichnetes Kapital	1000,00
Bilanzsumme	1000,00	Bilanzsumme	1000,00

Bilanz in t=1

Anlagevermögen	1250,00	gezeichnetes Kapital	1000,00
		Jahresüberschuß	250,00
Bilanzsumme	1250,00	Bilanzsumme	1250,00

Bilanz in t=2

Liquide Mittel	1562,50	gezeichnetes Kapital	1000,00
		Gewinnrücklagen	250,00
		Jahresüberschuß	312,50
Bilanzsumme	1562,50	Bilanzsumme	1562,50

Abbildung 3.9: Bilanzen der Jahre $t = 0$ bis $t = 2$ des Unternehmens ohne SOP

Zu beachten ist bei einem Vergleich mit Abbildung 3.3, die den Aktienkurs des Unternehmens ohne Optionsprogramm widergibt, daß die Bilanzen in allen drei betrachteten Zeitpunkten perfekt sind, d. h. sie bilden den Wert des Unternehmens exakt ab. Diese genaue Widergabe des Wertes liegt an der Annahme, daß das Unternehmen in Investitionsobjekte investiert, die keine Überrenditen erzielen.

Im folgenden soll das Optionsprogramm in die Bilanzierung eingeführt werden. Zunächst wird, wie im letzten Abschnitt, von einer unveränderten Wahrscheinlichkeitsverteilung ausgegangen. Der Wert des Optionsprogramms beträgt deshalb, wie aus Abbildung 3.5 deutlich wird, 18,78 GE.

Als Ausgangspunkt soll zunächst die Bilanzierung nach IFRS 2 dargestellt werden. Wie in Kapitel 2.1 beschrieben, erfolgt die Bewertung des Aufwands und der Eigenkapitalmehrung mit dem fair value des Optionsprogramms zum Zeitpunkt $t = 0$ – hier also mit 18,78 GE. Eine spätere Korrektur dieses Wertes unterbleibt, wenn die Wertänderungen des Optionsprogramms auf Veränderungen des Aktienkurses zurückzuführen sind. Deshalb bleibt im Beispiel der einmal in $t = 0$ berechnete Aufwand endgültig und wird nicht mehr verändert. Gemäß der Vorschriften des IFRS 2 wird der Aufwand linear über den Erdienungszeitraum verteilt, in diesem Fall über die zwei Jahre bis zur Ausübung. Dies zeigt Abbildung 3.10.

Bilanz in t=0

Anlagevermögen	1000,00	gezeichnetes Kapital	1000,00
Bilanzsumme	1000,00	Bilanzsumme	1000,00

Bilanz in t=1

Anlagevermögen	1250,00	gezeichnetes Kapital	1000,00
		Rücklage SOP	9,39
		Jahresüberschuß	240,61
Bilanzsumme	1250,00	Bilanzsumme	1250,00

Bilanz in t=2

Liquide Mittel	1562,50	gezeichnetes Kapital	1000,00
		Gewinnrücklagen	240,61
		Rücklage SOP	18,78
		Jahresüberschuß	303,11
Bilanzsumme	1562,50	Bilanzsumme	1562,50

Abbildung 3.10: Bilanzen der Jahre $t = 0$ bis $t = 2$ des Unternehmens mit SOP nach den Vorschriften des IFRS 2

Bei näherer Betrachtung fällt auf, daß aus meßperspektivischer Sicht insbesondere zwei Vorschriften kritisch zu beurteilen sind. Dies betrifft zuerst die Tatsache, daß der Wert des Optionsprogramms, nach erstmaliger Feststellung in $t = 0$, nicht mehr angepaßt wird. Dies liegt an der Sichtweise des IASB, nach der bei realen Optionsprogrammen die Gegenleistung der Mitarbeiter bewertet werden soll.[157] Diese steht nach Auffassung des IASB bereits zum Einräumungszeitpunkt fest. Der vom Optionsinhaber realisierte Ausübungsgewinn wird auf diese Weise irrelevant. Im Ergebnis führt diese Interpretation des IASB zum in Kapitel 2.1.2 beschriebenen grant date accounting.

Aus Sicht der Informationsbedürfnisse der Altaktionäre läßt sich völlig konträr argumentieren. Für diese ist letztlich relevant, wie hoch der Ausübungsgewinn der Mitarbeiter ist, weil die Altaktionäre exakt diesen Verwässerungseffekt wirtschaftlich zu tragen haben. Und die Einschätzung darüber, wie hoch der Verwässerungseffekt ausfallen wird, kann insbesondere durch Änderungen des Aktienkurses beeinflußt werden, die vom IASB-Ansatz ignoriert werden. Will die Bilanz die Altaktionäre hierüber nicht im Unklaren lassen, ist es aus meßperspektivischer Sicht zwingend notwendig, in den Folgeperioden Anpassungen der ursprünglichen fair value-Schätzung vorzunehmen.

Ein zweiter Kritikpunkt betrifft die sofortige Gegenbuchung im Eigenkapital. Dadurch, daß die Aufwandsbuchung in voller Höhe durch eine Erhöhung des Eigenkapitals ausgeglichen wird, kann die Verwässerung der Anteile der Altaktionäre nur unzureichend widergegeben werden. Die Bilanz suggeriert auch mit Optionsprogramm einen Wert von 1000 GE in $t = 0$, obwohl den Altaktionären davon nur 1000 - 18,78 = 981,22 GE bzw. 98,12 GE pro Aktie zustehen, wie Ab-

157 Zur Sichtweise des IASB im Zusammenhang mit der Bilanzierung von realen Optionsprogrammen vgl. die Ausführungen in Kapitel 2.1.2.

bildung 3.4 zu entnehmen ist. Zudem läßt sich durch die Vorgehensweise des IFRS 2 erst nach der Aufwandbuchung in $t = 1$ zum ersten Mal auf das Vorhandensein eines Optionsprogramms zurückschließen.

3.3.2.4 Bilanzierungsvorschlag

Ziel des zu erarbeitenden Bilanzierungsvorschlages im Sinne der Meßperspektive soll letztlich sein, die Trennung zwischen Ansprüchen der Alt- und Neuaktionäre, die auf Ebene der ökonomischen Gewinne bereits oben eingeführt wurde, auch auf Ebene der Bilanzierung nachzuvollziehen. Ergebnis ist dann eine Bilanz, die aus Sicht der Altaktionäre aufgestellt wird. Da beim Unternehmen aber die Rückflüsse aus den Projekten, in die es investiert hat, natürlich „unzerlegt" anfallen, gilt grundsätzlich ohne die Vornahme von Korrekturbuchungen die Totalgewinnkongruenz, d. h. die Summe der Buchgewinne (x_t) entspricht der Summe der Cash Flows:

$$\sum_{t=1}^{T} x_t = \sum_{t=0}^{T} CF_t$$

Um zu erreichen, daß der Jahresabschluß als Gewinn nur noch den Teil ausweist, der den Altaktionären zusteht, muß deshalb zusätzlicher Aufwand in die GuV eingeschleust werden. Die buchhalterischen Gewinne bei Durchführung dieser Aufwandbuchung sollen mit x_t^{AB} bezeichnet werden. Für diese gilt:

$$\sum_{t=1}^{T} x_t^{AB} = \sum_{t=0}^{T} CF_t^{Alt} = \sum_{t=0}^{T} CF_t - CF_t^{Neu}$$

Für den zusätzlich eingespeisten Aufwand sollten allerdings zwei Bedingungen erfüllt sein: Erstens darf in $t = 0$ noch kein zusätzlicher Aufwand eingespeist werden; ansonsten entspricht der Buchwert der ersten Periode (A_0) nicht mehr der Anschaffungsauszahlung, und es würde damit gelten: $A_0 \neq -CF_0$. Zweitens muß über die Laufzeit des Aktienoptionsprogramms schließlich der gesamte Ausübungsgewinn, den die Neuaktionäre in T erhalten, als Aufwand verrechnet werden. Es muß also ein sog. exercise date accounting[158] vorgenommen werden, das dafür sorgt, daß die Verhältnisse zum Ausübungszeitpunkt der Optionen letztlich über die Höhe des gesamten eingespeisten Aufwands entscheiden. Die Verteilung des Aufwands über die einzelnen Perioden während der Laufzeit des Optionsprogramms ist zumindest im Ergebnis nicht von so großer Bedeutung, wenn eine Bewertung mit dem Residualgewinnmodell vorgenommen wird, da auftretende „Meßfehler" durch zukünftige Residualgewinne wieder ausgeglichen werden.[159]

158 Vgl. zum Unterschied zwischen exercise date accounting und grant date accounting die Ausführungen in Kapitel 2.1 und insbesondere die beispielhafte Gegenüberstellung in Kapitel 2.1.5.

159 Die Aussage des Residualgewinnmodells, daß der Marktwert unabhängig von konkreten Bilanzierungsvor-

Durch die zusätzliche Aufwandbuchung wird das Kongruenzprinzip in seiner herkömmlichen Form offenbar verletzt. Durch die Einspeisung von zusätzlichem Aufwand in die GuV ist die clean-surplus-Bedingung nicht mehr erfüllt, die verlangt, daß sich sämtliche Änderungen des Buchwertes von einer Periode zur nächsten, die nicht auf Transaktionen mit den Eigentümern beruhen, in der GuV niederschlagen. Verständlich wird diese Notwendigkeit einer Durchbrechung aber, wenn man bedenkt, daß man aus Sicht der Altaktionäre den Vermögenstransfer zu den Neuaktionären durchaus als eine Art „Zahlungsstrom" auffassen kann. Beim exercise date accounting ist dessen Höhe – als Differenz zwischen Aktienkurs und Basispreis – auch für Dritte problemlos nachvollziehbar. Es ergeben sich deshalb keine Objektivierungsschwierigkeiten. Die pagatorische Grundlage der Rechnungslegung wird nicht völlig aufgegeben, sondern sie wird, aus Sicht der Altaktionäre heraus, anders interpretiert.

Will man diese allgemeinen Überlegungen in einen konkreten Bilanzierungsvorschlag überführen, besteht ein möglicher Weg darin, einen Bilanzierungsansatz zu wählen, der sich an die Vorgehensweise im Bereich der Konzernrechnungslegung anlehnt. Diese Anlehnung an die Darstellung im Konzernabschlusses liegt nahe, weil durch die Trennung der Ansprüche von Alt- und Neuaktionären eine ähnliche Situation geschaffen wird, wie sie auch bei Konzernunternehmen vorliegt. In Konzernbilanzen sollen die Ansprüche von Mehrheits- und Minderheitsaktionären in der Bilanz getrennt ausgewiesen werden, und zu diesem Zweck wird ein Posten „Anteile anderer Gesellschafter" gebildet, der die Ansprüche der Minderheiten repräsentiert. Genauso wäre es im Rahmen der Bilanzierung von Optionsprogrammen wünschenswert, zwischen den Ansprüchen von Alt- und Neuaktionären zu trennen. Deshalb wird in Abbildung 3.11 der Wert des Optionsprogramms, der den Neuaktionären zusteht, als „Anteile Neuaktionäre" ausgewiesen. D. h. im Ergebnis, daß der aus Sicht der Altaktionäre höhere Personalaufwand für die Entlohnung des Managements sich in der GuV niederschlägt; aufgefangen wird dieser Aufwand aber nicht in Form einer Eigenkapitalbuchung, wie von den IFRS vorgeschlagen, oder in Form einer Rückstellungsbildung, wie Förschle/Kropp[160] vorschlagen, sondern durch den Posten „Anteile Neuaktionäre", der verdeutlichen soll, daß dieses Geld einerseits nicht aus dem Unternehmen abgeflossen ist bzw. abfließen wird, aber andererseits auch nicht mehr den Altaktionären zusteht.

schriften der Summe aus aktuellem Buchwert zuzüglich zukünftiger diskontierter Residualgewinne entspricht, findet sich erstmalig bei Preinreich. Vgl. *Preinreich* (1937), S. 220. In Deutschland ist dieser Zusammenhang bekannt geworden als sog. Lücke-Theorem. Vgl. *Lücke* (1955), S. 310 ff. Vgl. zum Residualgewinnmodell auch *Ohlson* (1995), S. 661 ff., *Feltham / Ohlson* (1995), S. 689 ff., sowie *Feltham / Ohlson* (1999), S. 165 ff.

160 Vgl. *Förschle / Kropp* (1999), Rdnr. 826 ff. sowie die Ausführungen in Kapitel 2.2.3.1.2.

Bilanz in t=0

Anlagevermögen	1000,00	gezeichnetes Kapital	1000,00
		Jahresüberschuß	-18,78
		Anteile Neuaktionäre	18,78
Bilanzsumme	1000,00	Bilanzsumme	1000,00

Bilanz in t=1

Anlagevermögen	1250,00	gezeichnetes Kapital	1000,00
		Gewinnrücklagen	-18,78
		Jahresüberschuß	237,80
		Anteile Neuaktionäre	30,98
Bilanzsumme	1250,00	Bilanzsumme	1250,00

Bilanz in t=2 (vor Ausübung)

Liquide Mittel	1562,50	gezeichnetes Kapital	1000,00
		Gewinnrücklagen	219,02
		Jahresüberschuß	292,34
		Anteile Neuaktionäre	51,14
Bilanzsumme	1562,50	Bilanzsumme	1562,50

Bilanz in t=2 (nach Ausübung)

Liquide Mittel	1662,50	gezeichnetes Kapital	1100,00
		Gewinnrücklagen	219,02
		Rücklage SOP	51,14
		Jahresüberschuß	292,34
Bilanzsumme	1662,50	Bilanzsumme	1662,50

Abbildung 3.11: Bilanzen der Jahre $t = 0$ bis $t = 2$ des Unternehmens mit SOP und alter Wahrscheinlichkeitsverteilung

Die sofortige erfolgswirksame Berücksichtigung in $t = 0$ wirkt zunächst überraschend – und wird bei Berücksichtigung der neuen Wahrscheinlichkeitsverteilung in Abbildung 3.12 auch nicht mehr notwendig sein –, sie ist aber bei Unterstellung der alten Wahrscheinlichkeitsverteilung konsequent, da durch Einführung des Optionsprogramms ein Wertverlust für die Altaktionäre eintritt. Gerade deshalb ist im letzten Abschnitt darauf hingewiesen worden, daß die Einführung eines Optionsprogramms nur sinnvoll sein kann, wenn mit der Einführung eine Veränderung der Wahrscheinlichkeitsverteilung der Cash Flows erreicht werden kann.

Für die folgende Betrachtung soll deshalb die im letzen Abschnitt eingeführte veränderte Wahrscheinlichkeit für Aufwärtsbewegungen $p_{neu} = 0,69$ zugrunde gelegt werden. Die Integration dieser Erwartungsänderung ermöglicht es, auf einen weiteren interessanten Aspekt hinzuweisen. Es wird sich nämlich zeigen, daß es im Zusammenhang mit der Einführung eines Optionsprogrammes nicht nur wichtig ist, wie die ausgegebenen Aktienoptionen selbst bilanziert werden, sondern auch wie andere Projekte des Unternehmens bilanziell erfaßt werden. Hier wird ein grundsätzliches Problem bei der Analyse von Aktienoptionsprogrammen deutlich. Diese lassen sich häufig nicht sinnvoll isoliert betrachten, sondern man muß sie im Zusammenhang mit anderen Geschäftsvorfällen untersuchen, da erst diese anderen Geschäftsvorfälle dafür sorgen, daß die gewährten Optionen auch ausgeübt werden können.[161]

Durch Berücksichtigung der erhöhten Wahrscheinlichkeit für positive Umweltzustände verändert sich der Wert der ausgegebenen Option, und zwar erhöht er sich auf 20,13 GE, wie Abbildung 3.7 zu entnehmen ist. An der Tatsache, daß in der Bilanz ein geringerer Unternehmenswert für die Altaktionäre ausgewiesen wird als bei einem Unternehmen ohne Optionsprogramm, ändert sich aber zunächst nichts. Im Gegenteil, da die Optionen wertvoller geworden sind, muß auch eine entsprechend höhere Dotierung des Postens „Anteile Neuaktionäre" vorgenommen werden (20,13 GE statt 18,78 GE). Der Wert des Unternehmens für die Altaktionäre, den die Bilanz suggeriert, beträgt nur noch 1000 - 20,13 = 979,87 GE. Dabei ist $p_{neu} = 0,69$ im letzten Abschnitt genau so berechnet worden, daß der Wert des Unternehmens von 1000 GE nach Einführung des Optionsprogramms aus Sicht der Altaktionäre beibehalten wird.

Der „Meßfehler" in der Bilanzierung erklärt sich jedoch nicht alleine durch Betrachtung der Bilanzierung der Aktienoptionen selber. Von entscheidender Bedeutung ist in diesem Zusammenhang, in welcher Art und Weise die Investitionen bilanziert werden, die das Unternehmen tätigt. Da unter Verwendung der ursprünlichen Wahrscheinlichkeiten keine Überrenditen erzielt worden sind, war die Bilanzierung der Investitionen aus Meßperspektive nicht zu beanstanden. Die Bilanzen waren perfekt. Dies kann sich ändern, wenn – wie angenommen – durch die Einführung des Optionsprogramms die Wahrscheinlichkeiten beeinflußt werden. Unter Verwendung von p_{neu} werden Überrenditen erzielt. Wie sich das auf die Bilanzierung der Investitionen auswirkt, ist allerdings alles andere als eindeutig. Werden die Investitionen zu fortgeführten Anschaffungskosten bilanziert – was z. B. nach IAS 16 für Gegenstände des Sachanlagevermögens möglich ist –, führt das dazu, daß die Überrenditen bilanziell zunächst nicht erfaßt werden. Die Bilanz ist in diesem Fall nicht mehr perfekt, und im Zusammenspiel mit der Erfassung des Optionsprogramms als Aufwand wird ein Wertverlust für die Altaktionäre suggeriert, der tatsächlich nicht stattgefunden hat.[162]

Problematisch ist insbesondere, daß im Rahmen der IFRS-Bilanzierung verschiedene Möglichkeiten in Frage kommen, in welcher Weise die Projekte des Unternehmens bilanziert werden können. Neben der bereits angesprochenen Möglichkeit einer Bilanzierung zu fortgeführten Anschaffungs- bzw. Herstellungskosten ist ebenfalls gem. IAS 16 die Anwendung der sog. revaluation method möglich, die eine Bewertung zum fair value vorsieht, wobei allerdings Wertänderungen erfolgsneutral berücksichtigt werden und deshalb nicht die GuV berühren. Je nach Art der vom Unternehmen vorgenommenen Investitionen kommen noch weitere Bilanzierungsmöglichkeiten hinzu. Es ist beispielsweise möglich, daß zumindest Teile der Investitionen, die das Unternehmen tätigt, zu den Finanzinstrumenten zu zählen sind und damit in den Anwendungsbereich von IAS 39 fallen oder es sich um es sich um sog. investment property handelt,

161 Vgl. dazu auch Kapitel 4.2.

162 Zur Lösung des Problems wird deshalb im folgenden vorgeschlagen, einen Posten auf der Aktivseite auszuweisen, der eine gewisse Ähnlichkeit mit dem Geschäfts- oder Firmenwert einer Konzernbilanz besitzt.

dessen Bilanzierung in IAS 40 geregelt ist. Damit kommt sogar eine Bewertung zum fair value mit erfolgswirksamer Berücksichtigung in Frage. Selbstverständlich ist auch eine gleichzeitige Anwendung mehrerer Bewertungsvarianten möglich, indem z. B. Teile der Investitionen unter den Anwendungsbereich von IAS 16 und andere Teile unter den Anwendungsbereich von IAS 39 fallen. Im folgenden soll davon ausgegangen werden, daß die Projekte des Unternehmens ausschließlich zu fortgeführten Anschaffungs- bzw. Herstellungskosten bilanziert werden, so daß davon auszugehen ist, daß sich bei der Bilanzierung der Projekte die Veränderung der Wahrscheinlichkeitsverteilung nicht in Form erhöhter Bilanzansätze niederschlägt.

Beim Versuch, diese Überlegungen zur veränderten Wahrscheinlichkeitsverteilung der Cash Flows in den Bilanzierungsvorschlag zu integrieren, soll nochmals die Idee einer Anlehnung der Bilanzierungweise an die Konzernrechnungslegung aufgegriffen werden. Dazu wird ein Posten auf der Aktivseite ausgewiesen, der dem Geschäfts- oder Firmenwert einer Konzernbilanz ähnelt. Um die Parallele zu erkennen, muß man sich klar machen, daß die Bilanz aus Sicht der Altaktionäre aufgestellt werden soll, so wie die Konzernbilanz die Sicht der Mehrheitsaktionäre widerspiegelt. Aus Sicht der Altaktionäre ist der „Geschäfts- oder Firmenwert“ – also die Mehrarbeit bzw. die qualitativ hochwertigere Arbeit des Managements – entgeltlich erworben, denn die Altaktionäre nehmen die Verwässerung ihrer Anteile durch ihre Zustimmung zur Ausgabe der Optionen in Kauf. Vom Standpunkt der Altaktionäre aus gesehen, läßt es sich also durchaus rechtfertigen, in diesem Zusammenhang von einem entgeltlich erworbenem „Geschäfts- oder Firmenwert“ auszugehen, der deshalb in der Bilanz ausgewiesen werden muß. Die Transaktion mit den Managern ist aus Altaktionärssicht nichts anderes als eine Transaktion mit einem außenstehenden Dritten. Vom Standpunkt des gesamten Unternehmens aus betrachtet, handelt es sich dagegen nicht um einen entgeltlich erworbenen „Geschäfts- oder Firmenwert“, da aus Sicht von Alt- und Neuaktionären gemeinsam nur Ansprüche zwischen verschiedenen Aktionärsgruppen ausgetauscht werden, aber kein Geld „gezahlt“ wird.

Bilanz in t=0

Anlagevermögen	1000,00	gezeichnetes Kapital	1000,00
„Geschäfts- oder Firmenwert“	20,19	Anteile Neuaktionäre	20,19
Bilanzsumme	1020,19	Bilanzsumme	1020,19

Bilanz in t=1

Anlagevermögen	1250,00	gezeichnetes Kapital	1000,00
„Geschäfts- oder Firmenwert“	12,56	Jahresüberschuß	230,43
		Anteile Neuaktionäre	32,13
Bilanzsumme	1262,56	Bilanzsumme	1262,56

Bilanz in t=2 (vor Ausübung)

Liquide Mittel	1562,50	gezeichnetes Kapital	1000,00
		Gewinnrücklagen	230,43
		Jahresüberschuß	280,93
		Anteile Neuaktionäre	51,14
Bilanzsumme	1562,50	Bilanzsumme	1562,50

Bilanz in t=2 (nach Ausübung)

Liquide Mittel	1662,50	gezeichnetes Kapital	1100,00
		Gewinnrücklagen	230,43
		Rücklage SOP	51,14
		Jahresüberschuß	280,93
Bilanzsumme	1662,50	Bilanzsumme	1662,50

Abbildung 3.12: Bilanzen der Jahre $t = 0$ bis $t = 2$ des Unternehmens mit SOP und neuer Wahrscheinlichkeitsverteilung

Zu beachten ist, daß der als Geschäfts- oder Firmenwert ausgewiesene Wertzuwachs durch die Mehrarbeit des Managements in den Folgejahren abgebaut werden muß. Zum Zeitpunkt $t = 0$ stehen noch zwei Perioden aus, in denen das Unternehmen von der Mehrarbeit profitieren kann, zum Zeitpunkt $t = 1$ wird nur noch in einer zukünftigen Periode eine gesteigerte Leistung erwartet. Zum Zeitpunkt $t = 2$ läuft das Optionsprogramm aus, so daß zu diesem Zeitpunkt der Posten „Geschäfts- oder Firmenwert“ komplett aufgelöst sein muß. Wie die genaue Vorgehensweise im Zeitablauf bei der Auflösung aussieht, ist im Ergebnis aus Meßperspektive nicht entscheidend, da „Meßfehler“ durch spätere Residualgewinne ausgeglichen werden. Im vorliegenden Beispiel wurde der Posten „Geschäfts- oder Firmenwert“ in Höhe seines jeweiligen fair values bewertet und entsprechend aufgelöst. Beginnend mit einem fair value von 20,19 GE, sinkt dieser in $t = 1$ auf 12,56 GE und nimmt dann in $t = 2$ den Wert Null an, da keine weitere Mehrarbeit des Managements mehr erwartet wird. Es wäre aber aus Vereinfachungsgründen, da der fair value des Geschäfts- oder Firmenwertes in der Realität schwer zu messen sein wird, auch eine lineare Auflösung über die Laufzeit denkbar.

Nach Ausübung der Optionen in $t = 2$ ist eine Trennung zwischen Alt- und Neuaktionären nicht mehr notwendig. Bei den Eigentümern handelt es sich wieder um eine homogene Gruppe, so daß sich ein weiterer getrennter Ausweis der Anteile der Neuaktionäre erübrigt. Die Anteile der Neuaktionäre können deshalb ins Eigenkapital umgebucht werden.

Schließlich soll noch darauf hingewiesen werden, daß die in Abbildung 3.12 ausgewiesenen Jahresüberschüsse der Perioden $t = 1$ und $t = 2$ (230,43 und 280,93 GE) genau den bereits oben[163] berechneten ex-post ökonomischen Gewinnen aus Sicht der Altaktionäre entsprechen. In Summe ergeben sich Jahresüberschüsse in Höhe von 511,36 GE.

Abschließend soll die Wertbestimmung über das Residualgewinnmodell für die Varianten Buchungsverzicht und Aufwandbuchung folgendermaßen zusammengefaßt werden: Bei Buchungsverzicht gilt bei Verwendung des Residualgewinnmodells, daß durch die Summe aus Buchwert in Periode t (A_t^{BV}) und zukünftigen diskontierten Residualgewinnen der Unternehmenswert der Periode t aus gemeinsamer Sicht von Alt- und Neuaktionären ($V_t^{Alt+Neu}$) ermittelt wird. x^{BV} repräsentiert dabei den vom Rechnungslegungssystem ausgewiesenen buchhalterischen Gewinn bei der Variante Buchungsverzicht.

$$E[V_t^{Alt+Neu}|h_t] = A_t^{BV} + \sum_{j=t+1}^{T} E[x_j^{BV} - r \cdot A_{j-1}^{BV}|h_t] \cdot (1+r)^{t-j}$$

Veranschaulicht werden soll dies anhand des bereits bekannten Zahlenbeispiels. Es ergeben sich die Residualgewinne, die in der vorletzten Zeile von Tabelle 3.3 angegeben sind. Diskontiert man diese, erhält man aus Sicht von Periode $t = 0$ eine Summe zukünftiger Residualgewinne von 20,19 GE, die auf die erhöhte Wahrscheinlichkeit für positive Umweltzustände und die damit verbundenen Überrenditen, die das Unternehmen erzielt, zurückzuführen ist. Der Wert des Unternehmens für Alt- und Neuaktionäre beträgt in $t = 0$ damit 1020,19 GE.

163 Vgl. Tabelle 3.2.

	Umwelt-zustand	Wahr-schein-lichkeit	0	1	2 [vor Aus-schüttung]
	uu	0,48	1000	1250	1562,5
Buchwert	ud	0,21	1000	1250	1000
A_t^{BV}	du	0,21	1000	800	1000
	dd	0,10	1000	800	640
	uu	0,48		250	312,5
Buchgewinne	ud	0,21		250	-250
x_t^{BV}	du	0,21		-200	200
	dd	0,10		-200	-160
	uu	0,48		150	187,5
Residualgewinne	ud	0,21		150	-375
$x_t^{BV} - r \cdot A_{t-1}^{BV}$	du	0,21		-300	120
	dd	0,10		-300	-240
	uu	0,48	1020,19	1262,56	1562,5
Buchwert + erwartete	ud	0,21	1020,19	1262,56	1000
disk. Residualgewinne	du	0,21	1020,19	808,04	1000
	dd	0,10	1020,19	808,04	640
Erwartungswert			1020,19	1122,21	1234,43

Tabelle 3.3: Ermittlung der Residualgewinne bei Buchungsverzicht

Bei Vornahme einer Aufwandbuchung im Sinne eines exercise date accounting dagegen ermittelt man als Folge des zusätzlich eingespeisten Aufwands, aus der Summe von Buchwert in Periode t (A_t^{AB}) und den zukünftigen Residualgewinnen lediglich den Unternehmenswert, der den Altaktionären zusteht (V_t^{Alt}). x^{AB} repräsentiert dabei den vom Rechnungslegungssystem ausgewiesenen buchhalterischen Gewinn bei Einspeisung von zusätzlichem Personalaufand.

$$E[V_t^{Alt}|h_t] = A_t^{AB} + \sum_{j=t+1}^{T} E[x_j^{AB} - r \cdot A_{j-1}^{AB}|h_t] \cdot (1+r)^{t-j}$$

Auch dies soll am bekannten Zahlenbeispiel in Tabelle 3.4 nachvollzogen werden. Durch die Einspeisung zusätzlichen Aufwands durch die Korrekturbuchung[164] sinken die zukünftigen Residualgewinne im Vergleich zur Alternative des Buchungsverzichtes: im Fall von zwei Aufwärtsbewegungen in t=1 von 150 auf 130,43 GE und in t=2 von 187,5 auf 157,89 GE. Aus Sicht von $t = 0$ sorgt dies dafür, daß über alle Umweltzustände betrachtet keine zukünftigen Residualgewinne erwartet werden. Der Buchwert von 1000 GE entspricht dem Marktwert, der den Altaktionären zusteht.

164 Die Höhe der Korrekturbuchung wurde so gewählt, daß im Erwartungswert in beiden Perioden ein Residualgewinn von Null entsteht. Dies wird im Beispiel erreicht, indem das Optionsprogramm und der Posten „Geschäfts- oder Firmenwert" jeweils zum fair value angesetzt werden.

	Umwelt-zustand zustand	0	1	2 [vor Ausschüttung]	Summe
	uu		-19,57	-31,57	-51,14
Korrekturbuchung	ud		-19,57	19,57	0
	du		8,04	-8,04	0
	dd		8,04	-8,04	0
	uu	1000	1230,43	1511,36	
Buchwert	ud	1000	1230,43	1000	
A_t^{AB}	du	1000	808,04	1000	
	dd	1000	808,04	640	
	uu		230,43	280,93	
Buchgewinne	ud		230,43	-230,43	
x_t^{AB}	du		-191,96	191,96	
	dd		-191,96	-168,04	
	uu		130,43	157,89	
Residualgewinne	ud		130,43	-353,47	
$x_t^{AB} - r \cdot A_t^{AB}$	du		-291,96	111,16	
	dd		-291,96	-248,84	
	uu	1000	1230,43	1511,36	
Buchwert + erwartete	ud	1000	1230,43	1000	
disk. Residualgewinne	du	1000	808,04	1000	
	dd	1000	808,04	640	
Erwartungswert		1000	1100	1210	

Tabelle 3.4: Ermittlung der Residualgewinne bei Aufwandbuchung

3.3.3 Zusammenfassung

Von entscheidender Bedeutung im Rahmen der Meßperspektive ist zunächst die Beantwortung der Frage, welcher Wert durch den Jahresabschluß approximiert, d. h. „gemessen“ werden soll: Der ökonomische Gewinn bzw. der Unternehmenswert der Altaktionäre alleine oder der ökonomische Gewinn bzw. Unternehmenswert für Alt- und Neuaktionäre gemeinsam. Soll der Wert für Alt- und Neuaktionäre gemeinsam gemessen werden, ist eine Aufwandbuchung überflüssig. Im Rahmen der Berechnung des Unternehmenswertes mit Hilfe des Residualgewinnmodells sorgt vielmehr die clean-surplus-Bedingung dafür, daß kein Wert „verloren“ geht und somit aus der Summe von Buchwert und diskontierten Residualgewinnen der Wert des Unternehmens für Alt- und Neuaktionäre gemeinsam berechnet wird.

Soll dagegen vom Jahresabschluß der ökonomische Gewinn bzw. der Unternehmenswert nur aus Sicht der Altaktionäre approximiert werden – und diese Größe steht im Vordergrund, wenn es um Fragen bezüglich der Höhe des Aktienkurses geht –, liegt eine völlig andere Situation vor. In diesem Fall ist es zur Approximation des den Alt-aktionären zustehenden ökonomischen Gewinns sogar zwingend notwendig, die clean-surplus-Bedingung zu durchbrechen, um nur den Teil der Cash Flows des Unternehmens zu erfassen, der tatsächlich den Altaktionären alleine zusteht. Der Teil, der den Neuaktionären zusteht, muß dagegen als zusätzlicher Aufwand in der GuV berücksichtigt werden. D. h., daß bis zum Ausübungszeitpunkt der Optionen der gesamte Ausübungsgewinn der Neuaktionäre als Aufwand in die GuV eingespeist worden sein muß, um die für die Altaktionäre eingetretene Verwässerung ihrer Anteile zu reflektieren. Die Vorgehensweise entspricht also derjenigen des exercise date accounting.

Völlig unabhängig von verschiedenen Rechnungslegungszwecken dürfte alleine schon die unterschiedliche Beantwortung der Frage, welcher Unternehmenswert gemessen werden soll, zur Erklärung der konträren Meinungen in der Literatur bezüglich der Berücksichtigung von Aktienoptionsprogrammen beitragen. Legt man den Schwerpunkt der Betrachtungsweise auf die Sichtweise der Altaktionäre, ist eine Aufwandbuchung konsequent. Besteht man dagegen auf einer strikten Trennung von Gesellschafter- und Gesellschaftssphäre und faßt das Unternehmen damit als Einheit auf, die nicht in Alt- und Neuaktionäre „zerlegt" werden darf, stellt dagegen der Buchungsverzicht die zu bevorzugende Alternative dar. Hierbei handelt es sich um eine stärker formal-juristisch zu interpretierende Sichtweise.[165]

Kritik an der Meßperspektive ist berechtigt: So kann kritisiert werden, daß die Aufgabe der Rechnungslegung im Rahmen dieser Sichtweise nicht sinnvoll begründbar ist, da die Kapitalmarktteilnehmer auch ohne Hilfe der Rechnungslegung, durch bloße Beobachtung der Cash Flows, in der Lage sind, eine korrekte Bewertung des Unternehmens vorzunehmen. Die Rechnungslegung repliziert quasi nur einen ohnehin schon möglichen Bewertungsvorgang. Zweitens ist zu kritisieren, daß nur auf vollkommenen und vollständigen Märkten das zu approximierende Ideal des ökonomischen Gewinns überhaupt definiert ist und in der Realität die anzustrebende Richtschnur gar nicht vorhanden sein wird. Dennoch gewährt im Zusammenhang mit Aktienoptionen die Meßperspektive die ganz wesentliche Einsicht, daß die Frage, ob eine Aufwandbuchung durchgeführt wird oder nicht, verbunden ist mit der Frage, ob der Wert des Unternehmens aus Sicht aller Eigenkapitalgeber oder nur aus Sicht der Altaktionäre „gemessen" werden soll. Dieses Wissen wird als Basis im folgenden benötigt.

3.4 Informationsperspektive

3.4.1 Einführung und Modellannahmen

In diesem Abschnitt soll die zweite, neuere Rechnungslegungsperspektive vorgestellt werden. Diese wird in Anlehnung an die von Christensen/Demski[166] verwendete englische Bezeichnung

165 Vgl. zu dieser Auffassung, die eine Loslösung des Gesellschaftsvermögens vom Vermögen der Gesellschafter vorsieht *Vater* (2000c), S. 37 und *Vater* (2000a), S. 2178. Vgl. auch die Ausführungen in Kapitel 2.2.3.2.

166 Vgl. *Christensen / Demski* (2003).

„information content perspective“ als Informationsperspektive bezeichnet.

Wie diese Namensgebung schon andeutet, wird ein Jahresabschluß von dieser Rechnungslegungsperspektive als ein Instrument zur Vermittlung von Informationen interpretiert, welches es dem Management eines Unternehmens erlaubt, Informationen über zu erwartende Umweltzustände und deren Eintrittswahrscheinlichkeiten an externe Nutzer des Jahresabschlusses weiterzugeben. Der Jahresabschluß hat nach diesem Verständnis die Funktion eines Signals. Dieses Signal wird von den Adressaten der Rechnungslegung ausgewertet. Kann der Adressat – durch unterschiedliche Ausprägungen des Signals – auf unterschiedliche zugrunde liegende Umweltzustände zurückschließen, ist die Rechnungslegung invertierbar. Im Ergebnis können den Adressaten damit Partitionierungen des gesamten Zustandsraumes vermittelt werden, die sie auf direktem Wege – z. B. durch bloße Beobachtung der Cash Flows – nicht ermitteln können. Es ist aus Sicht der Adressaten deshalb möglich, unter Heranziehen der Rechnungslegung eine Partitionierung des Zustandsraumes zu erhalten, die feiner ist, als dies ohne die Daten der Rechnungslegung möglich wäre. In diesem Sinne sorgt das vom Rechnungswesen übermittelte Signal dafür, daß die Wahrscheinlichkeitseinschätzungen der Adressaten über das Eintreten von zukünftigen Umweltzuständen angepaßt werden. Auf die absolute Höhe des Signals kommt es im Gegensatz zur Meßperspektive bei dieser Sichtweise nicht an. Entscheidend ist die Möglichkeit, durch verschiedene Ausprägungen des Signals eine Invertierbarkeit der Rechnungslegung zu gewährleisten. Die Skalierung spielt dabei keine Rolle.

Bei der Beantwortung der Frage, wie die Übermittlung des Signals im Rahmen der Informationsperspektive funktioniert, kommt den Periodenabgrenzungen, den accruals, eine entscheidende Bedeutung zu. In der Interpretation der Informationsperspektive besteht der Vorteil einer auf Aufwendungen und Erträgen basierenden Rechnungslegung im Verhältnis zu einem auf bloßen Zahlungsgrößen beruhenden Rechenwerk darin, daß gerade mit den vom Management vorzunehmenden Periodenabgrenzungen Einschätzungen über zukünftige Ereignisse abgebildet werden können, die über die Informationsmöglichkeiten eines Cash Flow-Accounting hinausgehen. Die accruals sind deshalb die Träger von Informationen, mit deren Hilfe das Management seine Einschätzung über die Wahrscheinlichkeitsverteilung bezüglich des Eintritts zukünftiger Ereignisse an die Jahresabschlußadressaten weitergibt. Einschlägige Beispiele sind hier außerplanmäßige Abschreibungen, mit denen das Management z. B. seinen Erwartungen bezüglich sinkender Nachfrage nach seinen Produkten oder steigender Beschaffungspreise Ausdruck verleihen kann, oder die insbesondere im Rahmen der internationalen Rechnungslegung vielfältigen Möglichkeiten, Bilanzposten mit dem fair value und nicht mit den Anschaffungs- bzw. Herstellungskosten zu bewerten. Möglich ist dies z. B. bei Finanzinstrumenten, bei investment property, aber auch im Bereich des Sachanlagevermögens.[167]

Alleine durch die größere Anzahl an möglichen Ausprägungen, die das Signal beim fair value-

167 Vgl. IAS 39, IAS 40 und IAS 16.

Ansatz im Gegensatz zu den Anschaffungs- bzw. Herstellungskosten annehmen kann, wird deutlich, daß der fair value-Ansatz im Sinne der Informationsperspektive vielfältigere Möglichkeiten zur Informationsübermittlung besitzt. Insbesondere erlaubt eine fair value-Bilanzierung auch die Übermittlung von guten Nachrichten, während durch die übliche Bewertungsobergrenze der Anschaffungs- bzw. Herstellungskosten gute Nachrichten quasi „abgeschnitten“ werden und nur schlechte Nachrichten – z. B. über die Erfassung von außerplanmäßigen Abschreibungen oder die Bildung von Rückstellungen – Eingang in die Rechnungslegung finden. Die Informationsperspektive entspricht eher der anglo-amerikanischen Sichtweise auf Rechnungslegung. Nach deutschem Rechnungslegungsverständnis wird dagegen im Hinblick auf Informationsbedürfnisse oft eine Abkopplungsthese vertreten: Danach kommt Bilanz und GuV die Funktion der Ausschüttungsbemessung zu, der Informationsfunktion soll durch in den Anhang ausgelagerte Angaben genüge getan werden.[168]

Wie die verschiedenen Bilanzierungvorschläge für Aktienoptionsprogramme unter dem Gesichtspunkt des Informationsinteresses der Kapitalmarktteilnehmer zu beurteilen sind, soll im folgenden in Anlehnung an ein Beispiel von Christensen/Demski untersucht werden, welches um die Effekte eines Optionsprogramms ergänzt wird.[169] Dabei wird von folgenden Annahmen ausgegangen: Ein Unternehmen investiert zum Zeitpunkt $t = 0$ einen Betrag von CF_0 in ein Investitionsprojekt. In den folgenden zwei Perioden resultieren Cash Flows aus diesem Investitionsprojekt, über deren Höhe Unsicherheit besteht. Die Erwartungswerte der Cash Flows betragen: $E[CF_1] = \bar{c}_1$ und $E[CF_2] = \bar{c}_2$. Die Unsicherheit in Bezug auf die Cash Flows wird über zwei Schockterme erfaßt, die mit ϵ bzw. ϵ_1 bezeichnet werden und beide in der ersten Periode auftreten. Die Schockterme sind unabhängig voneinander und besitzen einen Erwartungswert von 0: $E[\epsilon] = E[\epsilon_1] = 0$. Die Struktur der Cash Flows soll folgende Gestalt besitzen:

$$
\begin{aligned}
CF_1 &= \bar{c}_1 + \epsilon + \epsilon_1 \\
CF_2 &= \bar{c}_2 + \eta\epsilon
\end{aligned}
$$

Die beiden Terme ϵ und ϵ_1 können damit als zwei unterschiedliche Arten von Schocks interpretiert werden, die auf den Cash Flow der ersten Periode einwirken. Während es sich bei ϵ_1 um einen transitorischen Schock handelt, der einmalig in $t = 1$ auftritt und keine Auswirkungen auf den Cash Flow der folgenden Periode besitzt, handelt es sich bei ϵ um einen persistenten Schock. D. h. die Realisation von ϵ in $t = 1$ hat Auswirkungen auf die Höhe des Cash Flows in $t = 2$. CF_2 wird dabei derart beeinflußt, daß sich die Realisation von ϵ in $t = 1$ in Periode $t = 2$ mit einer Persistenzrate in Höhe von η fortsetzt, d. h. zum Erwartungswert von CF_2 ($\bar{c}_2$) wird der persistente Teil des Schocks der ersten Periode $\eta\epsilon$ hinzuaddiert. Zur Vereinfachung wird bei

168 Vgl. z. B. *Rammert* (1998), S. 777.

169 Vgl. *Christensen / Demski* (2003), S. 172 ff.

der Modellierung auf das Auftreten eines transitorischen Schocks in Periode $t = 2$ verzichtet.

Es soll im weiteren von der üblichen Annahme ausgegangen werden, daß die Cash Flows jeder Periode in voller Höhe an die Anteilseigner – in diesem Fall an die Altaktionäre – ausgeschüttet werden. Diese Vorgehensweise erfordert jedoch hinsichtlich der Einbeziehung von Stock Options eine weitere Annahme bezüglich der Gestaltung der ausgegebenen Aktienoptionen.[170] Ohne weitergehende Annahmen an die Ausgestaltung des Optionsprogrammes sorgen Ausschüttungen für Reichtumsverlagerungen von den Managern (den Neuaktionären) zu den Altaktionären. Dies liegt daran, daß bei Vornahme von Ausschüttungen der Aktienkurs zum Ausübungszeitpunkt ceteris paribus niedriger sein wird als ohne Ausschüttungen, weil im Zuge der Dividendenzahlungen schon vor der Ausübung der Optionen Geld das Unternehmen verläßt. Der Ausübungsgewinn der Manager ist deshalb im Fall mit Ausschüttungen geringer als im Fall ohne Ausschüttungen, wodurch sich das Management durch die Vornahme von Dividendenzahlungen den Ausübungsgewinn kürzen würde. Deshalb soll im Folgenden davon ausgegangen werden, daß die ausgegebenen Stock Options dividendengeschützt sind. Das soll heißen, daß die Manager unabhängig von der Ausschüttungspolitik immer den Ausübungsgewinn erhalten, den sie bei Vollthesaurierung erzielen würden. Wie dies konkret erreicht wird – beispielsweise durch eine entsprechende Anpassung des Basispreises oder auch durch Ausgleichszahlungen der Altaktionäre an die Manager –, ist letztlich nicht von Bedeutung. Wichtig ist, daß die Dividendenpolitik die Ausübungsgewinne des Managements im Ergebnis unberührt läßt.[171]

Des weiteren soll davon ausgegangen werden, daß das Management über einen Informationsvorsprung gegenüber den Kapitalmarktteilnehmern verfügt. So soll das Management nach der Realisation des Cash Flows der Periode $t = 1$ in der Lage sein, zwischen den Schocktermen zu differenzieren, es kann also zwischen ϵ und ϵ_1 unterscheiden. Externe Adressaten des Jahresabschlusses, die für die Bewertung des Unternehmens Informationen über die Realisationen der beiden Schockterme benötigen, können nur die gesamte Höhe des Cash Flows beobachten und daraus die Summe von ϵ und ϵ_1 bestimmen. Um die Information über die tatsächlichen Realisationen von ϵ und ϵ_1 an Unternehmens-externe weiterzugeben, soll dem Management ausschließlich der Jahresabschluß zur Verfügung stehen, so daß der Jahresabschluß die einzige Informationsquelle für die Bewertung darstellt. Grundsätzlich wäre es in Anlehnung an die Vorgehensweise von Christensen/Demski möglich, über außerplanmäßige Abschreibungen bzw. Zuschreibungen den Wert des persistenten Schocks ϵ zu vermitteln.[172] Dazu werden Abschreibungen bzw. Zuschreibungen des Buchwertes vorgenommen, deren Höhe sich durch die Multiplikation einer Konstanten mit der Realisation von ϵ bestimmt. Aus der Höhe dieser Ab- bzw. Zuschreibungen kann der Bilanzadressat die Höhe des persistenten Schockterms iden-

170 Im Rahmen des Binomialmodells bei den Ausführungen zur Meßperspektive in Kapitel 3.3 wurde eine Vollthesaurierung vorausgesetzt, deshalb war dort eine weitergehende Annahme an die Gestaltung der Aktienoptionen nicht notwendig.

171 Vgl. zu Überlegungen bezüglich der Berücksichtigung der Dividendenpolitik auch *Pellens et al.* (1998), S. 16.

172 Vgl. *Christensen / Demski* (2003), S. 184 ff.

tifizieren. Diese Vorgehensweise deckt sich für „schlechte Nachrichten" weitgehend mit den tatsächlichen Bilanzierungsvorschriften vieler Rechnungslegungssysteme. Diese können durch außerplanmäßige Abschreibungen oder durch die Bildung von Rückstellungen in der Rechnungslegung abgebildet werden. Für „gute Nachrichten" gilt allerdings in den meisten Rechnungslegungssystemen – zumindest für viele Bilanzpositionen –, daß Zuschreibungen über die fortgeführten Anschaffungskosten hinaus nicht zugelassen sind. Die vorgeschlagene Art der Informationsvermittlung scheitert – zumindest in Bezug auf positive Realisationen – an der Anschaffungskostenrestriktion der meisten Rechnungslegungssysteme.

Im folgenden soll geprüft werden, ob mit der Bilanzierung von Aktienoptionsprogrammen eine Möglichkeit für das Management besteht, den Jahresabschlußadressaten Informationen insbesondere auch über positive Realisationen der Störterme ϵ und ϵ_1 zu vermitteln. Konzentrieren soll sich die Untersuchung auf die beiden Buchungsalternativen, die auch im Kapitel zur Meßperspektive im Zentrum der Betrachtung gestanden haben, nämlich den Buchungsverzicht und die Verbuchung als Personalaufwand.[173] Kernfrage ist dabei, inwieweit die beiden beschriebenen Buchungsalternativen die Aufgabe der Informationsvermittlung im Hinblick auf die Realisationen von ϵ und ϵ_1 mit Hilfe von Bilanz- und GuV bewältigen können. Die anderen für die Bewertung relevanten Informationen insbesondere über das Aktienoptionsprogramm – z. B. die Anzahl der gewährten Optionen und ihr Verhältnis zur Zahl der vorhandenen Aktien oder der Basispreis der Optionen – sollen den externen Adressaten der Rechnungslegung auf anderen Wegen zugänglich gemacht werden, beispielsweise über Angaben im Anhang des Jahresabschlusses. Wären diese Informationen nicht bekannt, könnte man im Fall des Buchungsverzichts nicht einmal erkennen, ob das Unternehmen überhaupt über ein Optionsprogramm verfügt, denn beim Buchungsverzicht wird gerade auf eine buchungstechnische Berücksichtigung des Aktienoptionsprogramms verzichtet. Deshalb haben die Bilanzen von zwei – bezüglich der Cash Flows – identischen Unternehmen, von denen das eine über ein Optionsprogramm verfügt, das andere aber nicht, bei dieser Bilanzierungsvariante exakt das gleiche Aussehen. Ein fairer Vergleich der Varianten Buchungsverzicht und Aufwandbuchung ist deshalb nur möglich, wenn zumindest die grundlegenden Eigenschaften des Optionsprogramms – das Vorhandensein des Programmes und dessen Ausgestaltung – unabhängig von Bilanz und GuV bekannt sind. Während die Rahmenbedingungen also z. B. aus dem Anhang zu erkennen sind, müssen Informationen über die aktuelle Entwicklung – nämlich die Realisationen der Schockterme – aus Bilanz und GuV entnommen werden.

Von entscheidender Bedeutung ist die Frage, inwieweit es dem Unternehmen gelingt, die Informationen, über die es verfügt, an die Adressaten der externen Rechnungslegung weiterzugeben. Dabei bietet es sich an, den Informationsstand des Unternehmens basierend auf zwei Informationsquellen darzustellen: Das Unternehmen kennt zunächst einmal im Zeitpunkt t die Realisatio-

173 Vgl. Kapitel 3.3.

nen sämtlicher Cash Flows bis einschließlich der Periode t. Zusätzlich realisiert sich in jedem Zeitpunkt t ein Signal y_t, aus dem das Unternehmen relevante Informationen über zukünftige Entwicklungen gewinnt, die sich noch nicht in den Cash Flows niedergeschlagen haben.[174] Dies können in allgemeiner Hinsicht z. B. Informationen über die Bonität von Schuldnern des Unternehmens oder auch Hinweise auf Absatzmöglichkeiten des Unternehmens in der Zukunft sein. Bezogen auf die Einführung von Aktienoptionsprogrammen könnte man an Hinweise darauf denken, inwieweit die Einführung des Programms erfolgreich verlaufen ist: beispielsweise in welchem Ausmaß neue Führungskräfte für das Unternehmen gewonnen werden konnten oder auch inwieweit absehbar ist, daß Motivation und Arbeitseinsatz der Mitarbeiter gesteigert werden konnten. Während im Kapitel zur Meßperspektive alle relevanten Informationen über verschiedene Umweltzustände aus den Realisationen der Cash Flows abzulesen waren, kommt jetzt die zusätzliche Information y_t hinzu.

Da man davon ausgehen kann, daß das Unternehmen Informationen der Vergangenheit nicht vergißt, besitzt jeder Zeitpunkt t eine Art „Vorgeschichte", die den Informationsstand der Periode $t - 1$ widergibt und die sich aus den Cash Flows und allen zusätzlichen Signalen der vergangenen Perioden zusammensetzt:

$$h_{t-1} = (CF_0, y_0; ...; CF_{t-1}, y_{t-1})$$

Der Informationsstand der aktuellen Periode t – bezeichnet als h_t – umfaßt dann entsprechend sämtliche Informationen der Vergangenheit, nämlich die „Vorgeschichte" h_{t-1} und den Cash Flow CF_t sowie die zusätzliche Information y_t der aktuellen Periode:

$$h_t = (h_{t-1}; CF_t, y_t)$$

Geht man davon aus, daß externe Jahresabschlußadressaten über die „Vorgeschichte" h_{t-1} informiert sind und den Cash Flow der aktuellen Periode CF_t beobachten können, dann kann man als externer Adressat der Rechnungslegung genau dann auf das Signal y_t zurückschließen, wenn das Rechnungslegungssystem des Unternehmens für den Buchwert zum Zeitpunkt t für jedes mögliche Signal y_t einen unterschiedlichen Wert ausweist. Ist dies der Fall – wobei es ausschließlich auf die Unterschiedlichkeit der Werte ankommt, nicht auf deren Skalierung –, dann kann durch die Information des Rechnungslegungssystems auf die dem Unternehmen bekannte Information y_t zurückgeschlossen werden; das Rechnungslegungssystem ist in diesem Fall invertierbar.

Aus Kapitel 3.3 zur Meßperspektive ist bekannt, daß eine Diskontierung aller zukünftig erwarteten Cash Flows des Unternehmens den Wert der Ansprüche von Alt- und Neuaktionären gemeinsam widergibt:[175]

174 Vgl. hierzu auch *Christensen / Demski* (2003), S. 133 ff.

175 Zu beachten ist, daß die Informationshierarchie h_t im Unterschied zum Kapitel 3.3 zur Meßperspektive Informationen sowohl über die Cash Flows als auch über das zusätzliche Signal y_t enthält.

$$E[V_t^{Alt+Neu}|h_t] = \sum_{j=t+1}^{T} E[CF_j|h_t] \cdot (1+r)^{t-j}$$

Nimmt man in Anlehnung an Kapitel 3.3 eine Trennung vor und unterscheidet zwischen den Ansprüchen von Alt- und Neuaktionären, muß man berücksichtigen, daß die Altaktionäre einen Teil ihrer Residualansprüche an die Neuaktionäre abtreten. Für den Barwert der Ansprüche der Altaktionäre alleine gilt deshalb:

$$E[V_t^{Alt}|h_t] = E[V_t^{Alt+Neu}|h_t] - E[V_t^{Neu}|h_t]$$

Dabei stellt der den Neuaktionären zustehende Anteil den Ausübungsgewinn dar, den diese im Rahmen des Aktienoptionsprogramms voraussichtlich erzielen können. Dieser auf den Zeitpunkt t diskontierte Ausübungsgewinn berechnet sich folgendermaßen:

$$E[V_t^{Neu}|h_t] = E\left[\max\left\{\left(\frac{\sum_{j=1}^{T} CF_j \cdot R^{T-j} + B \cdot \bar{O}}{A+\bar{O}} - B\right) \cdot \bar{O} \cdot R^{t-T}; 0\right\}\middle| h_t\right]$$

Der Ausübungsgewinn ist nicht nur abhängig von den zukünftig erwarteten Cash Flows ab $t+1$, sondern auch von den bis zum Zeitpunkt t schon in der Vergangenheit – seit Auflage des Optionsprogramms – angefallenen Cash Flows. Daß alle ggf. aufgezinsten Cash Flows in die Berechnung einbezogen werden, liegt an der getroffenen Annahme, daß der Ausübungsgewinn des Managements unter der Voraussetzung einer Vollthesaurierung aller angefallenen Cash Flows berechnet wird. Der Ausübungsgewinn ist bei dieser Vorgehensweise unabhängig von der Ausschüttungspolitik. Auf die Summe aus bereits angefallenen und noch zukünftig erwarteten Cash Flows werden die Ausübungsbedingungen des Optionprogramms angewendet, und durch Diskontierung erhält man den Barwert des erwarteten Ausübungsgewinns der Neuaktionäre unter Berücksichtigung des Informationsstandes der Periode t.

Im folgenden sollen die beiden angesprochenen Bilanzierungsmethoden für Stock Options – der Buchungsverzicht und die Aufwandbuchung i. S. eines exercise date accounting[176] – hinsichtlich ihrer Fähigkeit zur Vermittlung von Informationen über die Ausprägungen von ϵ und ϵ_1 miteinander verglichen werden.

Der Vergleich erfolgt sowohl in allgemeiner Form als auch anhand eines numerischen Beispiels zur Veranschaulichung. Im Rahmen des Zahlenbeispiels soll von einem Unternehmen ausgegangen werden, das zum Zeitpunkt t=0 gegründet wird und das zu diesem Zeitpunkt über ein Kapital von 1000 GE verfügt, das in t=0 investiert wird, um Cash Flows in den Perioden $t = 1$ und $t = 2$ zu ermöglichen. Das Kapital von 1000 GE verteilt sich dabei auf zehn Aktien. Als Ausgangspunkt soll in Analogie zur Vorgehensweise in Kapitel 3.3 wieder ein Unternehmen

176 Vgl. hierzu auch die Ausführungen in Kapitel 2.1.

ohne Optionsprogramm betrachtet werden. Zur Vereinfachung seien die Cash Flows dieses Unternehmens bereits zum Zeitpunkt $t = 0$ sicher; sie betragen: 600 GE in $t = 1$ und 550 GE in $t = 2$. Diese Cash Flows ergeben bei einem Diskontierungszins von 10% einen Unternehmenswert von 1000 GE zum Zeitpunkt $t = 0$, das Unternehmen erzielt also keine Überrenditen mit seiner Investition.

Zum Vergleich soll wieder ein Unternehmen eingeführt werden, das zum Zeitpunkt $t = 0$ ein Aktienoptionsprogramm auflegt, welches dem Management die Option auf eine Aktie des Unternehmens zu einem Basispreis von 100 GE einräumt. Die Ausübungs- und Veräußerungssperre soll wiederum mit der Laufzeit des Optionsprogramms von zwei Jahren übereinstimmen, so daß eine Verwertung der Optionen erst in $t = 2$ möglich ist. Durch die erwartete Mehrarbeit bzw. die erhöhte Qualität der Arbeit des Managements verändern sich die Cash Flows gegenüber dem Unternehmen ohne Optionsprogramm. Für die einzelnen Perioden sollen folgende, mit Unsicherheit behaftete Cash Flows unterstellt werden:

$$\begin{aligned} CF_1 &= 613,13 + \epsilon + \epsilon_1 \\ CF_2 &= 556,56 + \eta\epsilon \end{aligned}$$

Wichtig ist, daß die Erhöhung der Cash Flows mit Unsicherheiten verbunden ist, die durch die Störterme ϵ und ϵ_1 erfaßt werden; die Störterme erfassen also beispielsweise Unsicherheiten über das Ausmaß des Erfolges des Optionsprogramms. Für den Persistenzfaktor soll bei Bedarf ein Wert von $\eta = 2/3$ angenommen werden.

Die erhöhten Cash Flows des Beispiels sind so gewählt, daß sich unter Berücksichtigung der Ausübung der einen Option aus Sicht der Altaktionäre in $t = 0$ im Erwartungswert ein Unternehmenswert von genau 1000 GE ergibt, was in $t = 1$ einen erwarteten Wert von 1100 GE impliziert. Es werden also ähnlich wie in Kapitel 3.3 Überrenditen genau in dem Ausmaße erzielt, um die Kosten des Aktienoptionsprogramms decken zu können. Tabelle 3.5 verdeutlicht dies, wobei ein Szenario unterstellt wird, in dem die Schockterme ϵ und ϵ_1 jeweils zwei verschiedene Ausprägungen annehmen können, nämlich 10 GE und -10 GE. Auf diese Weise ergeben sich vier mögliche Umweltzustände ω_1 bis ω_4. Die Darstellung erfolgt dabei aus Sicht von Periode $t = 1$, da dieser Zeitpunkt für die Informationsvermittlung der entscheidende ist: In $t = 0$, vor Realisation des ersten Cash Flows, existieren noch überhaupt keine Informationen über die Störterme – abgesehen davon, daß sie einen Erwartungswert von Null besitzen –, und in $t = 2$ kann auch ein externer Bilanzadressat den transitorischen und den persistenten Schockterm alleine durch Beobachtung beider Cash Flows identifizieren. Der relevante Zeitpunkt, zu dem die Fähigkeit der Bilanzierungsalternativen des Buchungsverzichts und der Aufwandbuchung zur Übermittlung von Informationen über die Ausprägungen der Schockterme geprüft werden muß, ist deshalb der Zeitpunkt $t = 1$. Tabelle 3.5 zeigt die Wertbestimmung unter Annahme von vollständiger Information, d. h. aus Sicht des Managements, das zwischen den Schocktermen differenzieren kann. Inwieweit diese Informationen mit Hilfe des Rechnungslegungssystems auch tatsächlich weitergegeben werden können, zeigt sich später.

Umweltzustand	ω_1	ω_2	ω_3	ω_4	EW
Realisation	$\epsilon = 10$	$\epsilon = 10$	$\epsilon = -10$	$\epsilon = -10$	
der Störterme	$\epsilon_1 = 10$	$\epsilon_1 = -10$	$\epsilon_1 = 10$	$\epsilon_1 = -10$	
Summe $\epsilon + \epsilon_1$	20	0	0	-20	0
CF_1	633,13	613,13	613,13	593,13	613,13
CF_2	563,23	563,23	549,89	549,89	556,56
$V_1^{Alt+Neu} + CF_1$	1145,15	1125,15	1113,03	1093,03	1119,09
V_1^{Neu}	21,46	19,64	18,54	16,72	19,09
$V_1^{Alt} + CF_1$	1123,69	1105,51	1094,49	1076,31	1100

Tabelle 3.5: Umweltzustände aus Sicht von $t = 1$ bei vollständiger Information und Schocktermen von 10 GE bzw. -10 GE

Der oben angesprochene Effekt, daß der Anstieg der erwarteten Cash Flows die Kosten für das Optionsprogramm genau auffängt, gilt aber nur für den in Tabelle 3.5 betrachteten Fall betragsmäßig kleiner Schockterme. „Betragsmäßig klein" soll ausdrücken, daß die Realisation der Schockterme in keinem Umweltzustand etwas an der grundsätzlichen Vorteilhaftigkeit einer Ausübung verändert. Man sieht, daß in Tabelle 3.5 eine Ausübung in allen vier Umweltzuständen erfolgt, da auch negative Ausprägungen der Schockterme nicht dafür sorgen, daß die aufgezinste Summe der Cash Flows unter 1000 GE sinkt. Erst dann nämlich lohnt sich eine Ausübung der Optionen nicht mehr. Welche Folge es hat, wenn betragsmäßig große Schockterme auftreten können, soll Tabelle 3.6 zeigen, bei der persistente bzw. transitorische Schocks in Höhe von 400 GE bzw. -400 GE auftreten.

Umweltzustand	ω_1	ω_2	ω_3	ω_4	EW
Realisation	$\epsilon = 400$	$\epsilon = 400$	$\epsilon = -400$	$\epsilon = -400$	
der Störterme	$\epsilon_1 = 400$	$\epsilon_1 = -400$	$\epsilon_1 = 400$	$\epsilon_1 = -400$	
Summe $\epsilon + \epsilon_1$	800	0	0	-800	0
CF_1	1413,13	613,13	613,13	-186,87	613,13
CF_2	823,23	823,23	289,89	289,89	556,56
$V_1^{Alt+Neu} + CF_1$	2161,52	1361,52	876,67	76,67	1119,09
V_1^{Neu}	113,86	41,13	0	0	38,75
$V_1^{Alt} + CF_1$	2047,66	1320,39	876,67	76,67	1080,35

Tabelle 3.6: Umweltzustände aus Sicht von $t = 1$ bei vollständiger Information und Schocktermen von 400 GE bzw. -400 GE

Es zeigt sich, daß eine Ausübung der Optionen nur noch in den beiden Umweltzuständen ω_1 und ω_2 vorteilhaft ist. In den beiden anderen Umweltzuständen beträgt der den Neuaktionären zustehende Ausübungsgewinn Null, die Optionen verfallen wertlos. In dieser Situation zeigen sich die Folgen der bei Aktienoptionen systemimmanenten Ungleichbehandlung von Wertsteigerungen und Wertminderungen. Während die Neuaktionäre an den positiven Schocktermen der Umweltzustände ω_1 und ω_2 in voller Höhe teilhaben, ist ihre Teilnahme an den negativen Realisationen der Umweltzustände ω_3 und ω_4 begrenzt. Ab dem Zeitpunkt, zu dem der Ausübungsgewinn der Neuaktionäre auf Null gesunken ist, sind sie von einer darüber hinaus gehenden negativen Entwicklung nicht mehr betroffen, denn darüber hinaus anfallende Wertverluste werden auf die Altaktionäre „überwälzt". Die Folge dieser „imparitätischen" Behandlung von positiven und negativen Schocktermen ist, daß die Neuaktionäre in der Lage sind, ihren erwarteten Ausübungsgewinn auf Kosten der Altaktionäre zu steigern. Wie Tabelle 3.6 im Vergleich zu Tabelle 3.5 zeigt, bleibt der erwartete gesamte Unternehmenswert $(V_1^{Alt+Neu} + CF_1)$ mit jeweils 1119,09 GE durch eine größere Unsicherheit in Form einer betragsmäßigen Steigerung der Schockterme unverändert. Durch die nur beschränkte Verlustteilnahme gelingt es jedoch den Neuaktionären im Fall von betragsmäßig großen Schocktermen, Wertzuwächse auf Kosten der Altaktionäre zu erzielen. Der erwartete Ausübungsgewinn der Neuaktionäre (V_1^{Neu}) steigt deshalb von 19,09 GE auf 38,75 GE. Diesen Anstieg in Höhe von 19,65 GE haben die Altaktionäre zu tragen. Der erwartete ihnen zustehende Wert $(V_1^{Alt} + CF_1)$ sinkt auf 1080,35 GE.[177]

3.4.2 Buchungsverzicht

Folgende Tabelle 3.7 zeigt für die relevante Periode $t = 1$ die Berechnung der erwarteten Unternehmenswerte für die Bilanzierungsalternative des Buchungsverzichts. Betrachtet wird der Fall betragsmäßig großer Schockterme, da nur in diesem Fall die zusätzlich auftretenden Probleme im Zusammenhang mit der Wertverschiebung zwischen Alt- und Neuaktionären berücksichtigt werden. Dabei soll im Rahmen der buchungstechnischen Erfassung davon ausgegangen werden, daß die ursprünglich investierten 1000 GE in Projekte investiert werden, die linear über den Betrachtungszeitraum von zwei Jahren abgeschrieben werden.

177 Um eine Einführung des Optionsprogramms aus Altaktionärsssicht zu rechtfertigen, wäre deshalb in Erwartung von betragsmäßig hohen Schocktermen eine stärkere Steigerung der erwarteten Cash Flows notwendig als bei betragsmäßig kleinen Cash Flows. Zur besseren Vergleichbarkeit der Effekte soll von einer solchen weitergehenden Steigerung der Cash Flows jedoch abgesehen werden.

Umweltzustand	ω_1	ω_2	ω_3	ω_4	EW
Realisation	$\epsilon = 400$	$\epsilon = 400$	$\epsilon = -400$	$\epsilon = -400$	
der Störterme	$\epsilon_1 = 400$	$\epsilon_1 = -400$	$\epsilon_1 = 400$	$\epsilon_1 = -400$	
Summe $\epsilon + \epsilon_1$	800	0	0	-800	
CF_1	1413,13	613,13	613,13	-186,87	613,13
Abschreibung (d_1)	500	500	500	500	500
accounting income (x_t^{BV})	913,13	113,13	113,13	-686,87	113,13
Buchwert (Anfang) (A_{t-1}^{BV})	1000	1000	1000	1000	1000
Buchwert (Ende) (A_t^{BV})	500	500	500	500	500
$E[V_1^{Alt+Neu}\|\epsilon + \epsilon_1] + CF_1$	2161,52	1119,09	1119,09	76,67	1119,09
$E[V_1^{Neu}\|\epsilon + \epsilon_1]$	113,86	20,56	20,56	0	38,75
$E[V_1^{Alt}\|\epsilon + \epsilon_1] + CF_1$	2047,66	1098,53	1098,53	76,67	1080,35

Tabelle 3.7: Umweltzustände aus Sicht von $t = 1$ bei Buchungsverzicht

Es ist zu erkennen, daß für den Fall, daß beide Störterme entweder einen Wert von 400 GE (Umweltzustand ω_1) oder den Wert von -400 GE (Umweltzustand ω_4) annehmen, eine eindeutige Identifikation des persistenten Schocks ϵ möglich ist. Dies ist aber kein Verdienst der Rechnungslegung, denn auch aus den reinen Zahlungsgrößen läßt sich z. B. im Umweltzustand ω_1 die Summe der Störterme in Höhe von 800 GE ablesen, so daß klar ist, daß der persistente Schock 400 GE betragen muß.[178] Diese eindeutige Identifikationsmöglichkeit des persistenten Schocks geht jedoch in den Umweltzuständen ω_2 und ω_3 verloren. Anhand der Cash Flows ist eine Identifikation nicht möglich, da die Summe der Schockterme in beiden Fällen Null beträgt, und auch die Rechnungslegung bietet im Falle des Buchungsverzichts keine Differenzierungsmöglichkeit, wie Tabelle 3.7 zeigt: Der Abschreibungsplan wird bereits in $t = 0$ festgelegt, so daß der Buchwert deterministisch ist und keine Rückschlußmöglichkeiten auf die zugrunde liegenden Umweltzustände bietet. Als Ergebnis ist für die Bilanzierungsalternative des Buchungsverzichts festzustellen: Wenn die Summe der Störterme Null beträgt – d. h. einer der beiden Störterme den Wert 400 GE und der andere den Wert -400 GE annimmt –, kann nicht zwischen persistentem und transitorischem Schock unterschieden werden, da die Rechnungslegung nur die Summe der Schocks weitergibt. Infolgedessen unterscheidet sich auch der erwartete Wert der Beteiligung aus Sicht der Altaktionäre (inkl. des von ihnen realisierten Cash Flows der ersten Periode) – bezeichnet als „$E[V_1^{Alt}|\epsilon + \epsilon_1] + CF_1$" – in ω_2 und ω_3 nicht voneinander und beträgt 1098,53 GE.[179] Die durch die Rechnungslegung bei Buchungsverzicht übermittelte Partition des Zustandsraumes hat damit folgendes Aussehen: $\{\{\omega_1\}\{\omega_2, \omega_3\}\{\omega_4\}\}$. Es wird

178 Dies funktioniert natürlich in so eindeutiger Weise nur unter Verwendung der konkreten Annahmen des Beispiels, also der Beschränkung der Schockterme auf zwei Ausprägungen von 400 GE bzw. -400 GE.

179 Wie sich dieser Wert berechnen läßt, wird unmittelbar deutlich, wenn man in Tabelle 3.6 schaut: Wenn die Summe der Cash Flows Null beträgt, liegt die Wahrscheinlichkeit für das Vorliegen der Umweltzustände ω_2 bzw. ω_3 jeweils bei 0,5. Die Unternehmenswerte aus Sicht der Altaktionäre betragen wie die Tabelle zeigt 1.320,39 GE in ω_2 bzw. 876,67 GE in ω_3. Gewichtet mit den Eintrittswahrscheinlichkeiten, ergibt sich der erwartete Wert von 1.098,53 GE.

deutlich, daß zwischen den Umweltzuständen ω_2 und ω_3 keine Möglichkeit der Differenzierung für den externen Bilanzadressaten gegeben ist. Das Management konnte seine genaueren Informationen nicht mit Hilfe der Rechnungslegung weitergeben.

Die Überlegungen am konkreten Zahlenbeispiel lassen sich auch in allgemeiner Form nachvollziehen, indem man in Anlehnung an die Vorgehensweise von Christensen/Dems- ki den value shock und den accounting income shock einander gegenüber stellt.[180] Der value shock erfaßt folgende Differenz: Er vergleicht den erwarteten Wert der Ansprüche der Aktionäre – d. h. bereits ausgeschüttete (und evtl. aufgezinste) Cash Flows zuzüglich des erwarteten Unternehmenswertes – unter Berücksichtigung des Informationsstandes der jeweiligen Periode mit deren Wert auf dem Informationsstand der vergangenen Periode. Es wird also erfaßt, inwiefern sich dieser Gesamtwert der Anspüche durch die zusätzlichen Informationen verändert hat, die in der betrachteten Periode eingetroffen sind. Hierbei soll allerdings berücksichtigt werden, daß es bei der Berechnung des value shocks bei Vorliegen eines Optionsprogramms relevanter ist, den value shock für die Altaktionäre alleine zu bestimmen, und nicht den gesamten value shock für Alt- und Neuaktionäre gemeinsam. Denn die aktuellen oder potentiellen Aktionäre interessieren lediglich die Wertänderungen ihrer Unternehmensanteile, und für deren Entwicklung müssen die an die Neuaktionäre abzutretenden Wertänderungen herausgerechnet werden. Der value shock aus Sicht der Altaktionäre ergibt sich wie folgt, wobei die Konstante α definiert ist als $\alpha = \eta(1+r)^{-1}$ und den Barwert des Persistenzfaktors η repräsentiert:[181]

$$\begin{aligned} VS_1^{Alt,BV} &= (\epsilon + \epsilon_1 + \alpha E[\epsilon|\epsilon + \epsilon_1]) \cdot \frac{A}{A+\bar{O}} \\ &+ E[\min\{Z_1; 0\}|\epsilon + \epsilon_1] - E[\min\{Z_1; 0\}|h_0] \end{aligned} \tag{3.3}$$

Dabei ist der Ausdruck für den Wert des Ausübungsgewinns zum Zeitpunkt $t = 1$ – allerdings ohne Beschränkung auf positive Ergebnisse – im Sinne einer verkürzten Darstellungsweise durch Z_1 substituiert worden:

$$Z_1 = \left(\frac{\bar{c}_1 \cdot R + \bar{c}_2 + (\epsilon + \epsilon_1 + \alpha\epsilon) \cdot R + B \cdot \bar{O}}{A + \bar{O}} - B \right) \cdot \frac{\bar{O}}{R}$$

Es ist interessant zu beobachten, daß sich der value shock aus zwei verschiedenen Komponenten zusammensetzt. Auf diese beiden Komponenten soll später bei der Behandlung der Aufwandbuchung noch näher eingegangen werden[182], da der Effekt dort in analoger Weise auftritt. An dieser Stelle sollen einige kurze Hinweise genügen. Der erste Term von Gleichung 3.3 repräsentiert die Aufteilung der Schockterme bei betragsmäßig kleinen Schocks, wenn also die

180 Vgl. *Christensen / Demski* (2003), S. 183 f.

181 Zur Bestimmung des value shocks der Altaktionäre bei Buchungsverzicht vgl. die Berechnungen in Anhang A.

182 Vgl. Kapitel 3.4.3.

Verlustbeschränkung auf Seiten der Neuaktionäre keine Rolle spielt. Dieser erste Term nimmt die Verteilung des gesamten Schocks auf Alt- und Neuaktionäre genau im Verhältnis von Aktienanzahl zu Optionsanzahl vor. Im Falle kleiner Schockterme nehmen die beiden letzten Terme von Gleichung 3.3 den Wert Null an. Dies ändert sich bei betragsmäßig großen Schocktermen. Auch bei diesen bildet die Basis die Aufteilung im gerade angesprochenen Verhältnis von Aktienanzahl zu Optionsanzahl. Ergänzt wird dieses Verhältnis aber um die Umverteilungseffekte durch die Verlustbeschränkung der Neuaktionäre. Diese Umverteilungseffekte werden durch die beiden letzten Terme in Gleichung 3.3 wiedergegeben. Der erste gibt die erwartete Höhe der Reichtumsverlagerungen aus Sicht von Periode $t = 1$ wider, der zweite die ursprüngliche Schätzung aus Sicht von Periode $t = 0$.

Die Idee des value shock wird vom accounting income shock für die Seite des Rechnungslegungssystems aufgegriffen: Der accounting income shock fängt ein, inwieweit sich der vom Rechnungswesen tatsächlich ausgewiesene Gewinn der ersten Periode vom erwarteten Gewinn der Periode ohne Informationen unterscheidet. Für diesen accounting income shock, der im Falle des Buchungsverzichtes durch die Einführung eines Optionsprogramms konsequenterweise unverändert bleibt, ergibt sich folgendes Ergebnis:[183]

$$AS_1^{BV} = \epsilon + \epsilon_1 \tag{3.4}$$

Vergleicht man beide Schocks, stellt man fest, daß beide aus Informationssicht gleichwertig sind. Besonders gut ist dies zu erkennen, wenn man sich auf den ersten Term von Gleichung 3.3 konzentriert, also den Teil, der bei betragsmäßig kleinen Schocktermen alleine relevant ist. Hier erkennt man, daß der Markt die Informationen zwar aggressiver nutzt als das Rechnungslegungssystem und deshalb im Gegensatz zur Rechnungslegung auch Persistenzeffekte mit einbezieht. Dieses Einbeziehen der persistenten Bestandteile erfolgt aber, wie sich deutlich erkennen läßt, auf der gleichen Informationsgrundlage, auf der auch das Rechnungslegungssystem arbeitet: So verwendet der Markt bei der Bewertung lediglich die Summe der Schockterme ϵ und ϵ_1, wie sie sich auch beim rechnungswesenorientierten accounting income shock in Gleichung 3.4 ablesen läßt. Um vom accounting income shock zum value shock überleiten zu können, hat man deshalb hinsichtlich der Schockterme alle nötigen Informationen. Was allerdings deutlich wird ist, daß man für die Überleitung Informationen hinsichtlich des Optionsprogramms benötigt. Deshalb war oben vorausgesetzt worden, daß diese Informationen über das Optionsprogramm z. B. aus den Anhangsangaben bekannt sind, da sonst beim Buchungsverzicht aus den bloßen Bilanzdaten überhaupt nicht auf ein Optionsprogramm zurückgeschlossen werden kann. Wie groß der Informationsbedarf hinsichtlich der Gestaltungsparameter des Optionsprogramms ist, hängt dabei von der Größe der Schockterme ab: Bei betragsmäßig kleinen Schocktermen –

183 Zur Bestimmung des accounting income shock vgl. die Berechnungen in Anhang A.

wenn nur der linke Term von Gleichung 3.3 relevant wird – braucht man lediglich Angaben über die Anzahl der Aktien und der Optionen. Wenn man bei betragsmäßig größeren Schocktermen auch mit einer Nicht-Ausübung rechnen muß, nimmt der Informationsbedarf zu. Um dann korrekt zum value shock überleiten zu können, sind ebenfalls Informationen über den Basispreis der Optionen notwendig. Diese werden gebraucht, um die beiden letzten Terme in Gleichung 3.3 bestimmen zu können.

3.4.3 Aufwandbuchung

Im Fall des Buchungsverzichts ist in Periode $t = 1$ keine Möglichkeit für das Management gegeben, das Wissen über die genaue Realisation von ϵ an externe Adressaten weiterzugeben, sondern es ist nur eine Identifikation der Summe von ϵ und ϵ_1 mit Hilfe der Rechnungslegung möglich. In diesem Abschnitt soll untersucht werden, ob im Gegensatz dazu eine Verbuchung von Aktienoptionen als Aufwand eine Möglichkeit zur Vermittlung der exakten Realisation der Schockterme bietet. Die entscheidende Änderung zur Variante des Buchungsverzichtes ist dabei die Vornahme von Korrekturbuchungen in den Perioden $t = 1$ und $t = 2$, die zusätzlichen Aufwand in die GuV einspeisen. Der kumulierte zusätzlich eingespeiste Aufwand soll in den jeweiligen Perioden mit Kor_t bezeichnet werden. Tabelle 3.4.3 verdeutlicht die Einspeisung des zusätzlichen Aufwands in das Rechnungslegungssystem:

Periode	$t = 1$	$t = 2$
Cash Flows (CF_t)	$613,13 + \epsilon + \epsilon_1$	$556,56 + \eta\epsilon$
Abschreibung (d_t)	500	500
Korrekturbuchung SOP	$-Kor_1$	$-(Kor_2 - Kor_1)$
accounting income (x_t^{AB})	$113,13 + \epsilon + \epsilon_1 - Kor_1$	$56,56 + \eta\epsilon - (Kor_2 - Kor_1)$
Buchwert (Anfang) (A_{t-1}^{AB})	1000	500 -Kor_1
Buchwert (Ende, vor Ausübung) (A_t^{AB})	500 - Kor_1	-Kor_2

Tabelle 3.8: Einspeisung des zusätzlichen Aufwands in die Rechnungslegung

Durch den zusätzlichen Aufwand wird, wie die Tabelle zeigt, der jeweilige Buchwert am Ende der Periode t um Kor_t gemindert. Von besonderem Interesse ist die Höhe des Korrekturbetrages in Periode $t = 1$, denn auch im Falle des Buchungsverzichtes konnte in $t = 2$ zwischen den Störtermen ϵ und ϵ_1 differenziert werden. Soll mit der Aufwandverbuchung eine verbesserte Informationsvermittlung möglich sein, muß dies bedeuten, daß die Wahl von Kor_1 es für externe Adressaten möglich macht, bereits in $t = 1$ zwischen ϵ und ϵ_1 zu differenzieren. Gelingen kann dies, indem das Management die Aufwandbuchung in $t = 1$ abhängig macht vom (erwarteten) Ausübungsgewinn in $t = 2$. Da das Management zwischen ϵ und ϵ_1 unterscheiden kann und auf die Modellierung eines weiteren transitorischen Störterms in Periode $t = 2$ verzichtet wurde, kennt das Management in diesem einfachen Modell den Ausübungsgewinn nach Realistion des ersten Cash Flows sogar mit Sicherheit. Es soll davon ausgegangen werden, daß das Management einen Anteil in Höhe von β des Barwertes dieses gesamten Ausübungsgewinns in Periode $t = 1$ als Aufwand berücksichtigt – man könnte z. B. an eine lineare Verteilung des gesamten Ausübungsgewinns über die Dauer des Optionsprogramms denken:

$$Kor_1 = \beta \cdot \max\left\{\left(\frac{(\bar{c}_1 \cdot R + \bar{c}_2 + (\epsilon + \epsilon_1 + \alpha\epsilon) \cdot R + B \cdot \bar{O})}{A + \bar{O}} - B\right) \cdot \frac{\bar{O}}{R}; 0\right\} \tag{3.5}$$

Jetzt soll gezeigt werden, daß eine derartige Wahl des Korrekturbetrages der ersten Periode es einem externen Adressaten des Jahresabschlusses ermöglicht, die Höhe von ϵ und ϵ_1 einzeln, und nicht nur in Summe zu ermitteln. Diese Informationsvermittlung gelingt natürlich nur dann wenn auch eine Optionsausübung zu erwarten ist, und damit eine Aufwandbuchung vorgenommen wird. Ist eine Optionsausübung nicht zu erwarten, wird auch keine Aufwandbuchung vorgenommen, Kor_1 wird Null, und somit geht auch die Möglichkeit zur Informationsvermittlung in solchen „negativen“ Umweltzuständen verloren. Im folgenden wird deshalb nur die Möglichkeit zur Informationsvermittlung bei positiven Korrekturbuchungen geprüft.[184]

Im Rahmen der Untersuchung der Aufwandbuchung kann von folgenden Voraussetzungen ausgegangen werden: Bekannt ist einem externen Jahresabschlußadressaten einerseits durch die Realisation von CF_1 die Summe beider Schockterme:

$$Sum = \epsilon + \epsilon_1$$

Andererseits weiß er, daß der Buchwert unter Berücksichtigung der Korrekturbuchung (A_1^{AB}) am Ende der Periode $t = 1$ folgende Höhe besitzt, wobei A_1 den Buchwert bei linearer Abschreibung ohne Korrekturbuchung repräsentiert:

$$A_1^{AB} = A_1 - Kor_1$$

Setzt man für Kor_1 den in Gleichung 3.5 angegebenen Ausdruck ein – wobei die folgenden Berechnungen, wie gesagt, nur für den Fall $Kor_1 > 0$ gelten – und ersetzt ϵ_1 durch $Sum - \epsilon$, erhält man folgenden Ausdruck, in dem ϵ als einzige Unbekannte verbleibt:

$$A_1 - A_1^{AB} = \beta\left(\frac{\bar{c}_1 \cdot R + \bar{c}_2 + R \cdot (\epsilon + Sum - \epsilon + \alpha\epsilon) + B \cdot \bar{O}}{A + \bar{O}} - B\right) \cdot \frac{\bar{O}}{R}$$

184 Für „negative“ Ausprägungen der Schockterme ist es aber denkbar, daß beispielsweise über die Vornahme von außerplanmäßigen Abschreibungen auf den Ansatz der Vermögenswerte Informationen über die Schockterme vermittelt werden können. Vgl. dazu auch die Vorgehensweise von *Christensen / Demski* (2003), S. 184 ff. Davon soll an dieser Stelle jedoch abgesehen werden, da dies keine Erkenntnisse hinsichtlich der aufwandswirksamen Erfassung von Aktienoptionsprogrammen bringt.

Formt man diesen Ausdruck weiter um, erhält man:

$$\frac{A_1 - A_1^{AB}}{\beta} \cdot \frac{(A + \bar{O}) \cdot R}{\bar{O}} = \bar{c}_1 \cdot R + \bar{c}_2 + R \cdot (Sum + \alpha\epsilon) - A \cdot B$$

Dies läßt sich schließlich nach ϵ auflösen, und es ergibt sich der folgende Ausdruck, bei dem alle Parameter der rechten Seite den Kapitalmarktteilnehmern bekannt sind:

$$\epsilon = \frac{\frac{A_1 - A_1^{AB}}{\beta} \cdot \frac{A+\bar{O}}{\bar{O}} - \bar{c}_1 - \frac{\bar{c}_2}{R} + \frac{A \cdot B}{R} - Sum}{\alpha} \tag{3.6}$$

Damit zeigt sich, daß es den Adressaten der Rechnungslegung möglich ist, aus den gegebenen Informationen des Jahresabschlusses eindeutig auf ϵ und ϵ_1 zurückzuschließen. Das Rechnungslegungssystem ist invertierbar, falls eine Aufwandbuchung durchgeführt wird. Um dies zu veranschaulichen, soll erneut das bereits oben eingeführte Zahlenbeispiel verwendet werden, wobei $\beta = 0,5$ gelten soll, also eine lineare Verteilung des Aufwands über die Laufzeit des Optionsprogramms vorgenommen wird. Für die vier möglichen Umweltzustände stellt sich die Bilanzierung mit den Zahlenwerten des Beispiels für die Periode $t = 1$ folgendermaßen dar:

Umweltzustand	ω_1	ω_2	ω_3	ω_4	EW
Realisation	$\epsilon = 400$	$\epsilon = 400$	$\epsilon = -400$	$\epsilon = -400$	
der Störterme	$\epsilon_1 = 400$	$\epsilon_1 = -400$	$\epsilon_1 = 400$	$\epsilon_1 = -400$	
Summe $\epsilon + \epsilon_1$	800	0	0	-800	
CF_1	1413,13	613,13	613,13	-186,87	613,13
Abschreibung (d_1)	500	500	500	500	500
Kor_1 ($\beta = 0,5$)	56,93	20,56	0	0	19,37
accounting income (x_1^{AB})	856,20	92,57	113,13	-686,87	93,76
Buchwert (Anfang) (A_0^{AB})	1000	1000	1000	1000	1000
Buchwert (Ende) (A_1^{AB})	443,07	479,44	500	500	480,63
$E[V_1^{Alt+Neu} \mid \epsilon, \epsilon_1] + CF_1$	2161,52	1361,52	876,67	76,67	1119,09
$E[V_1^{Neu} \mid \epsilon, \epsilon_1]$	113,86	41,13	0	0	38,75
$E[V_1^{Alt} \mid \epsilon, \epsilon_1] + CF_1$	2047,66	1320,39	876,67	76,67	1080,35

Tabelle 3.9: Umweltzustände aus Sicht von $t = 1$ bei Aufwandbuchung

Für den Fall ω_2 sei die Dekodierung unter Verwendung von Ausdruck 3.6 noch einmal explizit dargestellt:

$$\epsilon = \frac{\frac{500-479,44}{0,5} \cdot \frac{11}{1} - 613,13 - \frac{556,56}{1,1} + \frac{10 \cdot 100}{1,1} - 0}{0,606}$$

$$\epsilon = 400$$

Der persistente Schockterm ϵ kann also eindeutig identifiziert werden. Ein Blick auf Tabelle 3.9 bestätigt, daß die für das Stock Option-Progamm vorgenommene Korrekturbuchung es tatsächlich möglich macht, insbesondere auch die Umweltzustände ω_2 und ω_3 voneinander zu unterscheiden, die allein aufgrund der Höhe der Cash Flows der ersten Periode nicht differenziert werden können. Die durch die Aufwandbuchung erreichte Partition $\{\{\omega_1\}\{\omega_2\}\{\omega_3\}\{\omega_4\}\}$ ermöglicht eine vollständige Information der Jahresabschlußadressaten über den Zustandsraum. Die Rechnungslegung ist invertierbar, da für jeden Umweltzustand unterschiedliche Buchwerte bzw. Buchgewinne ausgewiesen werden.

Zu beachten ist, daß beim Vergleich von ω_2 und ω_3 eine hohe Aufwandbuchung für das Optionsprogramm und damit einhergehend ein niedriges accounting income – wie im Fall ω_2 – eine „gute Nachricht" bedeutet, während umgekehrt das höhere accounting income im Fall ω_3 eine „schlechte Nachricht" bedeutet. Der Wert des Unternehmens inklusive des bereits ausgeschütteten Cash Flows der ersten Periode ist nämlich im Umweltzustand ω_2 mit 1320,29 GE höher als im Umweltzustand ω_3 mit 876,67 GE. Dies liegt daran, daß die Jahresabschlußadressaten durch die hohe Aufwandbuchung darauf zurückschließen können, daß der persistente Schock $\epsilon = 400$ und der transitorische Schock $\epsilon_1 = -400$ beträgt. Eine hohe Aufwandbuchung bedeutet also, daß in Zukunft noch mit den positiven Persistenzeffekten zu rechnen ist, die von der Rechnungslegung noch nicht erfaßt werden. Infolgedessen fällt die Bewertung des Unternehmens im Umweltzustand ω_2 höher aus als im Zustand ω_3.

Will man das Problem losgelöst vom Zahlenbeispiel in allgemeiner Form analysieren, bietet es sich an, in Analogie zur Vorgehensweise beim Buchungsverzicht, den value shock und den accounting income shock der ersten Periode einander gegenüberzustellen.

Im Unterschied zum Buchungsverzicht ist mit Hilfe der Aufwandbuchung jedoch eine Differenzierung zwischen ϵ und ϵ_1 möglich, so daß bei der Erfassung des persistenten Teils der Schockterme auf die Verwendung des Erwartungswertes verzichtet werden und die exakte Realisation von ϵ angesetzt werden kann. Der value shock lautet deshalb folgendermaßen:[185]

$$VS_1^{Alt,AB} = (\epsilon + \epsilon_1 + \alpha\epsilon) \cdot \frac{A}{A+\bar{O}} + \min\{Z_1; 0\} - E[\min\{Z_1; 0\}|h_0] \tag{3.7}$$

Dieses Ergebnis läßt sich gut interpretieren, wenn man die einzelnen Bestandteile des value shocks analysiert. Betrachten wir dazu zunächst den ersten Term aus Gleichung 3.7. Dieser Teil betrifft die Überleitung vom gesamten value shock auf den value shock der Altaktionäre. Bei betragsmäßig kleinen Störtermen ist diese Überleitung ausreichend, die beiden restlichen „Korrekturterme" nehmen einen Wert von Null an und können vernachlässigt werden. Im Ergebnis teilt sich deshalb bei betragsmäßig kleinen Schocktermen der gesamte value shock im Verhältnis der Aktienanzahl zur Optionsanzahl zwischen Alt- und Neuaktionären auf. Tabelle 3.10

185 Die Bestimmung des value shock erfolgt im Anhang. Vgl. die Berechnungen in Anhang B.

zeigt dies für das Beispiel der Schockterme von 10 GE bzw. -10 GE. Die Aufteilung zwischen Alt- zu Neuaktionären erfolgt im Verhältnis zehn zu eins.

	ω_1	ω_2	ω_3	ω_4	EW
$VS_1^{Alt+Neu,AB}$	26,06	6,06	-6,06	-26,06	0
$VS_1^{Alt,AB} = \frac{10}{11} \cdot VS_1^{Alt+Neu,AB}$	23,69	5,51	-5,51	-23,69	0
$VS_1^{Neu,AB} = \frac{1}{11} \cdot VS_1^{Alt+Neu,AB}$	2,37	0,55	-0,55	-2,37	0

Tabelle 3.10: Aufteilung des value shocks bei betragsmäßig kleinen Störtermen

Diese einfache Art der Aufteilung gilt nur für kleine Störterme. Bei großen Störtermen wird der Zusammenhang komplexer. Wie Tabelle 3.11 zeigt, bildet die Basis auch bei großen Schocktermen die Aufeilung gemäß des Verhältnisses der Aktienanzahl zur Optionsanzahl, im Beispiel zehn zu eins. Zusätzlich ist zu berücksichtigen, daß sich in $t = 0$ ohne Information über die Realisation der Schockterme der Wertverlust der Altaktionäre an die Neuaktionäre durch die nur beschränkte Verlustteilnahme der Neuaktionäre auf alle Umweltzustände verteilt. Dieser erwartete Wertverlust ($E[\min\{Z_1; 0\}|h_0]$) beträgt 19,65 GE und sorgt aus Sicht von $t = 0$ für einen Wert der Altaktionäre von nur noch 1080,35 GE (statt 1100 GE). Befindet man sich in $t = 1$ in den Umweltzuständen ω_1 oder ω_2, weiß man, daß dieser in $t = 0$ im Erwartungswert antizipierte Wertverlust nicht relevant werden wird, weil in ω_1 und ω_2 die Optionen ausgeübt werden. Die Verlustbeschränkung der Neuaktionäre spielt deshalb in diesen Umweltzuständen keine Rolle. Der in $t = 0$ im Erwartungswert erfaßte Wertverlust der Altaktionäre tritt deshalb in diesen beiden Umweltzuständen nicht ein, so daß sich der value shock um genau diesen erwarteten Verlustbetrag erhöht, d. h. um 19,65 GE. Aus folgender Tabelle sieht man, daß sich deshalb aus $\frac{10}{11}$ des gesamten shocks (947,66 GE in ω_1 bzw. 220,39 GE in ω_2) und den angesprochenen 19,65 GE der gesamte Schock der Altaktionäre ergibt.

	ω_1	ω_2	ω_3	ω_4	EW
$VS_1^{Alt+Neu,AB}$	1042,42	242,42	-242,42	-1042,42	0
$\frac{10}{11} \cdot VS_1^{Alt+Neu,AB}$	947,66	220,39	-220,39	-947,77	0
$\min\{Z_1; 0\}$	0	0	-2,95	-75,67	-19,65
$-E[\min\{Z_1; 0\}\|h_0]$	19,65	19,65	19,65	19,65	19,65
Korrektur Verlustbeschränkung	19,65	19,65	16,71	-56,02	0
$VS_1^{Alt,AB}$	967,31	240,04	-203,68	-1003,68	0
$\frac{1}{11} \cdot VS_1^{Alt+Neu,AB}$	94,77	22,04	-22,04	-94,77	0
Korrektur Verlustbeschränkung	-19,65	-19,65	-16,71	56,02	0
$VS_1^{Neu,AB}$	75,11	2,38	-38,75	-38,75	0

Tabelle 3.11: Aufteilung des value shocks bei betragsmäßig großen Störtermen

Die in den Umweltzuständen ω_3 und ω_4 vorzunehmenden Korrekturen erschließen sich am einfachsten, wenn man vom value shock der Neuaktionäre ausgeht. Die Neuaktionäre verlieren in diesen beiden Umweltzuständen, in denen keine Ausübung der Optionen erfolgt, ihren gesamten aus $t = 0$ erwarteten Optionswert in Höhe von 38,75 GE. Für ω_3 bedeutet dies folgendes: Der gemäß der $\frac{1}{11}$-Aufteilung auf die Neuaktionäre entfallende Betrag von -22,04 GE muß noch um die Differenz beider Beträge erhöht werden. Dies sind 16,71 GE, um den value shock der Neuaktionäre in Höhe von 38,75 GE zu erreichen. Da sich die Korrekturbeträge zwischen Alt- und Neuaktionären immer genau ausgleichen müssen – schließlich steht der gesamte value shock in seiner Höhe fest, es kommt lediglich zu Verschiebungen zwischen Alt- und Neuaktionären –, verringert dieser Unterschiedsbetrag auf der anderen Seite den value shock der Altaktionäre in ω_3. Dieser liegt nach der Korrektur bei -203,68 GE.[186] Die Überlegung für Umweltzustand ω_4 erfolgt analog: Auch hier verlieren die Neuaktionäre wegen der Verlustbegrenzung lediglich ihren gesamten erwarteten Optionswert in Höhe von 38,65 GE. Die grundlegende $\frac{1}{11}$-Aufteilung hätte aber für eine Zurechnung von 94,77 GE gesorgt. Die Differenz in Höhe von 56,02 GE ist von den Altaktionären zu tragen und verringert deren value shock entsprechend. Dieser beträgt -1003,68 GE.

186 Die Tatsache, daß der value shock der Neuaktionäre sich in ω_3 genauso wie in ω_1 und ω_2 zusätzlich verringert, obwohl in diesem Umweltzustand die Optionen gar nicht ausgeübt werden, erklärt sich durch folgende Überlegung: Die Neuaktionäre profitieren in ω_3 zwar von der Nichtausübung der Optionen und der damit verbundenen Wertverlagerung. Dieser Betrag (2,94 GE = $\min\{Z_1; 0\}$) ist aber geringer als der in $t = 0$ im Erwartungswert erfaßte Betrag von 19,65 GE ($E[\min\{Z_1; 0\}|h_0]$). Die Korrektur ist deshalb geringer als in ω_1 und ω_2, aber die verbleibenden 16,71 GE belasten den value shock der Neuaktionäre.

Wie beim Buchungsverzicht soll auch jetzt dem value shock der accounting income shock gegenüber gestellt werden. Dieser lautet:[187]

$$AS_1^{AB} = \frac{(\epsilon + \epsilon_1) \cdot (A + (1 - \beta) \cdot \bar{O}) - \beta\alpha\epsilon\bar{O}}{A + \bar{O}} \tag{3.8}$$
$$+\beta \cdot (\min\{Z_1; 0\} - E[\min\{Z_1; 0\}|h_0])$$

Im folgenden sollen die einzelnen Bestandteile des accounting income shocks näher analysiert werden. In Analogie zum value shock repräsentiert der erste Term der Gleichung 3.8 denjenigen Teil des accounting income shocks, der auftritt, wenn man die Möglichkeit einer Reichtumsverlagerung von den Altaktionären zu den Neuaktionären durch die Verlustbeschränkungsmöglichkeiten der Optionsinhaber nicht berücksichtigt. Bei betragsmäßig kleinen Störtermen, bei denen diese Verlustbeschränkungsmöglichkeit nicht zum Tragen kommt, repräsentiert deshalb dieser erste Term den gesamten accounting income shock. Der zweite Teil von Ausdruck 3.8 betrifft dagegen die notwendige Korrektur um die angesprochenen Reichtumsverlagerungeffekte, die notwendig wird, wenn betragsmäßig große Schockterme auftreten. Konzentriert man sich zunächst auf den ersten Term der Gleichung, ist festzustellen, daß sich dieses Ergebnis besonders gut interpretieren läßt, wenn man β gleich eins setzt. Der Ausdruck läßt sich dann folgendermaßen darstellen:

$$AS_1^{AB,\epsilon+\epsilon_1 klein}(\beta = 1) = \frac{(\epsilon + \epsilon_1) \cdot A - \alpha\epsilon\bar{O}}{A + \bar{O}} \tag{3.9}$$

bzw.

$$AS_1^{AB,\epsilon+\epsilon_1 klein}(\beta = 1) = (\epsilon + \epsilon_1)\frac{A}{A + \bar{O}} - \alpha\epsilon\frac{\bar{O}}{A + \bar{O}}$$

Es läßt sich erkennen, daß die Bestandteile der Schockterme, die bereits in $t = 1$ realisiert sind – also ϵ und ϵ_1 –, mit einem Anteil von $\frac{A}{A+\bar{O}}$ berücksichtigt werden. Im Beispiel ist dies ein Anteil von $\frac{10}{11}$, also genau der Anteil, der den Altaktionären zusteht. Der Teil, der den Neuaktionären zusteht ($\frac{1}{11}$), wird durch die vollständige fair value-Bewertung, die ein Ansatz von $\beta = 1$ mit sich bringt, herausgerechnet, da er im Rahmen der Aufwandbuchung des Aktienoptionsprogramms zum Abzug gebracht wird. Der persistente Anteil der Schockterme dagegen, der in $t = 1$ noch nicht realisiert ist, sondern dessen Eintritt für $t = 2$ noch erwartet wird – also $\alpha\epsilon$ –, wird zu einem Anteil von $-\frac{\bar{O}}{A+\bar{O}}$ im Rechnungslegungssystem berücksichtigt. Im Beispiel beträgt dieser Anteil $-\frac{1}{11}$ und entspricht genau dem Anteil, der auf die Neuaktionäre entfällt. Dies liegt daran, daß in der herkömmlichen Rechnungslegung diese zukünftig zu erwartenden persistenten Bestandteile als unrealisiert betrachtet werden und deshalb noch keine Aufnahme in den

187 Vgl. zur Bestimmung des accounting income shock die Berechnungen in Anhang B.

Jahresabschluß finden. Diese herkömmlichen Rechnungslegungsvorschriften gelten für den auf die Altaktionäre entfallenden Teil, der sich damit im accounting income shock nicht wiederfindet. Durch die fair value-Bewertung im Bereich des Aktienoptionsprogramms gilt jedoch, daß für den Teil, der auf die Neuaktionäre entfällt, die persistenten Bestandteile der Schockterme Eingang in die Rechnungslegung erhalten, nämlich über die Aufwandbuchung, die dafür sorgt, daß der auf die Neuaktionäre entfallende persistente Anteil mit negativem Vorzeichen in den accounting income shock eingeht.

Von den persistenten Bestandteilen findet sich im accounting income shock folgerichtig nur ein kleiner Teil wieder – nämlich der Teil, der auf die Neuaktionäre entfällt –, aber dieser Teil reicht für eine Dekodierung seitens der Jahresabschlußadressaten aus. Diese können durch diesen zum fair value bewerteten Anteil auf die Ausprägungen der Schockterme ϵ und ϵ_1 zurückschließen. Ergebnis dieser Vorgehensweise bei der Bilanzierung von Aktienoptionsprogrammen ist eine Art von „partieller" fair value-Bewertung. Diese Bezeichnung soll zum Ausdruck bringen, daß eine fair value-Bewertung nur für den den Neuaktionären zustehenden Teil stattfindet, für den auf die Altaktionäre entfallenden Teil gelten sozusagen „herkömmliche" Bilanzierungsvorschriften.

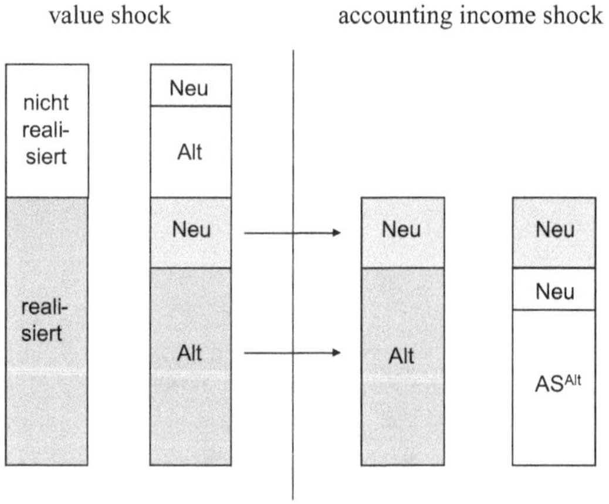

Abbildung 3.13: Zusammenhang zwischen value und accountingincome shock für $\beta = 1$

Abbildung 3.13 verdeutlicht den Zusammenhang zwischen value shock und accounting income shock für den Fall $\beta = 1$: Der value shock erfaßt sowohl bereits realisierte als auch noch für die Zukunft zu erwartende Bestandteile (erste Säule). Existiert ein Optionsprogramm, kann man – sowohl was die realisierten als auch was die unrealisierten Bestandteile angeht – trennen zwischen einem Teil, der auf die Altaktionäre, und einem Teil, der auf die Neuaktionäre entfällt (zweite Säule). In den accounting income shock gehen zunächst nur die bereits realisierten Bestanteile von Alt- und Neuaktionären ein, da das Rechnungslegungssystem die Informationen wenger aggressiv nutzt als der Markt (dritte Säule). Die Aufwandverbuchung des Optionsprogramms sorgt dann aber dafür, daß sowohl die realisierten als auch die noch in Zukunft zu erwartenden Bestandteile in Abzug gebracht werden, die auf die Neuaktionäre entfallen. Die Abbildung zeigt einen Abzug zum fair value, d. h. mit $\beta = 1$. Wird ein kleineres β gewählt, verringert sich die Aufwandbuchung entsprechend. Nach Abzug der Ansprüche der Neuaktionäre verbleibt der accounting income shock der Altaktionäre (vierte Säule).

Eine Invertierung des Jahresabschlusses von Seiten der Adresssaten ist auch möglich, wenn man die Annahme $\beta = 1$ aufhebt. Für beliebige Werte von β zwischen Null und Eins ist ein Rückschluß der Jahresabschlußadressaten auf ϵ und ϵ_1 ebenfalls möglich, aber die einfach zu interpretierende Aufspaltung des accounting income shocks geht bis zu einem gewissen Grade verloren. Für den Fall $0 < \beta < 1$ wird nämlich, wie Gleichung 3.8 zeigt, mehr als nur der den Altaktionären zustehende Anteil an den bereits realiserten Bestandteilen ϵ und ϵ_1 ausgewiesen, und zwar genau ein Anteil von $(1 - \beta)$ des den Neuaktionären zustehenden Teils zusätzlich. Negativ fließt dagegen nicht der gesamte den Neuaktionären zustehende persistente Anteil $\alpha\epsilon$ ein, sondern nur ein Anteil von $\beta\alpha\epsilon$. Dies liegt daran, daß nur ein Teil des fair value der Neuaktionäre in Abzug gebracht wird. Für die Differenzierung von ϵ und ϵ_1 ist dies aber ebenfalls ausreichend, wie bereits Tabelle 3.9 gezeigt hat.

Für betragsmäßig große Schockterme bleibt die Interpretation des ersten Terms von Gleichung 3.8 bestehen. Es ist lediglich zusätzlich zu berücksichtigen, daß der Umverteilungseffekt von den Alt- zu den Neuaktionären durch deren Verlustbeschränkungsmöglichkeiten erfaßt werden muß. Dies geschieht durch den zweiten Bestandteil von Gleichung 3.8. Je nachdem, wie hoch β gewählt wird – d. h. genau in dem Ausmaß, in dem der fair value des Ausübungsgewinns angesetzt wird –, findet diese Korrektur auch Eingang in den accounting income shock.

3.4.4 Zusammenfassung

Abschließend sollen die beiden betrachteten Bilanzierungsvarianten, der Buchungsverzicht und die Aufwandbuchung, für Periode $t = 1$ in einem tabellarischen Überblick miteinander verglichen werden:

Umweltzustand	ω_1	ω_2	ω_3	ω_4	EW
accounting income	913,13	113,13	113,13	-686,87	113,13
Buchwert (Ende)	500	500	500	500	500
$E[V_1^{Alt} \| h_1 = \epsilon + \epsilon_1] + CF_1$	2047,66	1098,53	1098,53	76,67	1080,35

Tabelle 3.12: Übersicht: Buchungsverzicht

Umweltzustand	ω_1	ω_2	ω_3	ω_4	EW
Korrekturbuchung ($\beta = 0,5$)	$56,93$	$20,56$	0	0	$19,37$
accounting income	856,20	92,57	113,13	-686,87	93,67
Buchwert (Ende)	443,07	479,44	500	500	480,63
$E[V_1^{Alt}\|h_1 = \epsilon, \epsilon_1] + CF_1$	2047,66	1320,39	876,67	76,67	1080,35

Tabelle 3.13: Übersicht: Aufwandbuchung

Für die Umweltzustände ω_1 und ω_4 gilt, daß beide Buchungsalternativen zum gleichen Ergebnis führen, da in diesen Fällen die Summe der Störterme zur Identifikation ausreicht. Diese Differenzierung leistet jedoch auch eine nur an Zahlungsströmen orientierte Rechnung. Anders sieht die Analyse für die Umweltzustände ω_2 und ω_3 aus. In diesen ist es beim Buchungsverzicht zum Zeitpunkt $t = 1$ nicht möglich, den persistenten vom transitorischen Schock zu unterscheiden. Die erwarteten Unternehmenswerte der Altaktionäre unterscheiden sich deshalb aus Sicht von externen Adressaten des Jahresabschlusses nicht voneinander, da diese nicht zwischen diesen beiden Umweltzuständen differenzieren können. Betrachtet man dagegen die Alternative der Aufwandbuchung, ist festzustellen, daß der mit Hilfe der Korrekturbuchung zusätzlich in die GuV eingespeiste Aufwand vom Management dazu benutzt werden kann, den externen Adressaten Informationen über die Höhe des persistenten Schocks zu vermitteln. Dies ist insbesondere dann der Fall, wenn das Management die Korrekturbuchung in Abhängigkeit des von ihm erwarteten Ausübungsgewinns bestimmt. Diese Art der Aufwandbuchung fußt natürlich darauf, daß das Management seine jeweils aktuellen Einschätzungen zur Höhe des Ausübungsgewinns in die Korrekturbuchung einfließen läßt. Für die beschriebene Art der Informationsvermittlung ist deshalb die Verwendung von exercise date accounting notwendig, und nicht von grant date accounting, bei dem grundsätzlich keine Anpassungen der ursprünglichen Schätzungen vorgenommen werden.

Insgesamt betrachtet ermöglicht damit die Aufwandbuchung einen Rückschluß darauf, welcher Umweltzustand eingetreten ist, so daß zum Zeitpunkt $t = 1$ auch ein externer Bilanzadressat zwischen den Umweltzuständen ω_2 und ω_3 differenzieren kann, so daß die Aufwandbuchung für eine feinere Partitionierung des Zustandsraumes sorgt und dem Buchungsverzicht aus Sicht der Informationsvermittlung deshalb vorzuziehen ist. Es soll abschließend nochmals darauf hingewiesen werden, daß dieses Ergebnis nur gilt, weil im Modell außerhalb der Bewertung des Optionsprogramms „herkömmliche" Bewertungsvorschriften unterstellt werden. Würde man auch außerhalb der Berücksichtigung der Aktienoptionen einen Ansatz zum fair value zulassen, wäre auch die Alternative Buchungsverzicht in der Lage, alle notwendigen Informationen über den persistenten Schock zu liefern.

Kapitel 4

Rechnungslegung und Leistungsbeurteilung: Anreizfunktion

4.1 Rechnungslegung als anreizkompatibles Entlohnungsinstrument

In diesem Kapitel soll die Bilanzierung von Aktienoptionsprogrammen aus dem Blickwinkel eines weiteren Rechnungslegungszweckes betrachtet werden. Relevant wird dieser im Hinblick auf Unternehmen, bei denen Eigentum und Leitung des Unternehmens in getrennten Händen liegen. Dabei wird ins Zentrum der Betrachtung gerückt, daß Daten des Rechnungslegungssystems als Grundlage einer Leistungsbeurteilung verwendet werden können. Zu denken ist in diesem Zusammenhang insbesondere an Arbeitsverträge zwischen den Eigentümern des Unternehmens und den mit der Führung des Unternehmens betrauten Managern. Stand im letzten Kapital die Verbesserung der eigenen Investitionsentscheidungen der Eigenkapitalgeber im Vordergrund – Demski/Feltham sprechen von „decision facilitating“ –, rückt in diesem Kapitel die Beeinflussung von Managemententscheidungen in den Vordergrund – Demski/Feltham charakterisieren dies als „decision influencing“.[188] Um die Manager auf die Ziele der Eigentümer des Unternehmens zu verpflichten, ist es üblich – unabhängig von der Möglichkeit einer Entlohnung über Aktienoptionsprogramme –, einen Teil der vertraglich vereinbarten Entlohnung der Manager an Rechnungslegungsgrößen zu knüpfen. Da auf diese Weise die beabsichtigte Schaffung von Anreizen für das Management, Entscheidungen im Sinne der Eigentümer zu treffen, auf der Basis von Rechnungslegungsdaten erfolgt, kann man in diesem Zusammenhang von einer Anreizfunktion der externen Rechnungslegung sprechen.[189] Aufbauend auf diese Überlegungen

188 Vgl. *Demski / Feltham* (1976), S. 8 ff.

189 Hohen Bekanntheitsgrad erlangt hat in diesem Zusammenhang die Geschäftsidee von Stern Stewart & Co., die ihr Konzept des economic value added als Anreizinstrument in Unternehmen umsetzen. Das Konzept des economic value added ist dabei aus formaler Sicht äquivalent zum Residualgewinnmodell.

stellt sich die Frage, wie Rechnungslegungsvorschriften beschaffen sein müssen, wenn sie die Anforderungen an eine anreizkompatible Vertragsgrundlage erfüllen sollen. Zu beachten ist, daß in diesem Kapitel zwei Anreizinstrumente gleichzeitig betrachtet werden: Das Aktienoptionsprogramm selbst und eine an Jahresabschlußgrößen orientierte erfolgsabhängige Gehaltskomponente.[190] Die Frage, die zunächst beantwortet werden soll, ist dabei folgende: Wie müssen Optionsprogramme bilanziert werden, damit die Rechnungswesen-basierte Gehaltskomponente anreizkompatibel gestaltet ist? Im Anschluß soll zusätzlich darauf eingegangen werden, welche Kriterien für eine Anreizkompatabilität des Optionsprogramms selbst entscheidend sind.

Grundlegende Arbeiten, die sich damit beschäftigen, wie eine solche Leistungsbeurteilung – auch bezeichnet als „performance measurement" bzw. „performance evaluation" – mit Hilfe von Rechnungslegungsdaten möglich ist, stammen von Rogerson[191] und Reichelstein[192]. Untersucht wird die Frage, wie im Zusammenhang mit Investi-tionsentscheidungen des Managements eine Zielkongruenz zwischen Eigentümern und Management hergestellt werden kann. Diese Zielkongruenz soll dafür sorgen, daß das Management Anreize hat, alle Investitionsprojekte mit positivem Kapitalwert durchzuführen – und zwar nur diese. Bei negativem Kapitalwert sollen die Projekte vom Management abgelehnt werden. Die Arbeiten kommen zu dem Ergebnis, daß das Konzept des Residualgewinns den Anforderungen an ein Bewertungsmaß für die Entlohnung des Managements in besonderer Weise gerecht wird. Dafür sorgt insbesondere die Eigenschaft des Residualgewinnmodells, daß die Summe der diskontierten Residualgewinne der Summe der diskontierten Zahlungsströme und damit dem Kapitalwert einer Investition entspricht.[193] Entlohnt man einen Manager deshalb unter Rückgriff auf die Residualgewinne der einzelnen Perioden, so erreicht man Zielkongruenz zwischen Manager und Eigentümern unter der Bedingung, daß der Diskontierungszins von Manager und Eigenkapitalgebern übereinstimmt. Bei identischem Diskontierungszins ist der Zeitpunkt des Eintritts der Residualgewinne irrelevant. Zeitliche Verschiebungen des Eintritts der Residualgewinne durch unterschiedliche Bilanzierungsvorschriften wirken sich unter diesen Voraussetzungen also nicht aus.

Von entscheidender Bedeutung ist aber die Erkenntnis, daß Zielkongruenz unter Verwendung einer am Residualgewinn orientierten Entlohnung auch dann erreicht werden kann, wenn die von Manager und Eigentümern bei der Diskontierung verwendeten Zinssätze nicht übereinstimmen. In diesem Zusammenhang wird in der Literatur die Vermutung geäußert, der vom Manager verwendete Diskontierungszins könnte höher liegen als der der Eigentümer. Neben einer grundsätzlich größeren „Ungeduld" des Managers könnten Gründe hierfür darin zu sehen sein, daß der Manager befürchtet, daß mit einer gewissen Wahrscheinlichkeit zukünftige finanzielle Folgen seinen Entscheidungen nicht eindeutig zugerechnet werden können, z. B. weil der

190 Beide werden auch in der Realität vielfach parallel als Entlohnungsinstrumente eingesetzt.

191 Vgl. *Rogerson* (1997), S. 770 ff.

192 Vgl. *Reichelstein* (1997), S. 157 ff.

193 Daß der Zusammenhang zwischen Buchwert, Summe der Residualgewinne und Marktwert unabhängig von konkreten Bilanzierungsvorschriften gilt, stellte erstmalig Preinreich fest. Vgl. *Preinreich* (1937), S. 220.

Manager das Unternehmen frühzeitig verlassen muß.[194] Stimmen jedoch die Diskontierungszinssätze nicht mehr überein, wird durch eine bloße Orientierung der Entlohnung am Residualgewinn der Perioden keine Zielkongruenz mehr erreicht. Es könnte dann z. B. dazu kommen, daß Projekte mit positivem Kapitalwert nicht durchgeführt werden.

Um in dieser Situation Zielkongruenz weiterhin zu gewährleisten, bedarf es von Seiten des Rechnungslegungssystems ganz spezifischer „matching"-Vorschriften. Diese Vorschriften sorgen für eine bestimmte „Anordnung" der anfallenden Residualgewinne, so daß unterschiedliche Diskontierungssätze keine Rolle mehr spielen. Dies gelingt durch eine Zurechnung der Aufwendungen zu den Erträgen genau in der Art und Weise, daß die Residualgewinne jeder einzelnen Periode nur dann positiv sind, wenn der Kapitalwert einer Investition positiv ist. Mit anderen Worten sorgt diese spezielle „matching"-Vorschrift dafür, daß jeder Periode ein Residualgewinn zugewiesen wird, der sich als bestimmter Anteil des gesamten Kapitalwerts der Investition verstehen läßt. Der Kapitalwert wird sozusagen mit Hilfe von Gewichtungsfaktoren auf die einzelnen Perioden verteilt. Diese auf der Arbeit von Rogerson beruhende Zurechnungsvorschrift, die die beschriebene Orientierung der einzelnen Residualgewinne der Perioden am gesamten Kapitalwert erzielt, wird auch als „relative benefit depreciation schedule" bezeichnet, da es sich bei Rogerson um eine Abschreibungsregel handelt.[195]

4.2 Grundmodell ohne Aktienoptionsprogramm

Interessant für das weitere Vorgehen in diesem Kapitel ist in diesem Zusammenhang insbesondere eine Arbeit von Dutta/Reichelstein.[196] Im Rahmen ihrer Arbeit wenden Dutta/Reichelstein die allgemeinen Erkenntnisse über zielkongruente „matching"-Vorschrif-ten auf unterschiedliche konkrete Geschäftsvorfälle an. So betrachten sie u. a. langfristige Fertigungsaufträge, Leasingverträge und Forschungs- und Entwicklungsaktivitäten und leiten für diese Geschäftsvorfälle accounting-Regeln ab, die eine zielkongruente Entlohnung des Managements anhand des Residualgewinns ermöglichen. Aufbauend auf dieser Arbeit, die für die bereits angesprochenen ausgewählten Geschäftsvorfälle entsprechende Rechnungslegungsregeln aufgestellt hat, soll im folgenden versucht werden, entsprechende zielkongruente Vorschriften für die Bilanzierung eines Aktienoptions-programms herauszuarbeiten.

Ein wesentlicher Unterschied zur Vorgehensweise von Dutta/Reichelstein im Hinblick auf die von ihnen betrachteten Geschäftsvorfälle liegt aber in der folgenden Besonderheit von Aktienoptionsprogrammen begründet: So sind Dutta/Reichelstein in der Lage, die von ihnen untersuchten Geschäftsvorfälle isoliert – d. h. unabhängig von anderen Geschäftsvorfällen – zu

194 Vgl. *Reichelstein* (1997), S. 158.
195 Vgl. *Rogerson* (1997), S. 770 ff. und *Dutta / Reichelstein* (2005), S. 527 ff.
196 Vgl. *Dutta / Reichelstein* (2005), S. 527 ff.

betrachten. Eine solche isolierte Betrachtungsweise ist im Zusammenhang mit Aktienoptionsprogrammen jedoch nicht in sinnvoller Weise zu bewerkstelligen.[197] Dies liegt daran, daß die Auswirkungen eines Aktienoptionsprogramm nur dann sinnvoll zu interpretieren sind, wenn andere Geschäftsvorfälle für eine Wertsteigerung der Optionen sorgen und dadurch die Optionen „ins Geld" kommen und ausgeübt werden können. Ohne solche anderen Geschäftsvorfälle würden die Stock Options wertlos verfallen, und eine Untersuchung der Bilanzierungsvorschriften wäre nutzlos – außer für den allerdings sehr unüblichen Fall, daß Optionen gewährt werden, die sich bereits zum Gewährungszeitpunkt „im Geld" befinden. Festzuhalten bleibt deshalb, daß die Untersuchung von Aktienoptionsprogrammen nur im Zusammenhang mit anderen Geschäfsvorfällen sinnvoll ist, die für eine Werthaltigkeit der Optionen sorgen.

Diese „anderen" Geschäftsvorfälle sollen in möglichst einfacher Form im zu entwickelnden Modell berücksichtigt werden. Schließlich steht die Bilanzierung des Optionsprogrammes selbst im Zentrum des Interesses, und nicht die Erfassung dieser anderen Geschäftsvorfälle. Deshalb soll vereinfacht davon ausgegangen werden, daß ein Unternehmen zum Zeitpunkt $t = 0$ unter Einlage eines Betrages N gegründet wird und diesen Betrag N anschließend in ein Investitionsprojekt investiert. Dieses Projekt, das letztlich die gesamte Geschäftstätigkeit des Unternehmens repräsentieren soll, verspricht in den Folgeperioden Cash Flows in Höhe von $\lambda \cdot w_t$, wobei der Erlösverlauf – repräsentiert durch w_t – allgemein bekannt sein soll.[198] Die genaue Höhe der Erlöse ist aber abhängig von der konkreten Ausprägung des Faktors λ, die nur dem besser informierten Manager bekannt ist. Zunächst soll ohne Berücksichtigung eines Aktienoptionsprogramms kurz skizziert werden, wie für eine solche Investition die zielkongruente Abschreibungsregel für das Investitionsprojekt auszusehen hat, bevor dann in einem zweiten Schritt ein Optionsprogramm in das Modell eingeführt wird. Geht man von einem Diskontierungszins der Eigenkapitalgeber von r aus und bezeichnet den Diskontierungsfaktor mit $\gamma = \frac{1}{1+r}$, berechnet sich der Kapitalwert des Unternehmens bei Durchführung des beschriebenen Investitionsprojekts folgendermaßen:

$$KW^{ohneSOP}(\lambda) = -N + \lambda \cdot \sum_{i=1}^{T} \gamma^i \cdot w_i \tag{4.1}$$

Für die Bestimmung des buchhalterischen Gewinns des Rechnungslegungssystems (x_t) sind die Abschreibungen (d_t) in Abzug zu bringen:

$$x_t = \lambda \cdot w_t - d_t$$

Um die intendierte Abhängigkeit des Residualgewinns der einzelnen Perioden vom Kapitalwert der Investition zu erreichen – wie angesprochen sollen die Residualgewinne der einzelnen Perioden sich als bestimmte Anteile des gesamten Kapitalwerts berechnen lassen –, muß eine

197 Vgl. hierzu auch Kapitel 3.3.2.4.

198 Vgl. auch *Reichelstein* (1997), S. 159 ff.

Abschreibung entsprechend des relative benefit depriciation schedule vorgenommen werden. Die Abschreibung muß dann folgende Form besitzen:[199]

$$d_t + r \cdot VW_{t-1} = z_t \cdot N \tag{4.2}$$

Dabei bezeichnet VW_t den Buchwert des Vermögenswertes in Periode t. In $t = 0$ entspricht der Ansatz des Vermögenswertes dem Investitionsvolumen, es gilt: $VW_0 = N$. In den Folgeperioden reduziert sich der Buchwert um die vorgenommenen Abschreibungen: $VW_t = VW_{t-1} - d_t$.

Von entscheidender Bedeutung bei der Bestimmung der Abschreibungen sind die Gewichtungsfaktoren z_t, mit deren Hilfe die Investitionssumme N auf die Perioden verteilt wird. Die Gewichtungsfaktoren berechnen sich im Verhältnis der Erlöse der aktuellen Periode zum Barwert der gesamten Erlöse:

$$z_t = \frac{w_t}{\sum_{i=1}^{T} \gamma^i \cdot w_i}$$

Zu beachten ist, daß bei der Bestimmung der Gewichtungsfaktoren der Zeitwert des Geldes berücksichtigt wird. Im Nenner findet sich deshalb nicht die Summe der Erlöse, sondern deren Barwert. In vielen Fällen ignorieren konkrete Vorschriften in Rechnungslegungssystemen die Berücksichtigung des Zeitwerts des Geldes und fordern ein Rechnen auf Basis von Nominalgrößen.[200] Orientiert sich die Abschreibung an den beschriebenen Gewichtungsfaktoren, berechnet sich der Residualgewinn der Periode t (RI_t) folgendermaßen:

$$RI_t = \lambda \cdot w_t - d_t - r \cdot VW_{t-1}$$

Dies läßt sich unter Verwendung von Gleichung 4.2 weiter umformen:

$$RI_t = \lambda \cdot w_t - z_t \cdot N$$

$$RI_t = z_t \cdot \left(-N + \lambda \cdot \sum_{i=1}^{T} \gamma^i \cdot w_i \right) \tag{4.3}$$

Vergleicht man diesen Ausdruck 4.3 mit dem in Gleichung 4.1 berechneten Kapitalwert der Investition, stellt man fest, daß sich der Resisualgewinn der Periode t als Bruchteil des gesamten Kapitalwertes darstellen läßt:

199 Vgl. z. B. *Dutta / Reichelstein* (2005), S. 537.

200 Dutta/Reichelstein führen die Gewichtungsfaktoren im Rahmen ihrer Darstellung zur langfristigen Auftragsfertigung ein. Die zur Berücksichtigung solcher Geschäftsvorfälle in der internationalen Rechnungslegung übliche percentage-of-completion-Methode rechnet bei der Bestimmung des Fertigstellungsgrades im Rahmen der cost-to-cost-Methode mit dem Verhältnis der Periodenkosten zu den Gesamtkosten. Dutta/Reichelstein zeigen, daß für eine anreizkompatible Bilanzierung bei dieser Berechnung der Zeitwert des Geldes einbezogen werden muß: Es muß das Verhältnis der Periodenkosten zum Barwert der Gesamtkosten berücksichtigt werden – Dutta/Reichelstein sprechen von der present-value-percentage-of-completion-Methode. Vgl. *Dutta / Reichelstein* (2005), S. 531 ff.

$$RI_t = z_t \cdot KW^{ohneSOP}(\lambda)$$

Man sieht, daß sich durch die Orientierung der Abschreibung am relative benefit depriciation schedule der gewünschte Effekt ergibt, daß die Residualgewinne jeder Periode einen Bruchteil des Kapitalwerts des Investitionsprojektes ausmachen. Die Zuordnung des Kapitalwertes zu den einzelnen Perioden erfolgt mit Hilfe der Gewichtungsfaktoren z_t. Ist das Gehalt eines Managers abhängig vom Residualgewinn der einzelnen Perioden, ist unmittelbar einsichtig, daß dieser Manager – vorausgesetzt er möchte seine Entlohnung maximieren – nur dann ein Projekt durchführt, wenn es über einen positiven Kapitalwert verfügt. Wichtig ist, daß diese Aussage unabhängig vom Diskontierungzins des Managers zutrifft, denn die Orientierung seines Gehaltes am Kapitalwert gilt für jede Periode. Es reicht also im Extremfall ein Planungshorizont des Managers von einer Periode für eine zielkongruente Entscheidung.

4.3 Einführung eines Aktienoptionsprogramms

Im folgenden soll ein Aktienoptionsprogramm, welches das betrachtete Unternehmen im Zeitpunkt $t = 0$ auflegt, in das Modell integriert werden. Es soll darauf hingewiesen werden, daß sich durch die Einführung dieses Optionsprogramm der Interpretationsspielraum im Hinblick auf das Investitionsprojekt verändert. Konnte man bisher das Investitionsprojekt als einzelnes Projekt betrachten, über dessen Vorteilhaftigkeit losgelöst von anderen Aktivitäten des Unternehmens entschieden wird, repräsentiert das Investitionsobjekt jetzt zwangsweise das gesamte Investitionsbündel des Unternehmens. Schließt man ein Optionsprogramm in die Überlegungen mit ein, ist es nicht mehr sinnvoll, die Bilanzierung dieses Optionsprogramms im Zusammenhang mit einem einzelnen Investitionobjekt zu untersuchen. Das liegt daran, daß das Optionsprogramm im Verhältnis zum Unternehmen als Ganzes betrachtet werden muß. Untersucht werden muß deshalb die Bilanzierung des Optionsprogramms unter Berücksichtigung aller anderen Aktivitäten des Unternehmens, hier vereinfacht repräsentiert durch das im letzten Abschnitt eingeführte Investitionsprojekt. Überprüft wird deshalb mit der Berechnung des Kapitalwerts nicht mehr die Vorteilhaftigkeit eines spezifischen Investitionsprojektes. Es wird vielmehr überprüft, ob sich die gesamte Unternehmenstätigkeit aus Sicht der Altaktionäre lohnt, wenn in die Betrachtung das Aktienoptionsprogramm als zusätzlicher Kostenfaktor einbezogen wird, oder ob nicht bei einem negativen Kapitalwert die Unternehmenstätigkeit ganz eingestellt werden sollte.

Für die Einführung des Optionsprogramms sind einige weitere Annahmen notwendig. So soll sich das zum Zeitpunkt $t = 0$ ins Unternehmen eingebrachte Kapital N auf eine Anzahl von A Aktien verteilen. Im Rahmen des Optionsprogramms werden $\bar{O}$ Optionen zu einem Basispreis von $\frac{N}{A}$ ausgegeben. Eine Verwertung der Aktienoptionen vor T soll durch Ausübungs-

und Veräußerungssperren unterbunden werden. Unter diesen Annahmen soll zunächst der Ausübungsgewinn zum Zeitpunkt T (AG_T) berechnet werden. Dabei soll wie schon im Kapitel zur Informationsperspektive davon ausgegangen werden, daß die Optionen dividendengeschützt sind.[201] Der Ausübungsgewinn berechnet sich deshalb unabhängig vom tatsächlichen Ausschüttungsverhalten des Unternehmens auf Basis der gesamten angefallenen und bis zum Zeitpunkt T aufgezinsten Cash Flows, d. h. unter der Fiktion, daß die ans Unternehmen zurückgeflossenen Barmittel im Unternehmen bis T thesauriert werden und sich jährlich mit Zinssatz r verzinsen. Der Ausübungsgewinn wird dabei unter Verwendung des tatsächlichen Wertes von λ berechnet, der zunächst nur dem Management bekannt ist. Es wird deshalb unterstellt, daß bis zum Ende des Planungshorizontes, an dem die Ausübung erfolgt, der Wert von λ dem Kapitalmarkt bekannt wird, indem dieser z. B. die Höhe der Erlöse in den vorangegangenen Perioden beobachten kann und daraus seine Rückschlüsse auf λ zieht. Deshalb ist es sinnvoll, davon auszugehen, daß am Ende des Planungshorizontes auch der Kapitalmarkt das richtige λ kennt. Unter diesen Annahmen berechnet sich der Ausübungsgewinn AG_T wie folgt, wobei davon ausgegangen werden soll, daß λ ausreichend groß ist, damit eine Ausübung der Optionen vorteilhaft wird:[202]

$$AG_T = \left(\frac{\frac{1}{\gamma^T}\lambda \cdot \sum_{i=1}^{T} \gamma^i \cdot w_i + \bar{O} \cdot \frac{N}{A}}{A + \bar{O}} - \frac{N}{A} \right) \cdot \bar{O}$$

Zu den auf den Zeitpunkt T aufgezinsten Cash Flows wird im Zähler der von den Managern einzuzahlende Basispreis addiert. Auf diese Summe werden die Ausübungsbedingungen des Optionsprogramms angewendet. Die Darstellung des Ausübungsgewinns läßt sich folgendermaßen vereinfachen:

$$AG_T = \frac{\frac{1}{\gamma^T}\lambda \cdot \sum_{i=1}^{T} \gamma^i \cdot w_i - N}{A + \bar{O}} \cdot \bar{O} \tag{4.4}$$

Zinst man den Ausübungsgewinn auf den Zeitpunkt $t = 0$ ab, ergibt sich für den Barwert des Ausübungsgewinns AG_0:

$$AG_0 = \gamma^T \cdot AG_T$$

Damit ergibt sich folgender Barwert der Unternehmensaktivitäten aus Sicht der Alteigentümer unter Einbeziehung des Optionsprogramms ($KW^{mitSOP}(\lambda)$). Dieser Wert ist relevant, wenn es um die Frage der Unternehmensfortführung oder -aufgabe aus Sicht der Alteigentümer geht. Nur wenn trotz der Einbeziehung des Optionsprogramms ein positiver Wert erzielt wird, lohnt sich aus ihrer Sicht die Fortführung des Unternehmens.

201 Vgl. Kapitel 3.4.1.

202 Da von diesem Modell keine Unsicherheiten erfaßt werden, die Einfluß auf eine Vorteilhaftigkeit der Optionsausübung besitzen könnten, sorgt die Annahme dafür, daß die Optionsausübung immer vorteilhaft ist. Die Alternative wäre, daß die Ausübung nie vorteilhaft ist und man sich damit wieder im Grundfall ohne Optionsprogramm befindet.

$$KW^{mitSOP}(\lambda) = -N + \lambda \cdot \sum_{i=1}^{T} \gamma^i \cdot w_i - AG_0 \tag{4.5}$$

Der Unterschied zum Kapitalwert ohne Optionsprogramm aus Gleichung 4.1 ergibt sich lediglich durch den Abzug des diskontierten Ausübungsgewinns. In analoger Vorgehensweise zum Modell ohne Optionsprogramm wenden wir uns wieder der Berücksichtigung im Rechnungslegungssystem zu. Für die Berücksichtigung des Investitionsobjektes, d. h. den Ansatz der Vermögenswerte gilt wie vorher: $VW_0 = N$ und $VW_t = VW_{t-1} - d_t$. Es stellt sich jetzt allerdings die Frage nach der Bilanzierung des Optionsprogramms. Betrachtet man die Variante Buchungsverzicht, bleibt die Berechnung des Residualgewinns der einzelnen Perioden in Gleichung 4.3 aus dem letzten Abschnitt ohne Optionsprogramm gültig. Es ist sofort einsichtig, daß keine Zielkongruenz erreicht werden kann, weil keine Berücksichtigung des Ausübungsgewinns vor Periode T möglich ist, da die Residualgewinne bei Buchungsverzicht unabhängig vom Ausübungsgewinn bestimmt werden. Vor dem Ausübungszeitpunkt der Optionen in T ignoriert das Rechnungslegungssystem beim Buchungsverzicht schließlich die Existenz eines Optionsprogramms völlig. Deshalb soll im folgenden ausschließlich die Variante der Aufwandbuchung weiterverfolgt werden. Die notwendige Aufwandbuchung soll durch die Bildung eines Schuldpostens, bezeichnet als SP_t, aufgefangen werden, wobei zum Zeitpunkt $t = 0$ gilt: $SP_0 = 0$. Der Schuldposten wird dann in den Folgeperioden sukzessive durch die jährliche Dotierung m_t in Folge der Aufwandbuchung erhöht:

$$SP_t = SP_{t-1} + m_t$$

Für den gesamten Buchwert (A_t) – interpretiert als Differenz zwischen dem Ansatz der Vermögenswerte und der Schuldposten – gilt damit:

$$A_t = VW_t - SP_t$$

Der buchhalterische Gewinn berechnet sich unter diesen Annahmen wie folgt:

$$x_t = \lambda \cdot w_t - d_t - m_t$$

Die Abschreibung der Vermögenswerte erfolgt unverändert anhand des relative benefit depriciation schedule und sorgt damit im Bereich des Ansatzes der Vermögenswerte für eine zielkongruente Erfassung. An dieser „matching"-Vorschrift für die Aktivseite muß sich auch die Erfassung des Schuldpostens orientieren: Dazu wird der Barwert des Ausübungsgewinns (AG_0) unter Verwendung der Gewichtungsfaktoren z_t den einzelnen Perioden zugewiesen. Die Zuführung zum Schuldposten stellt sich dann folgendermaßen dar:

$$m_t - r \cdot SP_{t-1} = z_t \cdot AG_0 \tag{4.6}$$

Für den Residualgewinn der Periode t ergibt sich:

$$RI_t = \lambda \cdot w_t - d_t - m_t - r \cdot A_{t-1}$$

Unter Verwendung der Gleichungen 4.2 und 4.6 läßt sich dies umformen zu:

$$RI_t = \lambda \cdot w_t - z_t \cdot N - z_t \cdot AG_0 + \underbrace{r \cdot VW_{t-1} - r \cdot SP_{t-1}}_{r \cdot A_{t-1}} - r \cdot A_{t-1}$$

$$RI_t = z_t \cdot \left(-N + \lambda \cdot \sum_{i=1}^{T} \gamma^i \cdot w_i - AG_0 \right) \tag{4.7}$$

Vergleicht man diesen Ausdruck 4.7 mit der Berechnung des Kapitalwertes in Gleichung 4.5, stellt man fest, daß sich die Residualgewinne der Perioden wieder als Anteil des gesamten Kapitalwertes darstellen lassen:

$$RI_t = z_t \cdot KW^{mitSOP}(\lambda) \tag{4.8}$$

Eine aufwandswirksame Erfassung des Optionsprogramms entsprechend der oben eingeführten Dotierungsvorschrift führt dazu, daß sich ein anreizkompatibler Residualgewinn berechnen läßt, der wie im Grundbeispiel ohne Optionsprogramm in jeder Periode einen Bruchteil z_t des gesamten Kapitalwertes einfängt. Die Vermutung, daß damit der Manager zu zielkongruentem Verhalten angehalten wird, erweist sich aber bei genauerer Betrachtung – im Gegensatz zu anderen Geschäftsvorfällen – bei Stock Option-Programmen als vorschnell. Diese Vermutung wäre nur dann zutreffend, wenn der Manager ausschließlich unter Rückgriff auf den oben berechneten Residualgewinn entlohnt werden würde. Ohne Optionsprogramm ist dies der Fall z. B. bei den von Dutta/Reichelstein betrachteten Geschäftsvorfällen wie der langfristigen Auftragsfertigung oder dem Leasing.

Mit Optionsprogramm erhält der Manager aber nicht nur einen an Jahresabschlußgrößen orientierten Gehaltsbestandteil, sondern er wird zusätzlich zum Begünstigten des Aktienoptionsprogramms. Sein Einkommen umfaßt zwei erfolgsabhängige Komponenten, und um die Anreizkompatibilität seiner gesamten Entlohnung zu prüfen, reicht es nicht, nur die Rechnungswesen-basierte Größe zu überprüfen. Es muß auch überprüft werden, ob der vom Manager in T realisierte Ausübungsgewinn den Ansprüchen an Zielkongruenz genügt. Dazu betrachten wir die

Entlohnung des Managers in der letzten Periode des Planungshorizontes in T (Ent_T) genauer. Der Manager erhält in Periode T einen Anteil des Residualgewinns der Periode T – bezeichnen wir den Anteil mit δ – und bekommt zusätzlich den in Gleichung 4.4 bestimmten Ausübungsgewinn AG_T.

$$Ent_T = \delta \cdot RG_T + AG_T$$

Setzt man die in den Gleichungen 4.8 und 4.4 berechneten Ausdrücke ein, erhält man:

$$Ent_T = \delta \cdot z_T \cdot KW^{mitSOP}(\lambda) + \frac{\frac{1}{\gamma^T}\lambda \cdot \sum_{i=1}^{T} \gamma^i \cdot w_i - N}{A + \bar{O}} \cdot \bar{O}$$

Vergleicht man den Ausübungsgewinn mit der Bestimmung des Kapitalwerts in Gleichung 4.5, stellt man fest, daß der Ausübungsgewinn nicht als Bruchteil des Kapitalwerts darstellbar ist. Dies liegt an der Ausgestaltung des Aktienoptionsprogramms, namentlich an der Festlegung des Basispreises, die dafür sorgt, daß alle über die Einlage N hinaus erzielten finanziellen Erfolge in die Berechnung des Ausübungsgewinns einfließen. Dadurch kommt es zu der Situation, daß bei der Berechnung des Ausübungsgewinns der Zeitwert des Geldes vernachlässigt wird. Es läßt sich feststellen, daß bei der bisher angenommenen Ausgestaltung des Aktienoptionsprogramms eine anreizkompatible Entlohnung des Managers nicht sichergestellt ist. Unproblematisch ist dabei der Fall, daß sich ein positiver Kapitalwert einstellt: Die Lohnzahlungen der Jahre $t = 1$ bis $t = T - 1$ sind aufgrund der gewählten Zurechnungsregel in diesem Fall anreizkompatibel, und da der Ausübungsgewinn nicht negativ werden kann, wird der Manager bei einem positivem Kapitalwert keine Einstellung der Unternehmensaktivität befürworten, da auch sein Entgelt in Periode T garantiert positiv ist. Dies ist eine aus Sicht der Eigenkapitalgeber erwünschte Entscheidung.

Problematisch kann es aber für den Fall werden, daß sich ein negativer Kapitalwert aus der gesamten Unternehmensaktivität ergibt, der eigentlich eine Entscheidung für eine Einstellung der Unternehmenstätigkeit verlangen würde: Die Entlohnungen der Perioden $t = 1$ bis $t = T - 1$ sind zwar auch in diesem Fall anreizkompatibel und werden negativ ausfallen. In T ergibt sich aber das Problem, daß der Ausübungsgewinn trotz eines negativen Kapitalwertes sehrwohl positiv ausfallen kann. Dies liegt an der Vernachlässigung des Zeitwertes des Geldes, die bei der bisherigen Gestaltung des Optionsprogramms vorgesehen ist. Die Entlohnung des Managers in T kann deshalb insgesamt positiv sein. Als Folge davon, kann die Situation eintreten, daß der Manager – trotz eines aus Sicht der Altaktionäre negativen Kapitalwerts – aus seinen zukünftigen Entlohnungen – Rechnungswesen-basierte Entlohnung zuzüglich Ausübungsgewinn – einen positiven Barwert erwarten kann. Somit würde er sich nicht für eine zielkongruente Schließung des Unternehmens entscheiden, sondern die Unternehmenstätigkeit zum Schaden der Eigentümer fortführen.

4.4 Modifikation des Aktienoptionsprogramms

Diesem Problem läßt sich allerdings durch eine Modifikation der Ausgestaltung des Aktienoptionsprogramms begegnen, wie im folgenden gezeigt werden soll. Wie bereits angesprochen liegt das Problem darin begründet, daß durch die bisherige Festsetzung des Basispreises alle finanziellen Erfolge über die ursprüngliche Einlage hinaus belohnt werden, eine Mindestverzinsung dementsprechend nicht verlangt wird. Dies ist typisch für die bisher unterstellte Verwendung von Fixed Stock Options mit festem Basispreis, bei denen es sich zwar um eine sehr weit verbreitete Variante von Aktienoptionen handelt, die aber aufgrund ihres feststehenden Basispreises vielfältiger Kritik unterworfen sind: So wurde schon darauf hingewiesen, daß die Kritik an solchen Fixed Stock Options daran ansetzt, daß mit Aktienoptionsprogrammen eigentlich nur außergewöhnliche, über dem Durchschnitt liegende Leistungen des Managements belohnt werden sollen.[203]

Die starre Festlegung des Basispreises, die zudem üblicherweise über den Aktienkurs zum Gewährungszeitpunkt bestimmt wird, sorgt jedoch dafür, daß jede Kurssteigerung, auch wenn sie sich im Rahmen einer durchschnittlichen Verzinsung bewegt, einen Ausübungsgewinn für das Management nach sich zieht. Dieses Partizipieren an Kurssteigerungen, die nicht auf besonderen Leistungen des Managements beruhen, sondern lediglich durch eine „übliche“ Verzinsung des eingesetzten Kapitals hervorgerufen werden, bezeichnet man, wie in Kapitel 1.3.1 dargestellt, als windfall profits. Um diesem Anreizproblem zu begegnen und eine Teilhabe der Manager an lediglich durchschnittlichen Kurssteigerungen zu verhindern, wird in der Literatur vorgeschlagen, nicht auf Fixed Stock Options zurückzugreifen, sondern auf Variable Stock Options.[204] Diese zeichnen sich, wie der Name schon andeutet, dadurch aus, daß sie über keinen Basispreis verfügen, der zu Beginn der Laufzeit des Optionsprogramms in absoluter Höhe festgelegt wird. Vielmehr wird bei ihnen der Basispreis im Zeitablauf angepaßt, und dadurch kann eine Mindestverzinsung für das Management vorgegeben werden. Erst wenn die Entwicklung des eigenen Aktienkurses den angepaßten Basispreis übertrifft, kommen die Aktienoptionen ins Geld und die Manager erlangen finanzielle Vorteile. Die Mitnahme von windfall profits soll auf diese Weise unterbunden werden, und es wird erwartet, daß diese flexible Gestaltung des Basispreises der Anreizkompatabilität von Stock Options entgegenkommt.[205] Dies soll im folgenden überprüft werden, indem das Modell dahingehend verändert wird, daß der Einsatz von Variable Stock Options integriert wird. Daß die Einbeziehung des Zeitwertes des Geldes aus anreizperspektivischen Gesichtspunkten eine wichtige Rolle spielt, unterstreicht im betrachteten Modell auch schon die Tatsache, daß bei der Bestimmung der Gewichtungsfaktoren z_t das Verhältnis von Periodenerlös zum Barwert der Gesamterlöse – nicht etwa zur Summe der Erlöse

203 Vgl. die Ausführungen zu Fixed Stock Options in Kapitel 1.3.1.
204 Vgl. *Wildner* (2000), S. 45 ff. und *Friedrichsen* (2000), S. 152 f. sowie die Ausführungen in Kapitel 1.3.2.
205 Vgl. auch die Ausführungen in Kapitel 1.3.2.

– verwendet wurde.

In der Realität findet man beim Einsatz von Variable Stock Options oft eine Kopplung des Basispreises an Vergleichsindizes. Eine Ausübung der Aktienoptionen lohnt sich dann nur in dem Ausmaß, in dem die eigene Aktienkursentwicklung die Entwicklung des Vergleichsindex schlägt. Im Modell soll diese Konstruktion durch die Vorgabe einer am Diskontierungszins orientierten Mindestverzinsung widergegeben werden. Für positive Ausübungsgewinne muß das Management deshalb Renditen oberhalb der von den Eigenkapitalgebern geforderten Kapitalkosten erzielen. Der Basispreis – in $t = 0$ zunächst auf den ursprünglichen Basispreis in Höhe von $\frac{N}{A}$ gesetzt – „verzinst" sich infolgedessen in jeder Periode mit Zinssatz r und erhöht sich entsprechend. Dargestellt werden kann der indizierte Basispreis zum Zeitpunkt T als: $\frac{N}{A} \cdot \frac{1}{\gamma^T}$. Der Ausübungsgewinn ($AG_T^{Index}$) bei Einsatz solcher indizierten Aktienoptionen berechnet sich mit diesen neuen Annahmen folgendermaßen:

$$AG_T^{Index} = \left(\frac{\frac{1}{\gamma^T}\lambda \cdot \sum_{i=1}^{T} \gamma^i \cdot w_i + \bar{O} \cdot \frac{N}{A} \cdot \frac{1}{\gamma^T}}{A + \bar{O}} - \frac{N}{A} \cdot \frac{1}{\gamma^T} \right) \cdot \bar{O}$$

Unter der Bedingung, daß die Optionen tatsächlich ausgeübt werden können, die Optionen „im Geld" sind, läßt sich dies umformen zu:

$$AG_T^{Index} = \frac{\frac{1}{\gamma^T}\lambda \cdot \sum_{i=1}^{T} \gamma^i \cdot w_i - N \cdot \frac{1}{\gamma^T}}{A + \bar{O}} \cdot \bar{O} \tag{4.9}$$

Im Unterschied zum Ausübungsgewinn bei festem Basispreis in Gleichung 4.4, sorgt hier die Indizierung des Basispreises dafür, daß der Diskontierungsfaktor ausgeklammert werden kann:

$$AG_T^{Index} = \frac{1}{\gamma^T} \cdot \left(\lambda \cdot \sum_{i=1}^{T} \gamma^i \cdot w_i - N \right) \cdot \frac{\bar{O}}{A + \bar{O}}$$

Abgezinst auf den Zeitpunkt $t = 0$ ergibt sich ein diskontierter Ausübungsgewinn AG_0^{Index} von:

$$AG_0^{Index} = \left(\lambda \cdot \sum_{i=1}^{T} \gamma^i \cdot w_i - N \right) \cdot \frac{\bar{O}}{A + \bar{O}} \tag{4.10}$$

Berechnet man unter Verwendung der Gleichungen 4.5 und 4.10 den Kapitalwert der Anteilseigner bei Verwendung der indizierten Aktienoptionen, ergibt sich folgendes Ergebnis:

$$KW_{Index}^{mitSOP}(\lambda) = -N + \lambda \cdot \sum_{i=1}^{T} \gamma^i \cdot w_i - AG_0^{Index}$$

$$KW_{Index}^{mitSOP}(\lambda) = -N + \lambda \cdot \sum_{i=1}^{T} \gamma^i \cdot w_i - \left(\lambda \cdot \sum_{i=1}^{T} \gamma^i \cdot w_i - N \right) \cdot \frac{\bar{O}}{A + \bar{O}}$$

$$KW_{Index}^{mitSOP}(\lambda) = \left(-N + \lambda \cdot \sum_{i=1}^{T} \gamma^i \cdot w_i\right) \cdot \frac{A}{A + \bar{O}} \tag{4.11}$$

Es läßt sich feststellen, daß sich – im Gegensatz zum Ausübungsgewinn bei festem Basispreis – der Ausübungsgewinn bei indiziertem Basispreis als Anteil am gesamten Kapitalwert ausdrücken läßt. Und zwar steht die Höhe des Ausübungsgewinns im Verhältnis zum gesamten Kapitalwert wie die Anzahl der Optionen zur Gesamtzahl an Aktien. Das Verhältnis beträgt $\frac{\bar{O}}{A}$, und der Ausübungsgewinn läßt sich unter Verwendung von Gleichung 4.11 folgendermaßen darstellen:

$$AG_0^{Index} = \frac{\bar{O}}{A} \cdot KW_{Index}^{mitSOP}(\lambda)$$

Der Ausübungsgewinn ist bei dieser Gestaltung des Optionsprogramms immer dann positiv, wenn der Kapitalwert positiv ist. Ansonsten beträgt er Null. Dies führt zu dem anreizkompatiblen Ergebnis, daß die Entlohnung in allen Perioden als ein bestimmter Anteil am Kapitalwert bestimmt werden kann. Für die Perioden $t = 1$ bis $t = T - 1$, in denen nur die Rechnungswesen-basierte Entlohnung anfällt, gilt dies ohnehin. Für Periode T, in der zusätzlich der Ausübungsgewinn des Optionsprogramms zu berücksichtigen ist, gilt: Ist der Kapitalwert negativ, wird die Rechnungswesen-basierte Komponente negativ, der Ausübungsgewinn ist Null. Ist der Kapitalwert positiv, lassen sich sowohl die Rechnungswesen-basierte Komponente als auch der Ausübungsgewinn in Abhängigkeit vom Kapitalwert ausdrücken. Beide sind damit positiv. Im Ergebnis läßt sich damit durch das Optionsprogramm eine Verschiebung in der Höhe der Entlohnung des Managers zugunsten von Periode T beobachten. Ohne Optionsprogramm erhält der Manager in allen Perioden einen Anteil δ vom Residualgewinn der Periode t: $\delta \cdot z_t \cdot KW^{mitSOP}(\lambda)$. Dies gilt mit Optionsprogramm nach wie vor für die Perioden $t = 1$ bis $t = T - 1$. Für T ändert sich allerdings die Bestimmung der Entlohnung. Sie beträgt:

$$Ent_T = \left(\delta \cdot z_T + \frac{\bar{O}}{A}\right) \cdot KW_{Index}^{mitSOP}(\lambda)$$

Damit läßt sich die Entlohnung zwar nach wie vor in anreizkompatibler Form als Anteil am Kapitalwert darstellen, aber die Gewichtungsfaktoren haben sich zugunsten von T verschoben. Der Manager erhält – im Vergleich zur Variante ohne Optionsprogramm – einen verhältnismäßig großen Anteil am Kapitalwert erst in Periode T ausgezahlt. Ein Argument für das Einrichten eines Aktienoptionsprogramms ist damit schon angesprochen. Durch ein Optionsprogramm wird auf elegante Weise erreicht, Entlohnungsbestandteile in spätere Perioden zu verschieben. Will der einzelne Manager daran partizipieren, muß er bis zur Ausübung der Optionen bzw. bis zu ihrer Unverfallbarkeit im Unternehmen bleiben. Die dadurch hervorgerufene Bindungswirkung von Aktienoptionsprogrammen kann zu geringerer Fluktuation beitragen.[206]

206 Vgl. zur Bindungswirkung auch die Ausführungen in Kapitel 1.2.

Allerdings ließe sich dieser Effekt auch ohne eigenes Optionsprogramm erzielen. Wie gezeigt, besteht die Wirkung der Aktienoptionen in der beschriebenen Form lediglich in einer Verschiebung eines größeren Teils der Entlohnung in spätere Perioden – namentlich zugunsten von Periode T. Dies könnte auch ohne Optionsprogramm durch eine – vielleicht etwas willkürlicher wirkende – Verschiebung des Entlohnungsfaktors δ erreicht werden: Es müßte dann gelten, daß der Entlohnungsfaktor in Periode T (δ_T) größer ist als in den restlichen Perioden, in denen er unverändert den Wert δ annimmt. Dadurch bliebe eine ausschließliche Kopplung des Gehaltes an Rechnungswesen-basierte Größen erhalten. Es scheint deshalb wahrscheinlich, daß es noch weitere Gründe – neben der Verschiebung der Entlohnung in spätere Perioden – für die Wahl von Aktienoptionsprogrammen als Entlohnungskomponente gibt.

Solche Überlegungen gehen zwar über den betrachteten Modellrahmen hinaus, es soll aber zumindest auf einen interesanten Aspekt in diesem Zusammenhang hingewiesen werden. Stimmen Laufzeit des Optionsprogramms und Planungshorizont nicht mehr überein, sondern endet das Optionsprogramm vielmehr schon vor Periode T, kann man nicht mehr davon ausgehen, daß der Kapitalmarkt λ zum Ausübungszeitpunkt exakt kennt; die Beobachtung der Erlöse zu diesem frühen Zeitpunkt könnte für einen exakten Rückschluß auf λ noch nicht ausreichend sein. Durch das Optionsprogramm wird die Entlohnung der Manager abhängig gemacht von den Einschätzungen des Marktes bezüglich von λ. Dadurch könnte ein gewisser Druck auf das Management entstehen, Informationen über λ an die Kapitalmarktteilnehmer weiterzugeben, um sicherzugehen, daß die eigene Entlohnungsgrundlage vom Markt nicht zu negativ eingeschätzt wird.

4.5 Zusammenfassung

Bei einer näheren Betrachtung der Überlegungen dieses Kapitels lassen sich insbesondere zwei Ergebnisse festhalten: Zum einen hat sich gezeigt, daß für eine anreizkompatible Bestimmung des Rechnungswesen-basierten Entlohnungsbestandteils die Variante Buchungsverzicht ungeeignet erscheint, da sie die Kosten für die Entlohnung des Managements unberücksichtigt läßt. Deshalb kann beim Buchungsverzicht keine Abhängigkeit der Residualgewinne der Perioden vom Kapitalwert erzielt werden. Setzt man dagegen die Aufwandbuchung ein, sorgt diese – bei entsprechender Verteilung mit Hilfe der Gewichtungsfaktoren – für einen anreizkompatiblen Ausweis im Jahresabschluß. Aus Sicht der Anreizfunktion der Rechnungslegung ist deshalb die Aufwandbuchung dem Buchungsverzicht vorzuziehen.

Zum anderen gilt es festzustellen, daß man für eine in ihrer Gesamtheit anreizkompatible Entlohnung nicht nur die Rechnungswesen-basierte Größe, sondern auch den Ausübungsgewinn des Aktienoptionsprogramms in die Betrachtung mit einbeziehen muß. Hierbei ist zu beachten, daß bei der Verwendung von Fixed Stock Options mit festem Basispreis Probleme mit der

Anreizkompatibilität auftreten, da diese auf eine „Mindestverzinsung" verzichten. Zur Lösung dieses Problems wurden anstelle der Fixed Stock Options Variable Stock Options in das Modell integriert, die sich durch einen gleitenden Basispreis auszeichnen. Durch ihren Einsatz ist es möglich über die laufende Anpassung des Basispreises und die damit mögliche Forderung einer Mindestverzinsung eine anreizkompatible Gesamtentlohnung zu erreichen. Neben der anreizkompatiblen Rechnungswesen-basierten Entlohnungskomponente kann durch eine solche flexible Festlegung des Basispreises erreicht werden, daß der Ausübungsgewinn nur dann positiv ist, wenn der Kapitalwert aus Sicht der Alteigentümer positiv ist. Ansonsten wird der Ausübungsgewinn Null.

Eine explizite Differenzierung zwischen einer Aufwandbuchung im Sinne eines exercise date bzw. eines grant date accounting gestaltet sich bei den verwendeten Modellannahmen als schwierig, da das Management annahmegemäß von Beginn an über die exakte Realisation des Parameters λ informiert ist. Abweichungen zwischen dem ursprünglich erwarteten und dem am Ende der Laufzeit tatsächlich realisierten Ausübungsgewinn, die für Unterschiede zwischen exercise date und grant date accounting sorgen würden, treten deshalb nicht auf. Trotzdem läßt sich feststellen, daß anreizkompatible Vorschriften letztlich den Einsatz von exercise date accounting verlangen. Geht man nämlich davon aus, daß die Manager über λ bei Auflage des Optionsprogramms zwar besser informiert sind als die Öffentlichkeit, aber die exakte Realisation nicht kennen, dann muß im Sinne einer anreizkompatiblen Ermittlung des Residualgewinns darauf reagiert werden, sobald das Management zusätzliche Informationen über λ erhält. Diese Reaktion könnte z. B. in einer nachträglichen Entscheidung zur Einstellung der Unternehmensaktivitäten bestehen, wenn sich die tatsächliche Realisation von λ als unerwartet schlecht herausstellt. Diese Entscheidung wird der Manager aber nur dann korrekt treffen, wenn auch der – jetzt mit korrigiertem λ berechnete – Ausübungsgewinn in der Rechnungslegung erfaßt wird. Diese Anpassungsmöglichkeit bietet aber nur ein exercise date accounting.

Kapitel 5

Rechnungslegung und Zahlungsbemessung: Ausschüttungsbemessungsfunktion

5.1 Eigner-Gläubiger-Konflikte bei haftungsbeschränkten Unternehmen

Einer weiteren Funktion der externen Rechnungslegung kommt im Zusammenhang mit haftungsbeschränkten Unternehmen eine wichtige Rolle zu. Haben Fremdkapitalgeber einem haftungsbeschränkten Unternehmen Kapital überlassen, besteht potentiell die Gefahr, daß Anreize für die Eigner des Unternehmens entstehen, sich auf Kosten der Gläubiger zu bereichern, indem, z. B. durch übermäßige Ausschüttungen dem Unternehmen vor einer möglichen Insolvenz Kapital entzogen wird. Eine Möglichkeit, diese Konflikte zwischen Eigen- und Fremdkapitalgebern zu beseitigen oder zumindest zu mildern, besteht in der Vereinbarung von Ausschüttungsrestriktionen, die für eine Beschränkung der Zulässigkeit von Ausschüttungen sorgen. Knüpfen diese Restriktionen an Daten des Rechnungswesens an, indem beispielsweise die Höhe der zulässigen Ausschüttung an den vom Rechnungslegungssystem ausgewiesenen Gewinn gekoppelt wird, dann übernimmt die Rechnungslegung eine Ausschüttungsbemessungsfunktion. Die Zulässigkeit von Ausschüttungen, wie z. B. Dividendenzahlungen, soll auf diesem Wege derart beschränkt werden, daß nur ein für die Gläubiger „unschädlicher" Betrag ausschüttbar ist.

Traditionell kommt dieser Funktion der Rechnungslegung in Deutschland eine große Bedeutung zu. Die beschriebene Kopplung der Ausschüttungen an Zahlen des Rechnungslegungssystems – insbesondere in Form von gesetzlichen Vorschriften – ist allerdings keineswegs zwingend. Wie noch darzustellen ist, wird vor allem im anglo-amerikanischen Rechtsraum versucht, Ausschüttungsbeschränkungen auf andere Weise umzusetzen, z. B. durch die Berücksichtigung von

Restriktionen in privatrechtlichen Verträgen (covenants), die dabei nicht zwangsweise auf Rechnungslegungsgrößen abstellen müssen. Die Bedeutung der Rechnungslegung im Bereich der Ausschüttungsbemessung, aber insbesondere auch die Art ihrer Einbindung – auf gesetzlicher oder auf privatrechtlicher Ebene – hängen deshalb stark mit der Tradition des Rechtssystems des jeweiligen Landes zusammen. Ein kurzer Vergleich der Situation in Deutschland mit der in den Vereinigten Staaten, beide typische Vertreter der kontionental-europäischen bzw. der angloamerikanischen Rechtstradition, soll dies verdeutlichen.

5.1.1 Ausschüttungsrestriktionen in Deutschland

In Deutschland beruht der Rückgriff auf die Rechnungslegung bei Fragen der Ausschüttungsbemessung auf einer engen Verknüpfung der externen Rechnungslegung mit dem Gesellschaftsrecht, das die Kompetenzen von verschiedenen Organen der Unternehmen gegeneinander abgrenzt und Schutzvorschriften für bestimmte Gruppen, wie Gläubiger und Arbeitnehmer, beinhaltet.[207] So gilt für Aktiengesellschaften die Vorschrift des § 57 Abs. 3 AktG, die vorsieht, daß vor Auflösung der Gesellschaft nur der Bilanzgewinn an die Aktionäre ausgeschüttet werden darf. Für die Konkretisierung dieser Bestimmung, nämlich die Berechnung der Höhe des Bilanzgewinns, wird auf Ansatz- und Bewertungsvorschriften der GoB zurückgegriffen. Dabei wird zwar von der deutschen Rechnungslegung grundsätzlich versucht, einen Kompromiß zwischen den vielfältigen Funktionen des Jahresabschlusses zu erreichen, bei näherer Betrachtung kommt dem Gläubigerschutz aber, insbesondere durch explizite gesetzliche Vorschriften, eine herausgehobene Bedeutung zu.[208] So ist das Vorsichtsprinzip und seine Konkretisierung im Realisations- und Imparitätsprinzip als Umsetzung des Gläubigerschutzgedankens zu verstehen und besitzt im Regelungskonzept der GoB eine überragende Bedeutung.

Im Ergebnis führt diese, für die deutsche Rechnungslegung typische Betonung des Gläubigerschutzgedankens zu einem vorsichtigen, d. h. niedrigen Gewinnausweis in früheren Perioden. Diese vorsichtige Ermittlung des Periodengewinns sorgt dafür, daß in früheren Perioden ein verhältnismäßig niedriges Ausschüttungspotential zur Verfügung steht und mehr Geld im Unternehmen verbleibt. Dahinter steht die Idee, daß das dadurch zusätzlich im Unternehmen gebundene Vermögen zur Befriedigung der Ansprüche der Gläubiger zur Verfügung steht. Dies sorgt für ein Sinken des Ausfallrisikos der Gläubiger, und der Gesetzgeber erwartet durch diese Bestimmungen zur Funktionsfähigkeit der Kreditmärkte beitragen zu können.[209]

Für die Eigenkapitalgeber hat dies zur Folge, daß sich für sie die Möglichkeit, Auschüttungen aus dem Vermögen des Unternehmens zu verlangen, zeitlich nach hinten verlagert. Da die absolute Höhe der Ausschüttungen über die Totalperiode betrachtet durch eine vorsichtige Gewin-

207 Vgl. *Wagenhofer / Ewert* (2003), S. 143.
208 Vgl. z. B. *Winkeljohann / Schellhorn* (2006), § 264 Rdnr. 35.
209 Vgl. *Wagenhofer / Ewert* (2003), S. 144.

nermittlung nicht tangiert wird, betrachtet man diese bloße zeitliche Verzögerung als zumutbar und ordnet sie dem Gedanken des Gläubigerschutzes unter.

5.1.2 Ausschüttungsrestriktionen in den USA

Wie bereits angedeutet, unterscheiden sich die Lösungen bezüglich ausschüttungsbeschränkender Restriktionen zwischen Deutschland und anglo-amerikanischen Ländern, insbesondere den Vereinigten Staaten, stark voneinander. Stehen in Deutschland klar die gesetzlichen Ausschüttungsbeschränkungen im Vordergrund, sind diese in den USA nur sehr rudimentär ausgebildet. Die Ermittlung eines ausschüttungsfähigen Betrages erfolgt mangels einer bundeseinheitlichen Regelung auf Basis der Gesetze der Einzelstaaten.[210] Üblicherweise muß in den meisten Einzelstaaten eine Dividende zwei Arten von Tests durchlaufen, um die Rechtmäßigkeit ihrer Auszahlung zu überprüfen: Einen Insolvenztest (insolvency test) und einen Bilanztest (balance sheet test). Der Insolvenztest fordert, daß eine Kapitalgesellschaft nach Durchführung der Ausschüttung nicht zahlungsunfähig werden darf. Der Bilanztest stellt die Vermögenswerte den Schuldposten gegenüber und soll so eine durch Ausschüttungen hervorgerufene bilanzielle Überschuldung verhindern. Interessant ist aber, daß i. d. R. die US-GAAP für die Durchführung der Bilanztests nicht bindend sind, es können auch abweichende Bilanzierungsprinzipien zur Anwendung gelangen.[211] Im Ergebnis läßt sich feststellen, daß die gesetzlichen Vorschriften zur Ausschüttungsbegrenzung in den Vereinigten Staaten relativ vage gehalten sind und insbesondere der Rechnungslegung eine wesentlich geringere Bedeutung zukommt als in Deutschland, da sie beim Insolvenztest keine und beim Bilanztest nur eine untergeordnete Rolle spielt.[212]

Restriktionen zur Milderung von Konflikten zwischen Eigen- und Fremdkapitalgebern werden deshalb schwerpunktmäßig nicht durch gesetzliche Bestimmungen vorgeschrieben, sondern sie werden im Rahmen von privatrechtlichen Verträgen vereinbart. Die Gläubiger verlangen in vielen Fällen bei Abschluß des Kreditvertrages nicht nur eine weitreichende Offenlegung der wirtschatlichen Verhältnisse des Kreditnehmers, sondern sehen auch bestimmte Ausschüttungsrestriktionen vor, die keineswegs immer auf Rechnungslegungsgrößen zurückgreifen müssen, dies aber in vielen Fällen tun. Erfolgt dieser Rückgriff auf die Rechnungslegung, wird dabei häufig in den einzelvertraglichen Vereinbarungen ein Bezug auf die Vorschriften der US-GAAP festgeschrieben, der bei den gesetzlichen Regelungen zumeist fehlt. So kommt es dazu, daß die US-GAAP quasi durch die „Hintertür" Bedeutung für die Ausschüttungsbemessung im Rahmen von individuell vereinbarten Kreditverträgen erhalten.[213]

---

210 Vgl. auch im folgenden *Wüstemann* (1999), S. 52 ff.

211 Eine Ausnahme von der Unverbindlichkeit der US-GAAP im Rahmen der Bilanztests bilden die Vorschriften des Staates Californien, die die verpflichtende Anwendung der US-GAAP verlangen, allerdings auch in modifizierter Form. Vgl. *Wüstemann* (1999), S. 61 f.

212 Vgl. *Wagenhofer / Ewert* (2003), S. 149.

213 Vgl. *Wüstemann* (1999), S. 67 f.

5.2 Grundmodell ohne Aktienoptionsprogramm

Die Überlegungen zur Wirkungsweise von an Rechnungslegungsdaten anknüpfenden Ausschüttungsrestriktionen, die Reichtumsverlagerungen nach der Kreditaufnahme verhindern sollen, werden im folgenden kurz an einem Modell von Wagenhofer/Ewert[214] vorgestellt, bevor dann im nächsten Abschnitt dieses Modell um die Wirkungen eines Aktienoptionsprogramms ergänzt wird. Die Analyse von Möglichkeiten der Reichtumsverlagerung zwischen den verschiedenen Kapitalgebern eines Unternehmens fällt dabei grundsätzlich in den Bereich der sog. finanziellen Agency-Theorie.[215] Dabei werden in der Literatur unterschiedliche typische Maßnahmen von Seiten der Eigenkapitalgeber diskutiert, mit deren Hilfe die Position der Gläubiger ausgehöhlt werden kann. So können liquidationsfinanzierte oder fremdfinanzierte Ausschüttungen, Unter- oder Überinvestitionen oder auch eine Erhöhung des Investitionsrisikos für eine Reichtumsverlagerung von den Gläubigern zu den Eignern verantwortlich sein.[216]

Im folgenden soll davon ausgegangen werden, daß die Gläubiger in der Lage sind, die nach der Kreditgewährung vorhandenen Anreize für die Eigenkapitalgeber zur Vornahme von Reichtumsverlagerungen, zumindest im Erwartungswert korrekt zu antizipieren, d. h. es soll von rationalen Erwartungen der Fremdkapitalgeber ausgegangen werden.[217] Diese Annahme hat zur Folge, daß die Gläubiger ihre Konditionen bei Kreditvergabe dergestalt anpassen werden, daß sie, trotz der antizipierten Reichtumsverlagerungen zugunsten der Eigenkapitalgeber, ihre risikoäquivalente Verzinsung erhalten. Geht man von einer Konkurrenzsituation auf dem Kreditmarkt aus, die ebenfalls keine Überrenditen auf Seiten der Fremdkapitalgeber zuläßt, hat dies zur Folge, daß der Kapitalwert aller eingeräumten Kredite Null beträgt. Dies führt zu dem Ergebnis, daß alle Marktwertminderungen, die durch evtl. Allokations-Ineffizienzen auftreten, letztlich von den Eigenkapitalgebern selbst zu tragen sind. Deshalb haben die Eigenkapitalgeber ein Interesse an Regelungen zur Eindämmung von schädlichen Reichtumsverlagerungen, denn sie tragen im Ergebnis die marktwertmindernden Konsequenzen von auftretenden Allokationsproblemen. Eine Milderung der Probleme dagegen trägt zu günstigeren Kreditkonditionen von Seiten der Fremdkapitalgeber bei. Um die Vorteilhaftigkeit von Ausschüttungsrestriktionen zur Vermeidung von Reichtumsverlagerungen einschätzen zu können, reicht es deshalb unter diesen Voraussetzungen aus, sich auf die Position der Eigenkapitalgeber zu konzentrieren.[218]

Vorab soll auf folgendes hingewiesen werden: Eine grundsätzliche Überlegenheit einer vorsichtsgeprägten Rechnungslegung in Hinsicht auf eine gläubigerschützende Wirkung läßt sich nicht behaupten. Deshalb sind auch die Ergebnisse des verwendeten Modells stark situations-

---

214 Vgl. *Wagenhofer / Ewert* (2003), S. 168.

215 Grundlegend für die finanzielle Agency-Theorie ist die Arbeit von Jensen/Meckling. Vgl. *Jensen / Meckling* (1976).

216 Vgl. *Wagenhofer / Ewert* (2003), S. 153 ff.

217 Vgl. auch im folgenden *Wagenhofer / Ewert* (2003), S. 158 ff.

218 Vgl. *Wagenhofer / Ewert* (2003), S. 158 f. und *Ewert* (1986), S. 53 ff.

bedingt. In Abhängigkeit vom konkreten Investitionsprogramm eines Unternehmens kann eine Ausschüttungsbegrenzung sowohl positive Effekte – z. B. die Beseitigung eines Unterinvestitionsproblems – als auch negative Effekte – z. B. die Schaffung eines Überinvestitionsproblems – hervorrufen.[219] Die Ergebnisse der Integration eines Optionsprogramms in die Modellstruktur soll deshalb nicht dahingehend interpretiert werden, daß eine grundsätzliche Vorteilhaftigkeit einer Aufwandverbuchung im Zusammenhang mit der Ausschüttungsbemessungsfunktion der Rechnungslegung behauptet wird. Was aber erreicht werden soll ist folgendes: Es soll versucht werden, die Aussage von Vertretern des Buchungsverzichts zu widerlegen, daß auf die Erfassung von Optionsprogrammen aus Gläubigerschutzsicht gänzlich verzichtet werden kann. Aus ihrer Sicht wird durch eine Erfassung als Aufwand der Gläubigerschutzgedanke übererfüllt. Sie argumentieren, daß es zu keinem Zeitpunkt durch das Optionsprogramm zu Vermögensabgängen bei der Gesellschaft selbst kommt. Die Vergütung findet vielmehr außerhalb der Vermögenssphäre der Gesellschaft statt, in Form einer Reichtumsverlagerung von den Altaktionären auf die Neuaktionäre, verursacht durch den Verwässerungseffekt des Optionsprogramms. Im Ergebnis verschieben sich deshalb nur Ansprüche zwischen Eigenkapitalgebergruppen, die Position der Gläubiger soll ihrer Meinung nach von diesen Verschiebungen unberührt bleiben.[220] Sie folgern deshalb, daß für die deutsche Rechnungslegung – als Vertreter eines am Gläubigerschutz orientierten Rechnungslegungssystems – auf die Berücksichtigung von Optionsprogrammen in der Rechnungslegung komplett verzichtet werden kann.

Interessant ist, daß mit dieser Auffassung für das immer mit dem Gläubigerschutzgedanken assoziierte deutsche Handelsrecht eine verhältnismäßig „unvorsichtige" Bilanzierungsweise befürwortet wird. Reagiert man auf die Einführung eines Aktienoptionsprogramms aus Sicht der Rechnungslegung gar nicht und bevorzugt die Variante Buchungsverzicht, wird der vom Rechnungswesen ausgewiesene Gewinn stets höher sein als bei einer Aufwandverbuchung. Die Vorstellung, daß Vertreter eines traditionell am Gläubigerschutz orientierten Rechnungslegungssystems eher mit einem vorsichtigen Gewinnausweis in Verbindung gebracht werden, kehrt sich im Fall der Aktienoptionen geradezu um. Für die Bilanzierung von Aktienoptionen setzen sie sich vielmehr für einen – im Verhältnis zur in der internationalen Rechnungslegung weitgehend akzeptierten Aufwandbuchung – aggressiveren Gewinnausweis ein, den der Buchungsverzicht mit sich bringt.

Es soll deshalb im folgenden nicht die Frage im Zentrum stehen, ob die im Modell betrachtete Ausschüttungsrestriktion vorteilhaft ist oder nicht. Vielmehr soll eine Situation vorausgesetzt werden, in der die Ausschüttungsbemessungsfunktion der Rechnungslegung sinnvoll eingesetzt

219 So kann z. B. eine Ausschüttungsrestriktion auf der einen Seite dafür sorgen, daß ein Unterinvestitionsproblem beseitigt wird, indem die Investition in ein Projekt mit positivem Kapitalwert erst induziert wird. Auf der anderen Seite kann bei einem abweichenden Investitionsprogramm der Effekt eintreten, daß ein Überinvestitonsproblem geschaffen wird, indem erst die Ausschütungsrestriktion dafür sorgt, daß in ein Projekt mit negativem Kapitalwert investiert wird.

220 Vgl. u. a. *Rammert* (1998), S. 769; *Friedrichsen* (2000), S. 338 ff. Vgl. auch die Ausführungen in Kapitel 2.2.3.2.

werden kann, in der also die Vereinbarung einer Ausschüttungsrestriktion den Eigenkapitalgebern durch günstigere Kreditkonditionen von Nutzen ist. Für diese Situation, in der die Nützlichkeit einer Ausschüttungsbegrenzung außer Frage steht, soll dann geprüft werden, ob durch die Integration eines Optionsprogramms Konsequenzen für die zu vereinbarende Restriktion zu erwarten sind. Ist die Höhe der notwendigen Ausschüttungsrestriktion abhängig vom Vorhandensein eines Optionsprogramms, so kann zumindest die Auffassung von Vertretern des Buchungsverzichts widerlegt werden, daß durch Einführung eines Optionsprogramms keine Beeinflussung der Position der Gläubiger zu erwarten ist.

Das zweiperiodige Modell zur Untersuchung der beschriebenen Zusammenhänge soll von folgenden Annahmen ausgehen: Betrachtet wird ein haftungsbeschränktes Unternehmen, das über ein bereits bestehendes Investitionsprogramm aus Periode $t = 0$ verfügt, das in $t = 1$ einen Cash Flow in Höhe von CF_1 verspricht und in $t = 2$ einen vom Umweltzustand θ abhängigen Cash Flow $CF_2(\theta)$. Die Wahrscheinlichkeit für das Auftreten des guten Umweltzustands beträgt $p(\theta_H)$, die Wahrscheinlichkeit für den schlechten Umweltzustand $p(\theta_L) = 1 - p(\theta_H)$. Das Investitionsprogramm wurde teilweise fremdfinanziert, wobei die Kredite aus $t = 0$ in Höhe von FK_0 vollständig in $t = 2$ fällig werden. Das ursprüngliche Investitionsprogramm kann in $t = 1$ insoweit verändert werden, als eine zusätzliche Investition in Gesamthöhe von IG_1 durchgeführt werden kann, die ihrerseits zusätzliche Cash Flows in $t = 2$ in Höhe von CF verspricht.

Unabhängig von der Durchführung des Investitionsprojektes in $t = 1$ soll davon ausgegangen werden, daß die Summe der Cash Flows im schlechten Umweltzustand θ_L nicht ausreicht, um die in Anspruch genommenen Kredite in voller Höhe zu tilgen. In Folge dessen erhalten die Fremdkapitalgeber im schlechten Zustand nicht die ihnen zustehende vollständige Tilgung. Diese Situation antizipieren die Fremdkapitalgeber jedoch bei Bestimmung der Kreditbedingungen, so daß die vereinbarten Rückzahlungen im guten Umweltzustand θ_H entsprechend höher ausfallen, um die Ausfälle im schlechten Umweltzustand zu kompensieren. Zu beachten ist, daß durch die Insolvenz des Unternehmens im Zustand θ_L die Eigenkapitalgeber in diesem Zustand in $t = 2$ keinerlei Zahlungen erhalten. Die gesamten Cash Flows gehen in diesem Fall an die Fremdkapitalgeber – unabhängig davon, ob in das zusätzliche Investitionsprojekt investiert wird oder nicht.

Von der Möglichkeit zur Aufnahme von zusätzlichem Fremdkapital in $t = 1$ soll abgesehen werden, so daß die eventuell durchzuführende zusätzliche Investition zu diesem Zeitpunkt in voller Höhe eigenfinanziert werden muss, d. h. durch den Verzicht auf Ausschüttungen bzw. die zusätzliche Einlage von Eigenkapital.[221]

221 Durch diesen Verzicht auf die Möglichkeit zur zusätzlichen Aufnahme von Fremdkapital besitzt die Ausschüttungsrestriktion die Wirkung einer reinen Untergrenze für das Investitionsvolumen. Ermöglicht man eine weitere Kreditaufnahme, tritt neben die Mindestanforderung an das Volumen der Investition eine Finanzierungsrestriktion, die i. d. R. eine vollständige Fremdfinanzierung neuer Projekte unterbindet. Durch die Kombination dieser beiden Restriktionstypen können durchaus sehr komplizierte Wirkungszusammenhänge resultieren. Vgl.

Die zeitliche Reihenfolge dieses Szenarios verdeutlicht Abbildung 5.1:[222]

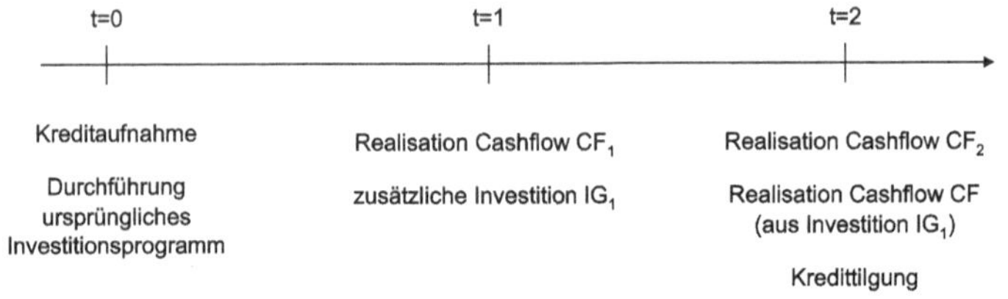

Abbildung 5.1: Zeitliche Abfolge der Modellstruktur

Welche Folgen hat in diesem Zusammenhang die Einführung einer bilanziellen Ausschüttungsrestriktion, die am Periodengewinn der ersten Periode anknüpft? Die Ausschüttungsrestriktion verlangt, daß die Ausschüttung der ersten Periode AU_1 nicht größer sein darf als der buchhalterische Periodengewinn x_1. Negativ darf die Ausschüttung bei einem haftungsbeschränkten Unternehmen ebenfalls nicht werden, da die Eigenkapitalgeber – bei Annahme von vollständiger Einzahlung des gezeichneten Kapitals – nicht zur Einlage weiteren Kapitals gezwungen werden können. Die Ausschüttungsrestriktion hat deshalb folgende Form:

$$AU_1 \leq \max\{x_1; 0\} \tag{5.1}$$

Der Periodengewinn ist dabei definiert als Zahlungsüberschuß der Periode CF_1 abzüglich der Periodenabgrenzungen, der accruals, bezeichnet als PA.

$$x_1 = CF_1 - PA \tag{5.2}$$

Die Periodenabgrenzungen erfassen damit Abweichungen zwischen dem Cash Flow der Periode, bestimmt als Differenz von zahlungswirksamen Einzahlungen und Auszahlungen und dem vom Rechnungslegungssystem ausgewiesenen Gewinn, berechnet als Differenz zwischen erfolgswirksamen Erträgen und Aufwendungen. Typisches Beispiel für solche Unterschiede zwischen Zahlungs- und Erfolgsgrößen sind die Abschreibungen.

Verwendet man Gleichung 5.2, läßt sich die Ausschüttungsbeschränkung aus Gleichung 5.1 auch folgendermaßen darstellen, wobei berücksichtigt wird, daß die Restriktion bei der Einlage zusätzlichen Eigenkapitals in $t = 1$ (EK_1^N) um den Betrag dieser zusätzlichen Einlage gelockert werden kann:

hierzu ausführlich *Ewert* (1986), insbesondere S. 254 ff.

222 Vgl. *Wagenhofer / Ewert* (2003), S. 169.

$$AU_1 \leq \max\{CF_1 - PA; 0\} + EK_1^N \tag{5.3}$$

Außerdem müssen zum Zeitpunkt $t = 1$ sämtliche Auszahlungen durch Einzahlungen gedeckt sein, damit Dividenzahlungen und Investitionen finanzierbar sind.[223] Diese Finanzierungsbedingung läßt sich folgendermaßen darstellen:

$$AU_1 + IG_1 = CF_1 + EK_1^N$$

Löst man diese Gleichung nach AU_1 auf und setzt sie in Gleichung 5.3 ein, erhält man nach Umformung folgende Darstellung:

$$IG_1 \geq \min\{PA; CF_1\}$$

Unter Verwendung von Gleichung 5.2 läßt sich dies in folgende Form bringen:

$$IG_1 \geq PA + \min\{0; x_1\}$$

Die Ausschüttungsrestriktion ist in diesem Fall gleichbedeutend mit einer reinen Untergrenze für das Investitionsvolumen. Bei einem positiven Gewinn x_1 muß das Unternehmen mindestens den Betrag PA investieren, ansonsten ist der gesamte Cash Flow CF_1 zu investieren.

Konkretisieren wir die zusätzliche Investitionsmöglichkeit in $t = 1$: Das Unternehmen besitzt die Möglichkeit, in ein Realinvestitionsobjekt (IR_1) zu investieren oder Geld in Form einer Finanzinvestition (IF_1) am Kapitalmarkt anzulegen. Der gesamte Investitionsbetrag IG_1 setzt sich aus diesen beiden Investitionsalternativen zusammen:

$$IG_1 = IR_1 + IF_1$$

Das Realinvestitionsobjekt verspricht dabei risikobehaftete Cash Flows $CF(\theta)$ in $t = 2$, die abhängig sind von der Realisation des Umweltzustandes θ. Vereinfacht soll für am Kapitalmarkt angelegtes Geld ein Zins von Null gelten.

Abbildung 5.2 verdeutlicht die Struktur des Modells und insbesondere die zusätzliche Investiti-

223 Auf die Berücksichtigung von weiterer Aufnahme von Fremdkapital wird an dieser Stelle, wie bereits oben angesprochen, verzichtet.

onsmöglichkeit im Rahmen der Realinvestition:

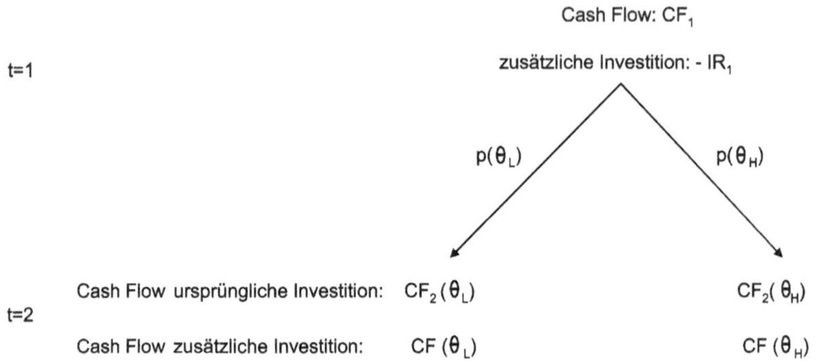

Abbildung 5.2: Modellstruktur mit Realinvestitionsprojekt

Unter diesen Annahmen gilt für den Kapitalwert des Realprojektes aus Gesamtsicht:

$$KW_{Real} = p(\theta_L) \cdot CF(\theta_L) + p(\theta_H) \cdot CF(\theta_H) - IR_1 \tag{5.4}$$

Dabei repräsentiert $CF(\theta_L)$ die vom zusätzlichen Investitionsprojekt versprochenen Cash Flows im schlechten Umweltzustand, und $CF(\theta_H)$ steht für die Zahlungen aus der Investition im guten Umweltzustand. Der Kapitalwert des Realinvestitionsobjektes aus Sicht der Eigenkapitalgeber stellt sich allerdings anders dar, da diese im negativen Umweltzustand, wenn das Unternehmen insolvent ist, nicht an den Cash Flows partizipieren. Im negativen Umweltzustand fließt der zusätzliche Cash Flow durch das Realprojekt ausschließlich an die Fremdkapitalgeber. Aus Sicht der Eigner spielen deshalb nur die Rückflüsse im positiven Zustand eine Rolle, der Kapitalwert aus Sicht der Eigenkapitalgeber KW^{EK}_{Real} ergibt sich deshalb als:

$$KW^{EK}_{Real} = p(\theta_H) \cdot CF(\theta_H) - IR_1 \tag{5.5}$$

Auch bei der Berechnung des Kapitalwerts der Finanzinvestition aus Sicht der Eigenkapitalgeber muß berücksichtigt werden, daß diese nur im positiven Umweltzustand an den Rückflüssen der Finanzanlage partizipieren. In Abhängigkeit vom Investitionsvolumen in die Finanzanlage IF_1 läßt sich der Kapitalwert aus Sicht der Eigner des Unternehmens deshalb folgendermaßen bestimmen:

$$KW^{EK}_{Finanz} = p(\theta_H) \cdot IF_1 - IF_1 = -p(\theta_L) \cdot IF_1 \tag{5.6}$$

Führt man eine Ausschüttungsbeschränkung ein und möchte den Betrag von $PA^{ohneSOP}$ bestimmen, ab dem eine Investition in das Realprojekt für die Eigenkapitalgeber vorteilhaft erscheint, muß der Kapitalwert für das Realprojekt aus Sicht der Eigner mit dem der Finanzinvestition gleichgesetzt werden, wobei der Kapitalwert der Finanzinvestition in Abhängigkeit von der Höhe der Periodenabgrenzungen $PA^{ohneSOP}$ variiert wird:

$$KW_{Real}^{EK} = KW_{Finanz}^{EK}$$

$$p(\theta_H) \cdot CF(\theta_H) - IR_1 = -p(\theta_L) \cdot PA^{ohneSOP}$$

$$PA^{ohneSOP} = \frac{p(\theta_H) \cdot CF(\theta_H) - IR_1}{-p(\theta_L)} \tag{5.7}$$

$PA^{ohneSOP}$ bildet den kritischen Wert für die Periodenabgrenzungen. Unterhalb dieses Wertes wird die notwendige Investition durch eine Finanzanlage beantwortet. Oberhalb dieses Wertes ist es für die Eigenkapitalgeber vorteilhaft, in das Realinvestitionsobjekt zu investieren.

5.3 Einführung eines Aktienoptionsprogramms

Das Grundmodell soll im folgenden durch die Einführung eines Aktienoptionsprogramms modifiziert werden. Das Programm wird von dem Unternehmen in Periode $t = 0$ aufgelegt. Es soll auch diesmal von den üblichen Annahmen im Hinblick auf die Gestaltung des Optionsprogramms ausgegangen werden, die in den vorangegangenen Kapiteln ihre Anwendung fanden: Das Eigenkapital des Unternehmens verteilt sich auf eine Anzahl von A Aktien und es werden $\bar{O}$ Aktienoptionen an das Management ausgegeben. Diese sollen wieder dividendengeschützt sein, so daß Ausschüttungen während der Laufzeit des Optionsprogramms den Ausübungsgewinn nicht beeinflussen. Die Cash Flows und die Gestaltung des Optionsprogramms sollen derart sein, daß die Ausübung im schlechten Umweltzustand unterbleibt und im guten Umweltzustand immer vorteilhaft ist, unabhängig davon, ob das reale Investitionsprojekt durchgeführt wird oder nicht. Die Entscheidung über die Durchführung des zusätzlichen Investitionsprojektes beeinflußt also ggf. die Höhe des Ausübungsgewinns, aber nicht die grundsätzliche Vorteilhaftigkeit einer Ausübung. Zur Vereinfachung soll ebenfalls davon ausgegangen werden, daß der Cash Flow aus der ursprünglichen Investition in $t = 1$ (CF_1) ausreicht, um die Investition in das Realobjekt zu tätigen. Somit ist keine zusätzliche Einlage von Eigenkapital von Seiten der Altaktionäre in $t = 1$ nötig.

Bevor das Optionsprogramm in die Modellbetrachtung integriert wird, sollen noch einige grundlegende Überlegungen vorangestellt werden. Dies betrifft insbesondere Überlegungen hinsichtlich der Auswirkungen eines Optionsprogramms auf die Cash Flows selbst bzw. auf die Wahrscheinlichkeitsverteilung für deren Eintreten, denen z. B. im Kapitel zur Meßperspektive große Aufmerksamkeit gewidmet worden ist.[224] Solche Auswirkungen sind auf der einen Seite im Rahmen des in diesem Kapitel verwendeten Modells ausgesprochen unübersichtlich, denn Veränderungen können nicht nur an der Wahrscheinlichkeitsverteilung ansetzen, sondern auch an sämtlichen Cash Flows: sowohl an den Cash Flows der ursprünglichen Investition in $t = 1$ und $t = 2$ als auch am Cash Flow der zusätzlichen Investition in $t = 2$. Letztlich könnten sich sogar komplett neue Investitionsmöglichkeiten durch die Einführung des Programms ergeben.

Auf der anderen Seite muß man sich verdeutlichen, daß diese Überlegungen im Rahmen der Ausschüttungbemessungsfunktion keine wesentliche Rolle spielen, da sie nicht den Kern des hier interessierenden Problems betreffen: Während es im Rahmen der Meßperspektive von ganz wesentlicher Bedeutung gewesen ist, auf welche Weise sich der Wert des Unternehmens auf die verschiedenen Gruppen der Eigenkapitalgeber – die Alt- und die Neuaktionäre – verteilt, steht im Rahmen der Ausschüttungsperspektive die Verteilung des Vermögens zwischen Eigen- und Fremdkapitalgebern im Zentrum der Betrachtungen. Verschiebungen zwischen den verschiedenen Eigenkapitalgebergruppen, zwischen Alt- und Neuaktionären, beeinflussen zwar – wie im folgenden darzustellen sein wird – die Vorteilhaftigkeitsüberlegungen der Altaktionäre bei Durchführung des zusätzlichen Investitionsprojektes, sie stehen aber letztlich nicht im Zentrum des Interesses.

Im Rahmen der Ausschüttungsbemessungsfunktion der Rechnungslegung stellt sich vielmehr folgende zentrale Frage: Bedürfen die Fremdkapitalgeber eines Unternehmens mit Aktienoptionsprogramm, das die gleichen Cash Flows besitzt wie ein Unternehmen ohne Optionsprogramm, eines anderen, besseren Schutzes als die Fremdkapitalgeber des Unternehmens ohne Optionsprogramm? Nur wenn dies der Fall ist, wenn wegen des Vorhandenseins eines Optionsprogramms der Schutz der Fremdkapitalgeber verbessert werden muß, läßt es sich aus Gläubigerschutzsicht rechtfertigen, ein Optionsprogramm in der Rechnungslegung zu erfassen – im betrachteten Modell in Form erhöhter Periodenabgrenzungen. Die Variante des Buchungsverzichts wäre dann abzulehnen.

Zu der von den Vertretern des Buchungsverzichts geäußerten[225] und auf den ersten Blick einleuchtenden Auffassung, daß eine Reichtumsverlagerung innerhalb der Position der Eigenkapitalgeber ohne Folgen für die Situation der Fremdkapitalgeber bleibt, ist anzumerken, daß es zwar richtig ist, daß im Rahmen der Ausschüttungsbemessungsfunktion das Verhältnis von Eigenkapital- und Fremdkapitalgebern im Vordergrund steht. Falsch ist aber, daß man bei der Untersuchung dieses Verhältnisses die Reichtumsverlagerungen zwischen den Alt- und Neuaktionären völlig vernachlässigen kann. Diese Reichtumsverlagerungen spielen nämlich eine

224 Vgl. Kapitel 3.3 und insbesondere Kapitel 3.3.2.2.

225 Vgl. u. a. *Rammert* (1998), S. 769; *Friedrichsen* (2000), S. 338 ff.

Rolle, wenn es um die Vorteilhaftigkeitsüberlegungen der Altaktionäre im Hinblick auf die Durchführung der Investitionsobjekte geht.[226] Im Rahmen dieser Vorteilhaftigkeitsüberlegungen kommt es durch die Einführung des Optionsprogramms zu Verschiebungen, die auch für die Fremdkapitalgeber von Bedeutung sind. Da diese über rationale Erwartungen verfügen, werden sie ihre Vorstellungen über das Investitionsverhalten der Altaktionäre entsprechend anpassen und in Folge davon ihre Kreditkonditionen entsprechend modifizieren. D. h. die Strenge der Ausschüttungsrestriktion wird ggf. an die veränderten Investitionsanreize der Altaktionäre angepaßt werden müssen.

Abschließend ist jedenfalls festzuhalten, daß es für die Untersuchung der oben genannten Fragestellung nicht darauf ankommt – es sogar störend wäre –, eine Veränderung der Wahrscheinlichkeitsverteilung oder der Cash Flows durch das Optionsprogramm zu unterstellen. Wahrscheinlichkeitsverteilung und Cash Flows des Grundmodells bleiben deshalb von der Einführung des Optionsprogramms unberührt: Dies ermöglicht den Vergleich von zwei identischen Unternehmen, die sich nur durch das Vorhandensein eines Aktienoptionsprogramms unterscheiden. Unberührt bleibt deshalb von der Einführung des Optionsprogramms auch der Kapitalwert der zusätzlichen Investition aus Gesamtsicht, berechnet in Gleichung 5.4.

Zur Integration des Optionsprogramms in das Grundmodell muß berücksichtigt werden, daß die Eigner des Unternehmens keine homogene Gruppe mit übereinstimmenden Interessen mehr bilden. Man muß vielmehr Alt- und Neuaktionäre getrennt betrachten, und dies hat Konsequenzen, was die Vorteilhaftigkeitsüberlegungen bezüglich des Investitionsprojektes in $t = 1$ angeht. Diese Überlegungen sind nur noch aus Sicht der Altaktionäre anzustellen. Anreizperspektivische Überlegungen sollen dabei im folgenden vernachlässigt werden: D. h. es soll vorausgesetzt werden, daß das Management seine Entscheidungen im Sinne der Altaktionäre trifft. Ob dies durch eine zusätzlich zum Optionsprogramm existierende anreizkompatible Entlohnung oder auch durch eine entsprechende Überwachung des Managements durch die Altaktionäre erfolgt, soll nicht weiter von Interesse sein. Entscheidend ist die Ausrichtung der Investitionsentscheidungen an den Bedürfnissen der Altaktionäre.[227] Eine Entscheidung für die Investition in das

226 Da Anreizprobleme im folgenden vernachlässigt werden sollen, wird davon ausgegangen, daß die Altaktionäre in der Lage sind, ihre Interessen im Unternehmen durchzusetzen. Relevant sind deshalb für die Fremdkapitalgeber die Vorteilhaftigkeitsüberlegungen der Altaktionäre und nicht die der Manager.

227 Im Modell stimmen die Interessen von Altaktionären und Managern durch die bloße Entlohnung anhand des Optionsprogramms aus folgendem Grund nicht überein: Die Manager sind ausschließlich am guten Umweltzustand interessiert, in dem die Optionen ausgeübt werden. Auch von einer Ausschüttung in $t = 1$ profitieren sie nur, wenn in $t = 2$ auch ausgeübt werden kann. (Dies liegt an der Annahme dividendengeschützter Optionen, so daß Ausschüttungen in $t = 1$ bei der Berechnung des Ausübungsgewinns einbezogen werden.) Ein Vorziehen der Ausschüttung auf $t = 1$ – d. h. der Verzicht auf die Durchführung des Realprojektes – bringt für die Altaktionäre die Möglichkeit mit sich, das ausgeschüttete Geld „in Sicherheit" zu bringen und sich auf Kosten der Fremdkapitalgeber zu bereichern. Gerade diese Möglichkeit zur Bereicherung auf Kosten der Fremdkapitalgeber ist aus Sicht der Manager aber gar nicht gegeben. Sie können durch eine höhere Ausschüttung in $t = 1$ kein Geld „in Sicherheit" bringen, denn um von der Ausschüttung zu profitieren, sind sie immer darauf angewiesen, daß in $t = 2$ der gute Umweltzustand eintritt. Für sie ist deshalb ausschließlich dieser gute Umweltzustand relevant. Dies führt dazu, daß die Manager solange die Cash Flows aus dem zusätzlichen Investitionsprojekt im guten Umweltzustand ($CF(\theta_H)$)größer sind als die Investitionssumme in $t = 1$ (IR_1) immer in das Realinvestitionsobjekt investieren, unabhängig davon, ob dessen Kapitalwert aus Gesamtsicht positiv oder negativ ist.

Realprojekt ist deshalb nur zu erwarten, wenn diese Investition aus Sicht der Altaktionäre – nicht aus Sicht aller (potentiellen) Eigenkapitalgeber – vorteilhaft ist. Deshalb ist eine Anpassung der in Gleichung 5.5 dargestellten Überlegungen notwendig, um den Kapitalwert des Realinvestitionsobjektes aus Sicht der Altaktionäre KW_{Real}^{Alt} zu bestimmen: Die Neuaktionäre partizipieren in Abhängigkeit von der Gestaltung des Optionsprogramms – relevant ist hier das Verhältnis von ausgeübten Optionen zu insgesamt nach Ausübung vorhandenen Aktien – an den Zuflüssen der zusätzlichen Investition im positiven Umweltzustand.[228] Der erste Term der rechten Seite von Gleichung 5.8 berücksichtigt deshalb, daß nur der den Altaktionären zustehende Teil an den Cash Flows des positiven Umweltzustandes in die Berechnungen einfließt:

$$KW_{Real}^{Alt} = p(\theta_H) \cdot CF(\theta_H) \cdot \frac{A}{A+\bar{O}} - \left(IR_1 - p(\theta_H) \cdot \frac{\bar{O}}{A+\bar{O}} \cdot IR_1 \right) \tag{5.8}$$

Es gilt allerdings noch einen zweiten Effekt zu beachten, nämlich die Tatsache, daß aus Sicht der Altaktionäre die Neuaktionäre auch einen Teil der Kosten der Investition zu tragen haben. Diese Feststellung bedarf einiger Überlegungen. Im Modell ohne Optionsprogramm stehen die Eigenkapitalgeber in $t = 1$ vor der Frage, ob sie auf eine Ausschüttung in Höhe der Investitionssumme verzichten sollen zugunsten der Rückflüsse, die die Durchführung des Investitionsprojekts im positiven Umweltzustand verspricht. Die Eigenkapitalgeber tragen deshalb die Kosten der Investition, in Form einer geringeren Ausschüttung in $t = 1$, in voller Höhe selber.

Führt man ein Optionsprogramm ein, verkomplizieren sich die Überlegungen. Zu beachten ist, daß im Verhältnis der Altaktionäre zu den Neuaktionären Reichtumsverlagerungen durch Ausschüttungen, wie sie zwischen Eigen- und Fremdkapitalgebern möglich sind, nicht vorgenommen werden können. Während die Position der Fremdkapitalgeber durch die Vornahme von Ausschüttungen ausgehöhlt werden kann, sind die Neuaktionäre durch die Annahme von dividendengeschützten Aktienoptionen vor solchen Reichtumsverlagerungen geschützt. Die Folge ist, daß eine geringere Ausschüttung in $t = 1$ gleichzeitig einen geringeren Ausübunsgewinn für die Neuaktionäre in $t = 2$ zur Folge hat, da alle Dividendenzahlungen während der Laufzeit dem Ausübungsgewinn gutgeschrieben werden müssen.[229] Deshalb tragen die Neuaktionäre – über den „Umweg" eines geringeren Ausübungsgewinns in $t = 2$ – einen gewissen Anteil der Kosten für das Investitionsobjekt, so daß ein Entlastungseffekt für die Altaktionäre eintritt. Während im Fall des schlechten Umweltzustandes θ_L keine Auswirkungen zu beachten sind, da die Optionen unabhängig von der Investitionsentscheidung nicht ausgeübt werden,

228 Die Tatsache, daß die Neuaktionäre am Cash Flow der zusätzlichen Investition – ihrem Anteil entsprechend – in voller Höhe beteiligt sind, liegt an der Annahme, daß im positiven Umweltzustand eine Ausübung der Optionen auch allein durch das ursprüngliche Investitionsprogramm schon vorteilhaft ist. Die zusätzlichen Cash Flows durch das Realprojekt verteilen sich deshalb im bekannten Verhältnis $\frac{A}{A+\bar{O}}$ auf die Alt- bzw. $\frac{\bar{O}}{A+\bar{O}}$ auf die Neuaktionäre.

229 Wie der Dividendenschutz bei der Konstruktion der Aktienoptionen technisch umgesetzt wird – z. B. durch eine entsprechende Reduzierung des Basispreises –, soll hier nicht weiter von Interesse sein.

muß dagegen im guten Umweltzustand θ_H der von den Neuaktionären zu tragende geringere Ausübungsgewinn aufgrund der niedrigeren Ausschüttung in $t = 1$ berücksichtigt werden. Der Abzug dieses Betrages erfolgt beim zweiten Term der rechten Seite von Gleichung 5.8. Diese läßt sich anschließend folgendermaßen umformen:

$$KW_{Real}^{Alt} = p(\theta_H) \cdot CF(\theta_H) \cdot \frac{A}{A+\bar{O}} - \left(1 - p(\theta_H) \cdot \frac{\bar{O}}{A+\bar{O}}\right) \cdot IR_1 \tag{5.9}$$

Ähnliche Überlegungen gelten auch für die Finanzinvestition. Im negativen Umweltzustand sind die Rückflüsse aus der Finanzinvestition verloren und werden zur Befriedigung der Ansprüche der Fremdkapitalgeber eingesetzt. Den Cash Flow im positiven Umweltzustand müssen die Altaktionäre mit den Neuaktionären teilen. Deshalb wird von diesem Cash Flow, wie Gleichung 5.10 zeigt, nur ein Anteil von $\frac{A}{A+\bar{O}}$ erfaßt. Allerdings tragen die Neuaktionäre auch wieder einen Teil der Investitionskosten in die Finanzanlage. Dies wird berücksichtigt, indem im letzten Term von Gleichung 5.10, in analoger Vorgehensweise zum realen Investitionsprojekt, mit der Wahrscheinlichkeit für den positiven Umweltzustand $p(\theta_H)$ der auf die Neuaktionäre entfallende Anteil $\frac{\bar{O}}{A+\bar{O}}$ des Investitionsbetrages IF_1 zum Abzug gebracht wird:

$$KW_{Finanz}^{Alt} = p(\theta_H) \cdot IF_1 \cdot \frac{A}{A+\bar{O}} - \left(1 - p(\theta_H) \cdot \frac{\bar{O}}{A+\bar{O}}\right) \cdot IF_1 \tag{5.10}$$

Gleichung 5.10 läßt sich vereinfachen, und man erhält schließlich Ausdruck 5.11:

$$KW_{Finanz}^{Alt} = -\left(1 - p(\theta_H) \cdot \frac{A}{A+\bar{O}} - p(\theta_H) \cdot \frac{\bar{O}}{A+\bar{O}}\right) \cdot IF_1$$

$$KW_{Finanz}^{Alt} = -(1 - p(\theta_H)) \cdot IF_1 = -p(\theta_L) \cdot IF_1 \tag{5.11}$$

Wie ein Vergleich mit dem Kapitalwert der Finanzinvestition für die Anteilseigner aus dem Grundfall ohne Optionsprogramm in Gleichung 5.6 zeigt, ist für den Kapitalwert der Finanzinvestition durch die Einführung des Optionsprogramms für die Altanteilseigner keine Veränderung eingetreten. Dies liegt daran, daß sich für die Finanzinvestition die Hinzurechnungs- bzw. Abzugsbeträge genau die Waage halten. Die Entlastung, die durch die Übernahme eines Teils der Investitionskosten durch die Neuaktionäre entsteht, entspricht in ihrer Höhe genau der Belastung, die durch die erhöhten Ansprüche der Neuaktionäre im positiven Umweltzustand hervorgerufen wird. In Summe bleibt der Kapitalwert der Finanzinvestition aus Sicht der Altaktionäre damit unbeeinflußt.

Wie beim Grundmodell ohne Optionsprogramm soll wieder der kritische Wert für die Periodenabgrenzungen (PA^{mitSOP}) berechnet werden. Dies erfolgt durch Gleichsetzen der Kapitalwerte von Realinvestitionsprojekt und Finanzinvestition, wobei der Kapitalwert der Finanzinvestition wieder in Abhängigkeit von PA^{mitSOP} variiert wird:

$$KW^{Alt}_{Real} = KW^{Alt}_{Finanz}$$

$$p(\theta_H) \cdot CF(\theta_H) \cdot \frac{A}{A+\bar{O}} - \left(1 - p(\theta_H) \cdot \frac{\bar{O}}{A+\bar{O}}\right) \cdot IR_1 = -p(\theta_L) \cdot PA^{mitSOP}$$

$$PA^{mitSOP} = \frac{p(\theta_H) \cdot CF(\theta_H) \cdot \frac{A}{A+\bar{O}} - (1 - p(\theta_H) \cdot \frac{\bar{O}}{A+\bar{O}}) \cdot IR_1}{-p(\theta_L)} \tag{5.12}$$

Gleichung 5.12 liefert den krtischen Wert für die Höhe der Periodenabgrenzungen, ab dem eine Investition in das Realinvestitionsobjekt aus Sicht der Altaktionäre vorteilhaft wird. Vergleicht man dieses Ergebnis mit dem aus Gleichung 5.7 für den Grundfall ohne Optionsmodell, sieht man, daß die Ergebnisse sich entsprechen, wenn man die Anzahl der gewährten Optionen ($\bar{O}$) gleich Null setzt. Es stellt sich die Frage, in welcher Weise die Höhe des kritischen Wertes für PA^{mitSOP} durch die Variation der Höhe von $\bar{O}$ beeinflußt wird, wenn also ein Optionsprogramm eingeführt wird bzw. die Anzahl der Optionen erhöht wird. Da die Ausdrücke im Nenner beider Gleichungen (Gleichungen 5.7 und 5.12.) durch den unveränderten Kapitalwert der Finanzinvestition identisch sind, genügt es für eine Bestimmung der Auswirkungen, den Ausdruck im Zähler zu differenzieren – d. h. die Gleichung für den Kapitalwert der Realinvestition. Die Variable, nach der differenziert werden muß, ist dabei die Anzahl der Aktienoptionen $\bar{O}$.

$$\frac{\partial KW^{Alt}_{Real}}{\partial \bar{O}} = \frac{-p(\theta_H) \cdot CF(\theta_H) \cdot A + p(\theta_H) \cdot IR_1 \cdot (A+\bar{O}) - p(\theta_H) \cdot IR_1 \cdot \bar{O}}{(A+\bar{O})^2}$$

$$\frac{\partial KW^{Alt}_{Real}}{\partial \bar{O}} = \frac{-p(\theta_H) \cdot CF(\theta_H) \cdot A + p(\theta_H) \cdot IR_1 \cdot A + p(\theta_H) \cdot IR_1 \cdot \bar{O} - p(\theta_H) \cdot IR_1 \cdot \bar{O}}{(A+\bar{O})^2}$$

$$\frac{\partial KW^{Alt}_{Real}}{\partial \bar{O}} = \frac{p(\theta_H) \cdot A \cdot (IR_1 - CF(\theta_H))}{(A+\bar{O})^2} \tag{5.13}$$

Als Ergebnis erhält man den Ausdruck 5.13, der üblicherweise kleiner als Null sein wird, da die Investitionssumme in das Realprojekt (IR_1) i. d. R. kleiner sein wird als der im guten Umweltzustand aus dieser Investition zu erwartende Cash Flow $CF(\theta_H)$. Wird der Zähler in Ausdruck 5.12 kleiner, wird der gesamte Ausdruck durch Erhöhung von $\bar{O}$ größer in Folge des negativen Vorzeichens im Nenner. Im Ergebnis ist deshalb mit der Einführung eines Optionsprogramms bzw. mit der Erhöhung der Anzahl der ausgegebenen Optionen ebenfalls eine Erhöhung des kritischen Wertes für die Periodenabgrenzungen verbunden. Die Investition in das Realprojekt wird durch Einführung eines Optionsprogramms erst bei einer „vorsichtigeren" Rechnungslegung gewährleistet, in dem Sinne, daß die Periodenabgrenzungen höher sein müssen, als dies beim Grundfall ohne Optionsprogramm der Fall ist. Erst durch die damit verbundene höhere Einbehaltung wird sichergestellt, daß die Altaktionäre in das Realinvestitionsobjekt IR_1 investieren, obwohl es aus ihrer Sicht – ohne Berücksichtigung der Restriktionen – nachteilig ist. Die niedrigeren Periodenabgrenzungen des Grundmodells ($PA^{ohneSOP}$) reichen nicht aus, die Investition in das Realprojekt auszulösen.

Die These, daß ein Optionsprogramm aus Sicht des Gläubigerschutzes irrelevant ist und eine Berücksichtigung in der Rechnungslegung unterbleiben kann, ist aus diesem Grunde nicht haltbar. Eine Beeinflussung ist, wie das Modell gezeigt hat, deshalb zu erwarten, weil die Altaktionäre ihre Entscheidungen über die Durchführung des Realinvestitionsobjektes anpassen und die gewünschte Investition in das Realinvestitionsobjekt nur bei einer entsprechenden Anpassung der Vorschriften des Rechnungslegungssytems gewährleistet ist: nämlich in Form einer vorsichtigeren Bilanzierung – verkörpert durch den höheren Wert der Periodenabgrenzungen (PA^{mitSOP}). In Folge des Anpassungsprozesses wird deshalb auf Seiten der Rechnungslegung ein höheres Maß an „Vorsicht" notwendig, um die Investition in das Realinvestitionsobjekt zu induzieren.

5.4 Beispiel

Ein abschließendes Zahlenbeispiel soll die allgemeinen Zusammenhänge verdeutlichen. Dem Beispiel liegen folgende Daten zugrunde, die von Abbildung 5.3 zusammengefaßt werden:

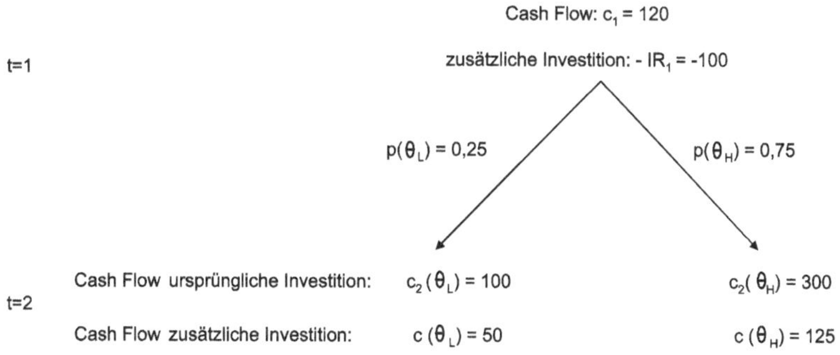

Abbildung 5.3: Beispieldaten

Für die Investition in das zusätzliche Realinvestitionsobjekt sind in $t = 1$ $IR_1 = 100$ GE notwendig. Die durch die zusätzliche Investition erzielbaren Cash Flows der Periode $t = 2$ betragen, wie Abbildung 5.3 zeigt, 50 GE im schlechten und 125 GE im guten Zustand. Die Wahrscheinlichkeit für ein Eintreten des schlechten Umweltzustandes beträgt 25%, die für ein Eintreten des guten entsprechend 75%. Der Kapitalwert der Investition beträgt folglich 6,25 GE, die Investition ist aus Gesamtsicht vorteilhaft.

Es soll von einer Fremdkapitalaufnahme zum Zeitpunkt $t = 0$ in Höhe von 187,5 GE ausgegangen werden. Im schlechten Umweltzustand stehen nur 150 GE zur Befriedigung der Ansprüche der Fremdkapitalgeber zur Verfügung. Im guten Umweltzustand verlangen diese deshalb die Rückzahlung von 200 GE, um im Erwartungswert ihren Kreditbetrag zurückzuerhalten.[230]

Ohne zunächst ein Optionsprogramm zu berücksichtigen, berechnet sich der Kapitalwert der Investition aus Sicht der Eigenkapitalgeber gem. Gleichung 5.5 folgendermaßen:

$$KW^{EK}_{Real} = p(\theta_H) \cdot CF(\theta_H) - IR_1$$

$$KW^{EK}_{Real} = 0,75 \cdot 125 - 100 = -6,25$$

Aus Sicht der Eigenkapitalgeber ergibt sich ein negativer Kapitalwert von -6,25 GE. Aus ihrer Sicht lohnt sich die Realinvestition nicht. Für die Finanzinvestition ergibt sich abhängig von der Investitionshöhe IF_1 gem. Gleichung 5.6 ein Kapitalwert von:

$$KW^{EK}_{Finanz} = -p(\theta_L) \cdot IF_1 = -0,25 \cdot IF_1$$

Berechnet man den kritischen Wert für die Periodenabgrenzungen, ab dem eine Investition in das Realprojekt ausgelöst wird, beträgt dieser Wert gem. Gleichung 5.7:

$$PA^{ohneSOP} = \frac{p(\theta_H) \cdot CF(\theta_H) - IR_1}{-p(\theta_L)} = \frac{0,75 \cdot 125 - 100}{-0,25} = 25$$

Ohne Optionsprogramm liegt diese Grenze für die Periodenabgrenzungen bei 25 GE. Betrachten wir nun die Auswirkungen der Einführung eines Aktienoptionsprogrammes, für das folgende Annahmen gelten sollen: Es wird von einer Verteilung des ursprünglichen Eigenkapitals auf zunächst zehn Aktien ausgegangen. An das Management werden drei Aktienoptionen zu einem Basispreis von 18,875 GE[231] ausgegeben, die im guten Umweltzustand in $t = 2$ ausgeübt werden, während sie im schlechten Umweltzustand verfallen. Genauere Betrachtung erfordert

230 Diese Kreditkonditionen gelten unter der Annahme, daß die aus Gesamtsicht vorteilhafte Investition in das Realinvestitionsobjekt vorgenommen wird. Dies muß im folgenden aber noch durch entsprechende Vereinbarung der Ausschüttungsrestriktion sichergestellt werden.

231 Als Basispreis angenommen wird der Erwartungswert der zu erwartenden Cash Flows – bezogen auf eine Aktie – bei einem Unternehmen ohne Optionsprogramm: $\frac{0,25 \cdot 20 + 0,75 \cdot 245}{10} = 18,875$.

deshalb nur der gute Umweltzustand. Um in diesem Fall den Ausübungsgewinn der Neuaktionäre berechnen zu können, müssen wegen der dividendengeschützten Optionen sämtliche Cash Flows – auch die der Periode $t = 1$ – in die Betrachtung einbezogen werden. Insgesamt erzielt das Unternehmen Cash Flows in Höhe von 20 GE[232] in $t = 1$ und 425 GE[233] in $t = 2$. In Abzug geracht werden muß die Tilgung von 200 GE Fremdkapital. Durch die Einzahlung des Basispreises von Seiten der Neuaktionäre stehen noch weitere 56,625 GE zur Verfügung. In Summe sind damit im Unternehmen 301,625 GE vorhanden, die sich auf 13 Aktien verteilen. Pro Aktie ergibt dies einen Wert von 23,20 GE und damit, bei einem Basispreis von 18,875 GE, einen Ausübungsgewinn von 4,33 GE pro Option. Bei drei Optionen ergibt sich ein gesamter Ausübungsgewinn von 12,98 GE. Den Altaktionären steht insgesamt ein Wert von $10 \cdot 23,20 = 232$ GE zur Verfügung.

Wenden wir uns wieder der relativen Vorteilhaftigkeit des zusätzlichen Investitionsobjektes aus Sicht der Altaktionäre zu. Der Kapitalwert dieser Investition beträgt aus ihrer Sicht gem. Gleichung 5.9:

$$KW_{Real}^{Alt} = p(\theta_H) \cdot CF(\theta_H) \cdot \frac{A}{A+O} - \left(1 - p(\theta_H) \cdot \frac{O}{A+O}\right) \cdot IR_1$$

$$KW_{Real}^{Alt} = 0,75 \cdot 125 \cdot \frac{10}{13} - \left(1 - 0,75 \cdot \frac{3}{13}\right) \cdot 100 = -10,58$$

Der Kapitalwert beträgt aus Sicht der Altaktionäre -10,58 GE. Aus ihrer Sicht ist das Projekt unvorteilhaft, und zwar vergrößert sich diese Unvorteilhaftigkeit gegenüber dem Grundfall ohne Optionsprogramm. Will man in analoger Vorgehensweise zum Unternehmen ohne Optionsprogramm die Höhe der Ausschüttungsrestriktion bestimmen, die dafür sorgt, daß die Altaktionäre in das aus absoluter Sicht vorteilhafte Investitionsprojekt investieren, erfolgt die Berechnung des kritischen Wertes für die Periodenabgrenzungen gem. Gleichung 5.12:

$$PA^{mitSOP} = \frac{p(\theta_H) \cdot CF(\theta_H) \cdot \frac{A}{A+\bar{O}} - (1 - p(\theta_H) \cdot \frac{\bar{O}}{A+\bar{O}}) \cdot IR_1}{-p(\theta_L)}$$

$$PA^{mitSOP} = \frac{0,75 \cdot 125 \cdot \frac{10}{13} - (1 - 0,75 \cdot \frac{3}{13}) \cdot 100}{-0,25} = 42,31$$

Die neue Grenze, ab der in das Realinvestitionsobjekt investiert wird, liegt bei 42,31 GE. Bei Festlegung dieser Grenze sind die Eigenkapitalgeber tatsächlich genau indifferent zwischen der Investition in das Realinvestitionsprojekt und der Durchführung der Finanzinvestition.[234] Vergleicht man dieses Ergebnis mit dem Unternehmen ohne Optionsprogramm, stellt man fest, daß

232 Ergibt sich aus der Differenz von $CF_1 = 120$ GE und der Investition in das Realprojekt IR_1 in Höhe von 100 GE.

233 Berechnet sich als Summe von $CF_2(\theta_H) = 300$ und $CF(\theta_H) = 125$.

234 Daß diese Indiferenz tatsächlich gilt, zeigen die Berechnungen in Anhang C.

dieser Wert den ursprünglichen, in Höhe von 25 GE, deutlich übersteigt. Bei einem Unternehmen mit Optionsprogramm ist demzufolge eine strengere Ausschüttungsrestriktion bzw. eine vorsichtigere Gewinnermittlung notwendig, um die gewünschte Realinvestition zu induzieren, als dies bei einem Unternehmen ohne Optionsprogramm der Fall gewesen ist. Abbildung 5.4 zeigt für die Datenkonstellation des Beispiels die Anpassung des kritischen Wertes für die Periodenabgrenzungen in Abhängigkeit von der Anzahl der ausgegebenen Optionen:

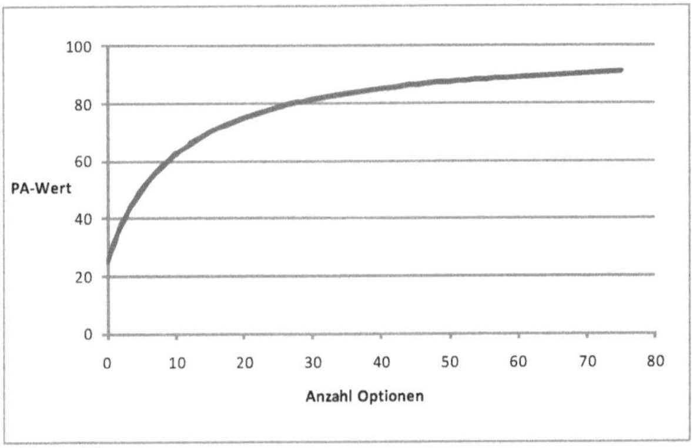

Abbildung 5.4: Entwicklung des kritschen Wertes der Periodenabgrenzungen

Im Grundfall ohne Optionsprogramm liegt die Grenze bei 25, wie das Beispiel gezeigt hat. Durch Erhöhung der Anzahl der ausgegebenen Optionen steigt sie an und nähert sich für hohe Werte von $\bar{O}$ dem Wert von 100.

Natürlich muß darauf hingewiesen werden, daß die vom Beispiel gezeigten positiven Wirkungen der Ausschüttungssperre, die zur Beseitigung des auftretenden Unterinvestitionsproblems führen, stark situationsabhängig sind. Durch leichte Veränderungen der Daten könnte man z. B. dafür sorgen, daß das zusätzliche Realinvestitionsprojekt aus Gesamtsicht einen negativen Kapitalwert aufweist.[235] Durch die Ausschüttungsbegrenzung wird in diesem Fall trotzdem die aus Gesamtsicht jetzt schädliche Investition ins Realprojekt induziert. Die Restriktion verhindert in diesem Fall keine Unterinvestition, sondern verursacht eine Überinvestition, die ohne Ausschüttungsrestriktion nicht erfolgt wäre. Ob sich Ausschüttungsrestriktionen deshalb positiv oder negativ auswirken hängt ganz wesentlich von der individuellen Situation des betrachteten Unternehmens und insbesondere seinen Investitionsmöglichkeiten ab. Diese Feststellung gilt unabhängig vom Vorliegen eines Aktienoptionsprogramms auch für das Grundmodell. Liegt eine Situation vor, in der individuell vereinbarte Ausschüttungsrestriktionen hilfreich erscheinen,

235 Verringert man z. B. ausschließlich den Cash Flow des Realinvestitionsobjektes im schlechten Zustand, so daß das Projekt aus Gesamtsicht einen negativen Kapitalwert aufweist, ändert sich an allen folgenden Überlegungen zur kritischen Grenze für die Periodenabgrenzungen nichts.

hat sich aber gezeigt, daß in diesem Fall der Einfluß eines Aktienoptionsprogramms auf die Gestaltung der Restriktion nicht vernachlässigt werden kann.

5.5 Zusammenfassung

Betrachtet man die Auffassung zur Bilanzierung von Aktienoptionsprogrammen von Vertretern einer klassischen gläubigerschutzorientierten Rechnungslegung, wie den GoB, fällt zunächst Überraschendes auf: Die vorsichtige Aufwandverbuchung, die für einen systematisch geringeren Gewinnausweis sorgen würde, wird abgelehnt, der im Vergleich „unvorsichtige" Buchungsverzicht, mit dem höhere Gewinne einhergehen, wird befürwortet. Im Bereich der internationalen Rechnungslegung hat sich dagegen die Aufwandbuchung weitgehend durchgesetzt. Im Bezug auf Aktienoptionsprogramme stellt sich die Situation deshalb einmal völlig anders dar, als man es üblicherweise gewohnt ist. Geht man sonst von einem eher aggressiven Gewinnausweis in der internationalen Rechnungslegung und von einem vorsichtigen Gewinnausweis nach den GoB aus[236], dreht sich bei Aktienoptionen der „Frontverlauf" quasi um: Vertreter der traditionellen GoB-Rechnunslegung fordern einen aggressiveren Gewinnausweis, als er in der internationalen Rechnungslegung praktiziert wird.

Verantwortlich für die Ablehnung der Aufwandverbuchung dürfte die Tatsache sein, daß eine Erfassung von Aktienoptionen als Personalaufwand gegen das Kongruenzprinzip bzw. das clean-surplus-accounting verstößt:[237] Es wird Aufwand verbucht, obwohl zu keinem Zeitpunkt zahlungswirksame Auszahlungen vorzunehmen sind. Durch die Konzentration des betrachteten Modells auf den Periodengewinn des ersten Jahres werden die Konsequenzen eines solchen Verstoßes gegen das Kongruenzprinzip vom Modell nicht explizit erfaßt. Aus Sicht des Modells reicht es vollständig aus, wenn der Periodengewinn des betrachteten ersten Jahres durch Periodenabgrenzungen, z. B. eine Rückstellungsbildung, gemindert wird. Dieser Effekt kann sich später durch Auflösung der Periodenabgrenzungen umkehren, so daß aus Modellsicht ein Verstoß gegen das clean-surplus-Prinzip nicht notwendig ist. Vorübergehend höhere Periodenabgrenzungen reichen aus.

Andererseits entspricht auch eine Aufwandbuchung dem vom Modell geforderten niedrigeren Gewinnausweis in der betrachteten Periode $t = 1$.[238] Ob später bei Ausübung der Optionen in $t = 2$ ein endgültiger Verstoß gegen das Kongruenzprinzip erfolgt, liegt außerhalb der Betrachtung des Modells. Zugunsten der Aufwandbuchung in der Ausprägung eines exercise da-

236 Paradebeispiele für einen aggressiveren Gewinnausweis in der internationalen Rechnungslegung im Vergleich zu den GoB sind die Zulässigkeit der percetage-of-completion-Methode im Zusammenhang mit der langfristigen Auftragsfertigung oder die erfolgswirksame Erfassung von Wertsteigerungen, die über die Anschaffungskosten hinaus gehen, z. B. im Bereich der Finanzinstrumente.

237 Vgl. hierzu auch Kapitel 2.2.3.2.

238 Der Effekt einer Aufwanduchung auf die Periodenabgrenzungen ist im Modell vergleichbar mit dem Effekt einer Abschreibung: Es liegt keine Auszahlung vor, es wird aber Aufwand gebucht.

te accounting[239] läßt sich anführen, daß es, im Gegensatz zum grant date accounting, eine Art „pseudo-pagatorische" Grundlage besitzt, wenn man den Reichtumstransfer von den Alt- zu den Neuaktionären in Form des Ausübunsgewinns als Zahlungsstrom interpretiert.[240] Dieser „Zahlungsstrom" ist beim exercise date accounting der Höhe nach eindeutig definiert und wie andere Zahlungsströme auch von Dritten leicht nachzuvollziehen. Letztlich beruht beim exercise date accounting deshalb die Aufwandbuchung auf einer objektiv feststellbaren „Zahlungsgröße". Völlig anders sieht dies beim grant date accounting aus. Hier beruhen die Aufwandbuchungen nur auf Schätzwerten des Managements, die zum Auflagezeitpunkt des Optionsprogramms bestimmt werden. Diese ursprünglichen Schätzungen werden später nicht mehr an tatsächlichen Entwicklungen gemessen. Eine spätere Objektivierung von ursprünglichen Schätzwerten wie beim exercise date accounting fehlt.

Es bleibt folgendes festzustellen: Für eine Situation, in der von einem sinnvollen Einsatz von Ausschüttungsrestriktionen ausgegangen werden kann, in der also die klassische gläubigerschützende Wirkung einer vorsichtigen Rechnungslegung zum Tragen kommt, hat das Modell gezeigt, daß die Berücksichtigung eines Aktienoptionsprogramms bei der Festlegung der Restriktionshöhe nicht vernachlässigt werden kann. Aus Sicht der Ausschüttungsbemessungsfunktion ist es vielmehr notwendig, Anpassungen der Ausschüttungsrestriktionen an die veränderten Vorteilhaftigkeitsüberlegungen der Altaktionäre vorzunehmen. Die Anpassungen haben dabei immer den Effekt, daß sie in Richtung auf einen geringeren Periodengewinn in der vom Modell betrachteten Periode $t = 1$ hinwirken. In diesem Sinne muß die Rechnungslegung unter Berücksichtigung eines Optionsprogramms also vorsichtiger ausfallen als ohne ein solches Programm. Diese Kriterien erfüllt eine Verbuchung des Optionsprogramms als Aufwand.

239 Vgl. insbesondere Kapitel 2.1.5.

240 Vgl. auch die Ausführungen in Kapitel 3.3.2.4.

Schlußbetrachtung

Den Anknüpfungspunkt dieser Arbeit bilden die folgenden zwei Feststellungen: Erstens ist zu konstatieren, daß verschiedene Zwecke bekannt sind, aus deren Sicht heraus Rechnungslegung betrieben werden kann. Als Folge dieser möglichen verschiedenen „Einsatzgebiete" von Rechnungslegung ist verständlich, daß sich die Rechnungslegungsinhalte voneinander unterscheiden können, je nachdem welcher Jahresabschlußzweck im Vordergrund steht. Die konkrete Ausgestaltung von Rechnungslegungsvorschriften ist somit abhängig von der Zielsetzung, die mit dem jeweiligen Rechenwerk verbunden wird.

Zweiter Ausgangspunkt sind die kontroversen Meinungsverschiedenheiten, die über Jahre hinweg die Diskussion zur Erfassung von Aktienoptionsprogrammen in der Rechnungslegung sowohl auf internationaler Ebene als auch in Deutschland geprägt haben. Zwei Hauptargumentationsstränge konnten herausgearbeitet werden: Befürworter einer aufwandswirksamen Erfassung von Optionsprogrammen und Vertreter eines Buchungsverzichts. Die vorliegende Arbeit hat das Ziel verfolgt, diese beiden Ausgangsüberlegungen zusammenzuführen, indem überprüft wurde, ob die Ursache für die teilweise mit großem Nachdruck vorgetragenen Meinungsunterschiede im Bereich der Bilanzierung von Aktienoptionsprogrammen in verschiedenen Auffassungen zum primären Rechnungszweck des Jahresabschlusses zu finden sind: Dazu ist aus dem Blickwinkel verschiedener Rechnungszwecke überprüft worden, welche Bilanzierungsweise der Umsetzung des jeweiligen Rechnungszweckes förderlich ist.

Nach dem einführenden ersten Teil der Arbeit – der die Basis für das Verständnis des folgenden Teils geschaffen hat – wurde diesem Ziel im zweiten Hauptteil der Arbeit nachgegangen, indem in bekannte Modelle, die sich mit den verschiedenen Rechnungszwecken im Allgemeinen auseinandersetzen, Effekte von Aktienoptionsprogrammen integriert worden sind. Es ist jeweils geprüft worden, welche Art der Erfassung von Optionsprogrammen – Aufwandbuchung oder Buchungsverzicht – aus Sicht des jeweiligen Rechnungszweckes zu bevorzugen ist. Die Arbeit hat dabei drei Rechnungszwecke einander gegenübergestellt: Erstens ist die Entscheidungsunterstützung durch Information der Kapitalmarktteilnehmer zu nennen, ein Jahresabschlußziel, daß sich prägnant durch die englische Bezeichnung des „decision usefullness"-Gedankens zusammenfassen läßt. Zweitens kann der Einsatz der Rechnungslegung zur Leistungsbeurteilung im Sinne einer Anreizfunktion betont werden. Ins Zentrum gerückt wird hier die Beeinflussung von Managemententscheidungen im Sinne der Eigner eines Unternehmens. Drittens wurde der Einsatz von Rechnungslegung im Bereich der Bestimmung von Ausschüttungskonsequenzen untersucht. Dieser Zahlungsbemessungsfunktion der Rechnungslegung kommt insbesondere in Deutschland aufgrund der engen Verzahnung von Handels- und Gesellschaftsrecht eine besondere Bedeutung zu.

Im Rahmen des ersten Rechnungszwecks, der Entscheidungsunterstützung, wurde dabei eine getrennte Betrachtung zweier verschiedener Perspektiven auf Rechnungslegung vorgenommen: Zunächst erfolgte eine Analyse mit meßperspektivischen Ansatz, danach wurde eine informationsperspektivische Sichtweise eingenommen.

Die Überlegungen zur meßperspektivischen Sichtweise sind zu folgenden Ergebnissen gekommen: Steht eine Approximation des ökonomischen Gewinns im Zentrum des Interesses, ist festzustellen, daß bei Vorliegen eines Aktienoptionsprogramms eine eindeutige Zurechnung des ökonomischen Gewinns bzw. des Unternehmenswertes zu einer homogenen Gruppe von Eignern nicht mehr möglich ist. Innerhalb der Gruppe der Eigenkapitalgeber muß vielmehr zwischen den Altaktionären und den (potentiellen) Neuaktionären unterschieden werden, weil durch das Optionsprogramm Wertverschiebungen innerhalb der Gruppe der Eigenkapitalgeber ausgelöst werden und Teile des Unternehmenswertes an die Neuaktionäre abgetreten werden. Interpretiert man den Ausübungsgewinn, den die Neuaktionäre am Ende der Laufzeit des Optionsprogramms realisieren, als Zahlungsstrom, dann läßt sich auf Ebene des ökonomischen Gewinns eine Trennung vornehmen in einen auf die Alt- und einen auf die Neuaktionäre entfallenden Teil. Gleiches gilt analog für die Bestimmung des Unternehmenswertes, der für beide Aktionärsgruppen getrennt ermittelt werden kann. Versucht man diese Erkenntnisse auf Seiten der ökonomischen Parameter im Sinne einer meßperspektivischen Interpretation auf die Ebene der Rechnungslegung zu übertragen, läßt sich folgendes Ergebnis feststellen: Wählt man die Variante des Buchungsverzichts, sorgt die clean-surplus-Relation dafür, daß letztlich kein Wert „verloren“ geht und über das Residualgewinnmodell der Unternehmenswert aus gemeinsamer Sicht von Alt- und Neuaktionären ermittelt wird. Diese Betrachtungsweise hat ihre Berechtigung, wenn man das Unternehmen als Einheit betrachtet und eine strikte Trennung von Gesellschafter- und Gesellschaftssphäre propagiert. Dies scheint insbesondere aus einem juristisch geprägten Verständnis heraus nachvollziehbar zu sein. Will man jedoch mit Blick auf Investitionsentscheidungen Fragen nach dem Wert von Unternehmensanteilen beantworten, muß man berücksichtigen, daß für deren Wertermittlung gerade die Ausübungsgewinne der Neuaktionäre als Entlohnungskomponente in Abzug gebracht werden und deshalb aus dem Wert der Altaktionäre herausgerechnet werden müssen. Dies geschieht auf Ebene des Rechnungswesens mit Hilfe der Variante der Aufwandbuchung, die die Wertbestimmung aus Sicht der Altaktionäre vornimmt. Die Alternative der Aufwandbuchung trifft man – wie im Grundlagenteil der

Arbeit geschildert[241] – in zwei Ausprägungen an, dem exercise date und dem grant date accounting. Einer meßperspektivischen Sichtweise entsptricht nur das exercise date accounting, da nur bei diesem der tatsächliche Ausübungsgewinn der Neuaktionäre als Aufwand eingespeist und damit der gesamte auf die Neuaktionäre entfallende Wertverlust aus Altaktionärssicht erfaßt wird.

Im weiteren Verlauf des Abschnitts zur Meßperspektive wurde versucht, diese Feststellungen in einen konkreten Bilanzierungvorschlag zu überführen. Dabei konnten gewisse Parallelen zur Konzernrechnungslegung ausgenutzt werden. Eine Aufstellung der Bilanz aus Sicht der Altaktionäre zeichnet sich im Sinne dieses Vorschlages durch den Ausweis des Postens „Anteile Neuaktionäre" aus, der in Anlehung an den Minderheitenposten einer Konzernbilanz auf der Passivseite gebildet wird. Dieser Posten soll verdeutlichen, daß das dort ausgewiesene Kapital einerseits nicht aus dem Unternehmen abgeflossen ist, aber andererseits auch nicht den Altaktionären zusteht. Auf der Aktivseite erfolgt die Aktivierung eines Postens, der dem Geschäfts- oder Firmenwert ähnelt und die aus Sicht der Altaktionäre entgeltlich erworbene Mehrarbeit des Managements repräsentiert.

Abschließend läßt sich feststellen, daß sich aus meßperspektivischer Sicht beide Buchungsalternativen für Aktienoptionen nachvollziehbar begründen lassen. Der Buchungsverzicht approximiert ökonomischen Gewinn und Unternehmenswert bei einer Betrachtung des Unternehmens als Einheit, die Aufwandbuchung ermittelt die entsprechenden Werte ausschließlich aus Sicht der Altaktionäre. Es kommt deshalb darauf an, für welche Zwecke eine solche Approximation gewünscht wird.[242]

Im Anschluß wurde die neuere Interpretation der Aufgabe von Rechnungslegung im Sinne der Informationsperspektive behandelt. In diesem Abschnitt werden Informationsasymmetrien unterstellt zwischen externen Bilanzadressaten, die Informationen hinsichtlich der Bewertung des Unternehmens benötigen, und einem Management, das mit einem Informationsvorsprung ausgestattet ist. Dieser Informationsvorsprung bezieht sich dabei auf die konkreten Realisationen von zwei modellierten Schocktermen, über die mit Hilfe des Rechnungswesens die externen Kapitalmarktteilnehmer informiert werden sollen. Die Analyse hat gezeigt, daß die Möglichkeiten des Buchungsverzichts darauf beschränkt bleiben, die Realisationen der beiden Schockterme in Summe an die externen Adressaten zu übermitteln, was gegenüber einem rein zahlungsstromorientierten Informationssystem keinen Erkenntnisgewinn liefert. Die Variante der Aufwandbuchung zeigt sich dagegen aus informationsperspektivischer Sicht überlegen. Ihr gelingt es den Bilanzadressaten eine getrennte Ermittlung der beiden Schockterme zu ermöglichen, indem die Aufwandbuchung die entsprechenden (exakteren) Erwartungen des Managements in die Rech-

241 Vgl. Kapitel 2 und dabei insbesondere die Kapitel 2.1.2 und 2.1.3.

242 In diesem Zusammenhang ist an das grundsätzliche Problem einer schlechten Interpretierbarkeit des Nutzens von Rechnungslegung im Rahmen der Meßperspektive zu erinnern. Vgl. hierzu auch die Ausführungen in Kapitel 3.2.

nungslegung einspeist. Zumindest „partiell“ findet damit eine Bewertung zum fair value statt, die eine getrennte Ermittlung der Schockterme gewährleistet. Im Hinblick auf eine Unterscheidung zwischen grant date und exercise date accounting ist festzustellen, daß nur das exercise date accounting in der Lage ist, eine Informationsvermittlung in der beschriebenen Art zu erreichen: Dies liegt daran, daß beim grant date accounting grundsätzlich nur die Einschätzungen zum Auflagezeitpunkt des Optionsprogramms erfaßt werden, während das exercise date accounting es dem Management ermöglicht, später auftretende neue Informationen über die Ausprägungen der Schockterme durch entsprechende Anpassungen der Aufwandbuchung an externe Adressaten weiterzugeben. Da Skalierungsfragen im Rahmen dieser informationsorientierten Sichtweise keine Rolle spielen, kommt es allerdings auf die absolute Höhe, in der die Aufwandbuchungen vorgenommen werden, nicht an, solange eine Invertierbarkeit der Rechnungslegung gewahrt bleibt.

Nach der Betrachtung der Rechnungslegung aus einer entscheidungsunterstützenden Sichtweise in Kapitel 3 ändert sich der Fokus im anschließenden Kapitel 4 dahingehend, daß eine entscheidungsbeeinflussende Wirkung der Rechnungslegung in den Mittelpunkt rückt. Die Entscheidungsbeeinflussung kommt dann zum Tragen, wenn Daten der Rechnungslegung als Anknüpfungspunkt für Vertragsgestaltungen, insbesondere für leistungsabhängige Verträge mit dem Management, verwendet werden. Die Rechnungslegung sollte im Rahmen dieses Einsatzgebietes so gestaltet sein, daß sich Anreizwirkungen für das Management ergeben, die kompatibel mit den Zielvorstellungen der Eigner des Unternehmens sind. Da in der Analyse zwei Anreizinstrumente parallel zum Einsatz gekommen sind – eine an Jahresabschlußgrößen orientierte Entlohnung und eine Entlohnung im Rahmen des Aktienoptionsprogramms –, erfolgte die Untersuchung zweistufig: Zunächst wurde ausschließlich die anreizkompatible Bilanzierung des Optionsprogramms analysiert. Danach wurde ergänzend geprüft, unter welchen Voraussetzungen das Optionsprogramm selbst anreizkompatibel ausgestaltet ist.

Hinsichtlich der ersten Frage nach der bilanziellen Erfassung von Optionsprogrammen konnte festgestellt werden, daß ein Buchungsverzicht den Anforderungen an eine anreizkompatible Erfassung nicht gerecht wird. Bei einer bilanziellen Nichterfassung werden die aus Sicht der Altaktionäre kapitalwertmindernden Effekte des Optionsprogramms nicht berücksichtigt, und damit wird die Entscheidung des Managements über Einstellung oder Fortführung der Unternehmenstätigkeit im Verhältnis zum Grundmodell ohne Optionsprograamm nicht beeinflußt. Es kann deshalb die Situation eintreten, daß die Manager die Unternehmenstätigkeit fortführen, weil ihre Entlohnung in allen Perioden positiv ist, obwohl sich aus Sicht der Altaktionäre ein (unter Einbeziehung des Optionsprogramms) negativer Kapitalwert ergibt, der eine Beendigung der Unternehmenstätigkeit erfordern würde.

Für die Aufwandbuchung konnte gezeigt werden, daß diese für eine anreizkompatible Zurechnung sorgt, wenn die Verteilung des Aufwands mit Hilfe der im Modell bestimmten Gewichtungsfaktoren erfolgt. Diese werden nämlich so berechnet, daß sich der Residualgewinn jeder Periode als Anteil des gesamten Kapitalwerts (abzüglich der Kosten für das Optionsprogramm) berechnen läßt. So wird auch bei abweichenden Diskontierungszinssätzen zwischen Eignern und Managern für eine anreizkompatible Entlohnung des Managements gesorgt. Ob diese Aufwandbuchung im Sinne eines grant date oder eines exercise date accounting erfolgt, wird vom verwendeten Modell nicht explizit erfaßt, da die Modellannahmen davon ausgehen, daß das Management von Beginn an exakt über die zukünftige Entwicklung der Erlöse informiert ist. Damit gilt auch für den Ausübungsgewinn des Optionsprogramms, daß dieser von Beginn an dem Management bekannt ist. Abweichungen von einer ursprünglichen Schätzung, die eine Anpassung im Sinne eines exercise date accounting notwendig machen würden, treten nicht auf. Dennoch ist auch im Bezug auf die Anreizfunktion davon auszugehen, daß das exercise date accounting die zu bevorzugende Variante darstellt, denn setzt man – über die Modellannahmen hinausgehend – voraus, daß die Manager die Erlöse nicht mit Sicherheit kennen, sondern nur schätzen können und während der Laufzeit neue Informationen hinzugewinnen, müßte sich dieser Erkenntnisgewinn im Interesse einer anreizkompatiblen Entlohnungsgrundlage auf die Rechnungslegung auswirken.

Auf einer zweiten Stufe wurde im Anschluß die Anreizkompatibilität des Optionsprogramms selbst überprüft. Es hat sich herausgestellt, daß es im Zusammenhang mit dem Optionsprogramm zu Anreizproblemen kommen kann, wenn bei der Ausgestaltung des Optionsprogramms Aktienoptionen mit festem Basispreis eingesetzt werden. Diese vernachlässigen den Zeitwert des Geldes und können so zu unerwünschten Anreizeffekten führen. Es konnte gezeigt werden, daß sich diese Probleme vermeiden lassen, wenn antelle der Fixed Stock Options Aktienoptionen mit variablem Basispreis eingesetzt werden, die eine „Mindestverzinsung" verlangen, um die Optionen ins Geld zu bringen. Mit ihrer Hilfe ist eine anreizkompatible Entlohnung auch im Hinblick auf das Optionsprogramm gewährleistet.

Der dritte untersuchte Rechnungslegungszweck beschäftigt sich mit dem Verhältnis der Eigen- und Fremdkapitalgeber im Zusammenhang mit haftungsbeschränkten Unternehmen, namentlich mit der Möglichkeit der Eigenkapitalgeber, Reichtumsverlagerungen nach einer Kreditaufnahme auf Kosten der Gläubiger zu erzielen. Grundsätzlich besteht die Möglichkeit, durch die Vereinbarung von Ausschüttungsrestriktionen, die an Jahresabschlußgrößen anknüpfen, bestehende Interessensdivergenzen zwischen Eigen- und Fremdkapitalgebern abzubauen oder zu beseitigen. Mit der Vereinbarung solcher Ausschüttungsrestriktionen läßt sich das Vorsichtsprinzip assoziieren, welches über die „konservative" Ermittlung des Gewinns ebenfalls für eine Beschränkung des Ausschüttungspotentials sorgt. Problematisch ist aber, daß sich eine allgemeine Überlegenheit des Vorsichtsprinzips im Zusammenhang mit dem Gläubigerschutzgedanken nicht behaupten läßt. Die Effekte des Vorsichtsprinzips sind vielmehr ambivalenter Natur, so daß auch die Aussagen des im Kapitel 5 verwendeten Modells stark situationsbedingt sind.

Die nach Integration des Optionsprogramms gewonnenen Erkenntnisse sollten deshalb nicht als allgemeingültige Aussage für eine bestimmte Bilanzierungsweise von Aktienoptionsprogrammen verstanden werden. Vielmehr soll dieses Kapitel dahingehend interpretiert werden, daß es eine zentrale Behauptung der Vertreter des Buchungsverzichts entkräftet: Diese gehen davon aus, daß es bei Fragen der Ausschüttungsbemessung nur auf das Verhältnis von Eigen- und Fremdkapitalgebern ankommt und daß deshalb Verschiebungen innerhalb der Position der Eigenkapitalgeber – wie sie durch ein Optionsprogramm hervorgerufen werden – vernachlässigt werden können. Mit dieser Begründung befürworten sie den Verzicht auf eine bilanzielle Erfassung im deutschen Jahresabschluß, in dem der Ausschüttungsbemessung große Bedeutung beigemessen wird.

Die Integration eines Optionsprogramms in die Modellannahmen hat aber gezeigt, daß das Vorhandensein eines solchen Programms in einer Situation, in der die Vereinbarung einer Ausschüttungssperre als grundsätzlich wünschenswert erkannt worden ist, nicht ignoriert werden kann. Dies liegt daran, daß es bei Fragen der Ausschüttungsbemessung zwar grundsätzlich primär auf das Verhältnis von Eigen- zu Fremdkapitalgebern ankommt. Doch können die Fremdkapitalgeber, die annahmegemäß über rationale Erwartungen verfügen, die Veränderung auf der Eigenkapitalseite, die ein Optionsprogramm mit sich bringt, nicht ignorieren. Sie müssen vielmehr mit abweichenden Entscheidungen im Vergleich zum Grundfall ohne Optionsprogramm rechnen, da sich die Vorteilhaftigkeitsüberlegungen der Altaktionäre verändern. Dies wirkt sich auf die Höhe der zu vereinbarenden Ausschüttungsrestriktion aus. Unter den Annahmen des Modells sorgt die Einbeziehung des Optionsprogramms dafür, daß eine höhere Ausschüttungsrestriktion notwendig wird. Dies läßt sich mit einem höheren Maß an Vorsicht in der Rechnungslegung assoziieren, das durch das Vorhandensein eines Optionsprogramms nötig wird. Diesem erhöhten Maß an Vorsicht wird eine Aufwandbuchung gerecht, da diese in jedem Fall für einen geringeren Gewinnausweis sorgt als der Buchungsverzicht, der ein unverändertes Maß an Vorsicht als ausreichend unterstellt. Als wichtige Erkenntnis soll deshalb festgehalten werden, daß die Behauptung, auf eine Erfassung von Optionsprogrammen könne man aus Sicht des Gläubigerschutzes generell verzichten, nicht zu halten ist.

In der Gesamtschau läßt sich folgendes sagen: Die Analyse aus Sicht der verschiedenen Rechnungslegungszwecke zeigt eine Überlegenheit der Aufwandbuchung. Aus informationsperspektivischer Sicht und im Sinne der Anreizfunktion ist die Aufwandbuchung unter den getroffenen Annahmen die eindeutig zu bevorzugende Alternative. Im Hinblick auf die Ausschüttungsbemessungsfunktion konnte festgestellt werden, daß in Situationen, in denen ein Zurückgreifen auf Ausschüttungsrestriktionen sinnvoll ist, die Existenz eines Optionsprogramms bei der Bestimmung der Restriktionshöhe nicht ignoriert werden darf, wie es der Buchungsverzicht unterstellt, sondern daß die Ausschüttungsrestriktionen im Sinne eines höheren Maßes an Vorsicht angepaßt werden müssen. Dies ist durch eine gewinnschmälernde Aufwandbuchung erreichbar.

Lediglich aus Sicht der Meßperspektive sind zunächst beide Alternativen plausibel begründbar: Beim Buchungsverzicht findet eine Approximation des ökonomischen Gewinns aus Sicht des gesamten Unternehmens statt, bei einer Aufwandbuchung nur aus Sicht der Altaktionäre. Unklar bleibt allerdings der praktische Nutzen einer Approximation von ökonomischem Gewinn und Unternehmenswert aus Sicht des gesamten Unternehmens. Dies liegt zunächst an den beschriebenen grundsätzlichen Schwächen einer meßperspektivischen Sichtweise.[243] Darüber hinaus läßt sich der Sinn einer Approximation des gesamten Unternehmenswertes allerdings auch deutlich schlechter intuitiv nachvollziehen als die Absicht einer Approximation des den Altaktionären zustehenden Wertes, der bei Kaufs- oder Verkaufsentscheidungen von Unternehmensanteilen relevant wird. Nur wenn man sich auf einen streng formal-juristischen Standpunkt stellt und eine strikte Trennung von Gesellschafter- und Gesellschaftssphäre voraussetzt, scheint eine Gesamtbetrachtung des Unternehmens angebracht. Aus ökonomischer Sicht überzeugt aber vielmehr die differenzierte Betrachtung, die zwischen den beiden verschiedenen Anteilseignergruppen unterscheidet. Da zudem in Kapitel 5 eines der Hauptargumente der Vertreter des Buchungsverzichtes entkräftet werden konnte – diese behaupten, daß durch die Auflage eines Aktienoptionsprogramms das Verhältnis von Eigen- und Fremdkapitalgebern gar nicht berührt wird –, sprechen die gewichtigeren Argumente für eine Aufwandbuchung.

Im Hinblick auf die virtuelle Ausgestaltung von Aktienoptionsprogrammen, die Ausgabe sogenannter Stock Appreciation Rights, die mit einer Barvergütung einhergeht, läßt sich sagen, daß die erarbeiteten Ergebnisse für reale Programme auf diese virtuelle Variante weitgehend übertragbar sind. Dies liegt daran, daß die für reale Optionsprogramme aus ökonomischer Sicht als wünschenswert erscheinende Trennung zwischen Alt- und Neuaktionären bei virtuellen Programmen sozusagen auf der Hand liegt: Die Manager erhalten bei der Ausgabe virtueller Optionen gar keine (potentielle) Gesellschafterposition, so daß bei ihnen eine gemeinsame Betrachtung der Vermögenspositionen von „Altaktionären" und „Neuaktionären" gar nicht in Frage kommt. Die getrennte Betrachtung, die aus ökonomischer Sicht bei realen Programmen in den meisten Fällen naheliegend war, ist deshalb bei virtuellen Programmen quasi zwingend vorgegeben. Zu Abweichungen zwischen realen und virtuellen Programmen kommt es wie dargestellt lediglich bei einer Sichtweise, die Gesellschafter- und Gesellschaftssphäre strikt trennt: Unter dieser Voraussetzung gehören bei realen Programmen die Neuaktionäre als (potentielle) Eigenkapitalgeber zur Gesellschaftssphäre dazu, bei virtuellen Programmen erhalten sie dagegen keine Gesellschafterposition.

Mit Blick auf Standardisierungsfragen läßt sich feststellen, daß diese weitgehende ökonomische Übereinstimmung zwischen realen und virtuellen Optionsprogrammen von den Rechnungslegungsvorschriften in der internationalen Rechnungslegung nur unzureichend eingefangen wird. So wurden in Kapitel 2.1 für die IFRS die gravierenden Unterschiede bei der Bilanzierung

243 Vgl. hierzu die Ausführungen in Kapitel 3.2.

beider Ausgabevarianten vorgestellt, die für reale Programme ein grant date accounting, für virtuelle Programme dagegen ein exercise date accounting vorsehen.[244] Die Analyse im Rahmen dieser Arbeit hat dagegen gezeigt, daß aus theoretischer Sicht auch für den Bereich der realen Optionsprogramme die Verbuchung im Sinne des exercise date accounting die zu bevorzugende Variante darstellt. Dabei überrascht das Eintreten des IASB für ein grant date accounting im Zusammenhang mit realen Programmen insbesondere deshalb, weil das IASB gerne – auch im Bereich der Bilanzierung von Aktienoptionen – mit den Informationsinteressen der Kapitalmarktteilnehmer argumentiert. Warum es gerade unter Informationsgesichtspunkten allerdings von Vorteil sein soll, eine einmalige Schätzung des Aufwands zum Auflagezeitpunkt vorzunehmen und diesen Aufwand später nicht mehr anzupassen, bleibt weitgehend unklar. Durch diese Art der Vorgehensweise beim grant date accounting ist der verbuchte Aufwand ähnlich wie bei einer planmäßigen Abschreibung deterministisch[245], so daß die Möglichkeiten zum Informationstransfer als sehr limitiert zu betrachten sind. So hat das IASB im Bereich der Goodwill-Bilanzierung[246] die planmäßige Abschreibung gerade unter Berufung auf ihren mangelnden Beitrag zur Befriedigung der Informationsbedürfnisse der Kapitalmarktteilnehmer abgeschafft. Aus diesem Grund ist die Präferenz des IASB für ein grant date accounting schwer nachzuvollziehen. Die Ergebnisse dieser Arbeit legen vielmehr eine einheitliche Anwendung von exercise date accounting für reale und virtuelle Programme nahe, was nicht zuletzt der besseren Vergleichbarkeit dieser ökonomisch so ähnlichen Vorgänge entgegenkommt.

Die grundlegende Idee dieser Arbeit besteht darin, existierende Rechnungslegungsvorschriften, bei denen die adäquate Erfassung in der externen Rechnungslegung als umstritten anzusehen ist, daraufhin zu untersuchen, wie ihre Bilanzierung aus Sicht verschiedener Jahresabschlußzwecke heraus auszusehen hätte, um Argumente für die eine oder die andere Bilanzierungsweise zu erhalten. Über den in dieser Arbeit behandelten Fall der Bilanzierung von Aktienoptionsprogrammen hinaus könnte diese Vorgehensweise deshalb auch auf andere Bereiche ausgedehnt werden, in denen Bilanzierungsvorschriften als umstritten zu betrachten sind oder bei denen die Bilanzierungsmethoden zwischen deutscher Rechnungslegung nach den GoB und internationalen Rechnungslegungsstandards deutliche Unterschiede aufweisen. Zu denken wäre in diesem Zusammenhang z. B. an die Bilanzierung von Pensionsverpflichtungen oder an die Erfassung langfristiger Fertigungsaufträge.

244 Vgl. insbesondere auch Kapitel 2.1.5.

245 Dies gilt zumindest für den Bereich der Marktbedingungen. Bei anderen Ausübungsbedingungen sind Anpassungen während der Laufzeit möglich. Vgl. Kapitel 2.1.2.

246 Vgl. IFRS 3.

Anhang A

Berechnung des value shocks der Altaktionäre und des accounting income shocks bei Buchungsverzicht

Berechnung des value shocks der Altaktionäre:

Der gesamte value shock von Alt- und Neuaktionären berechnet sich bei Buchungsverzicht folgendermaßen:[247]

$$VS_1^{Alt+Neu,BV} = CF_1 + [E[V_1^{Alt+Neu}|h_1 = \epsilon + \epsilon_1] - E[CF_1|h_0] - E[V_1^{Alt+Neu}|h_0]$$

Dabei gilt:

$$CF_1 = \bar{c}_1 + \epsilon + \epsilon_1$$

$$E[CF_1|h_0] = \bar{c}_1$$

$$E[V_1^{Alt+Neu}|h_1 = \epsilon + \epsilon_1] = \frac{\bar{c}_2}{R} + \alpha \cdot E[\epsilon|\epsilon + \epsilon_1]$$

$$E[V_1^{Alt+Neu}|h_0] = \frac{\bar{c}_2}{R}$$

Damit ergibt sich für die Berechnung des value shocks:

$$VS_1^{Alt+Neu,BV} = \bar{c}_1 + \epsilon + \epsilon_1 + \frac{\bar{c}_2}{R} + \alpha \cdot E[\epsilon|\epsilon + \epsilon_1] - \bar{c}_1 - \frac{\bar{c}_2}{R}$$

247 Vgl. zur Berechnung des value shock auch *Christensen / Demski* (2003), S. 183.

$$VS_1^{Alt+Neu,BV} = \epsilon + \epsilon_1 + \alpha \cdot E[\epsilon|\epsilon + \epsilon_1]$$

Relevanter ist jedoch bei Vorhandensein eines Aktienoptionsprogramms der value shock der Altaktionäre alleine. Zu dessen Berechnung ist der value shock der Neuaktionäre in Abzug zu bringen. Um diesen zu berechnen, benötigt man entsprechend die Differenz zwischen dem erwarteten Wert des Ausübungsgewinns der Neuaktionäre auf dem Informationsstand der Periode $t = 1$ verglichen mit dem Wert auf dem Informationsstand von Periode $t = 0$:

$$VS_1^{Neu,BV} = E[V_1^{Neu}|h_1 = \epsilon + \epsilon_1] - [E[V_1^{Neu}|h_0]$$

Dabei gilt:

$$E[V_1^{Neu}|h_1] = E\left[\max\left\{\left(\frac{\bar{c}_1 \cdot R + \bar{c}_2 + (\epsilon + \epsilon_1 + \alpha\epsilon) \cdot R + B \cdot \bar{O}}{A + \bar{O}} - B\right) \cdot \frac{\bar{O}}{R}; 0\right\} \middle| \epsilon + \epsilon_1\right]$$

und

$$E[V_1^{Neu}|h_0] = E\left[\max\left\{\left(\frac{\bar{c}_1 \cdot R + \bar{c}_2 + (\epsilon + \epsilon_1 + \alpha\epsilon) \cdot R + B \cdot \bar{O}}{A + \bar{O}} - B\right) \cdot \frac{\bar{O}}{R}; 0\right\} \middle| h_0\right]$$

Um im folgenden die Darstellung zu verkürzen, wird der Ausdruck für den Barwert des Ausübungsgewinns durch Z_1 substituiert:

$$Z_1 = \left(\frac{\bar{c}_1 \cdot R + \bar{c}_2 + (\epsilon + \epsilon_1 + \alpha\epsilon) \cdot R + B \cdot \bar{O}}{A + \bar{O}} - B\right) \cdot \frac{\bar{O}}{R} \tag{A.1}$$

Dann läßt sich der Ausdruck für den Wert der Neuaktionäre unter Informationshierarchie h_1 folgendermaßen umformen. Zunächst scheint sich die Darstellung durch diese Umformungen nicht zu vereinfachen, aber es wird sich zeigen, daß die Interpretierbarkeit des Ergebnisses durch die Umformungen wesentlich erleichtert wird.

$$E[V_1^{Neu}|h_1] = E[\max\{Z_1; 0\}|\epsilon + \epsilon_1]$$

$$E[V_1^{Neu}|h_1] = E[Z_1 + \max\{0; -Z_1\}|\epsilon + \epsilon_1]$$

$$E[V_1^{Neu}|h_1] = E[Z_1|\epsilon + \epsilon_1] - E[\min\{Z_1; 0\}|\epsilon + \epsilon_1] \tag{A.2}$$

In analoger Weise läßt sich auch der Ausdruck für den Wert aus Sicht der Neuaktionäre unter Informationshierarchie h_0 umformen:

$$E[V_1^{Neu}|h_0] = E[\max\{Z_1; 0\}|h_0]]$$

$$E[V_1^{Neu}|h_0] = E[Z_1 + \max\{0; -Z_1\}|h_0]$$

$$E[V_1^{Neu}|h_0] = E[Z_1|h_0] - E[\min\{Z_1; 0\}|h_0] \tag{A.3}$$

Ersetzt man im ersten Term $E[Z_1|h_0]$ Z_1 wieder durch den ursprünglichen Ausdruck aus Gleichung A.1, erhält man:

$$E[Z_1|h_0] = E\left[\left(\frac{\bar{c}_1 \cdot R + \bar{c}_2 + (\epsilon + \epsilon_1 + \alpha\epsilon) \cdot R + B \cdot \bar{O}}{A + \bar{O}} - B\right) \cdot \frac{\bar{O}}{R}\right| h_0\Bigg]$$

Dies läßt sich nun umformen zu:

$$E[Z_1|h_0] = \left(\frac{\bar{c}_1 \cdot R + \bar{c}_2 + (E[\epsilon|h_0] + E[\epsilon_1|h_0] + \alpha E[\epsilon|h_0]) \cdot R + B \cdot \bar{O}}{A + \bar{O}} - B\right) \cdot \frac{\bar{O}}{R}$$

Da unter Informationshierarchie h_0 diese Erwartungswerte annahmegemäß alle Null betragen, vereinfacht sich der Ausdruck folgendermaßen:

$$E[Z_1|h_0] = \left(\frac{\bar{c}_1 \cdot R + \bar{c}_2 + B \cdot \bar{O}}{A + \bar{O}} - B\right) \cdot \frac{\bar{O}}{R}$$

Faßt man nun den ersten Term aus Gleichung A.2 $E[Z_1|\epsilon + \epsilon_1]$ mit dem gerade berechneten Ausdruck zusammen, indem man auch in Gleichung A.2 wieder resubstituiert und bei der Berechnung des Erwartungswertes in analoger Weise vergeht, erhält man:

$$\begin{aligned} & E[Z_1|\epsilon + \epsilon_1] - E[Z_1|h_0] \\ = & \left(\frac{\bar{c}_1 \cdot R + \bar{c}_2 + (\epsilon + \epsilon_1 + \alpha E[\epsilon|\epsilon + \epsilon_1]) \cdot R + B \cdot \bar{O}}{A + \bar{O}} - B\right) \cdot \frac{\bar{O}}{R} \\ - & \left(\frac{\bar{c}_1 \cdot R + \bar{c}_2 + B \cdot \bar{O}}{A + \bar{O}} - B\right) \cdot \frac{\bar{O}}{R} \end{aligned}$$

Dies läßt sich stark vereinfachen, und es entsteht folgender Ausdruck:

$$E[Z_1|\epsilon + \epsilon_1] - E[Z_1|h_0] = (\epsilon + \epsilon_1 + \alpha E[\epsilon|\epsilon + \epsilon_1]) \cdot \frac{\bar{O}}{A + \bar{O}} \tag{A.4}$$

Nun läßt sich der value shock der Neuaktionäre folgendermaßen ausdrücken, wenn man die Gleichungen A.2 und A.3 unter Verwendung von Gleichung A.4 zusammenfaßt:

$$VS_1^{Neu,BV} = E[V_1^{Neu}|h_1] - E[V_1^{Neu}|h_0]$$

$$VS_1^{Neu,BV} = E[Z_1|\epsilon + \epsilon_1] - E[Z_1|h_0] - (E[\min\{Z_1;0\}|\epsilon + \epsilon_1] - E[\min\{Z_1;0\}|h_0])$$

$$VS_1^{Neu,BV} = (\epsilon + \epsilon_1 + \alpha E[\epsilon|\epsilon + \epsilon_1]) \cdot \frac{\bar{O}}{A + \bar{O}} - (E[\min\{Z_1;0\}|\epsilon + \epsilon_1] - E[\min\{Z_1;0\}|h_0])$$

Zieht man jetzt vom gesamten value shock von Alt- und Neuaktionären den value shock der Neuaktionäre ab, erhält man den gesuchten value shock der Altaktionäre:

$$VS_1^{Alt,BV} = VS_1^{Alt+Neu,BV} - VS_1^{Neu,BV}$$

$$\begin{aligned} VS_1^{Alt,BV} &= \epsilon + \epsilon_1 + \alpha E[\epsilon|\epsilon + \epsilon_1] - (\epsilon + \epsilon_1 + \alpha E[\epsilon|\epsilon + \epsilon_1]) \cdot \frac{\bar{O}}{A + \bar{O}} \\ &+ E[\min\{Z_1;0\}|\epsilon + \epsilon_1] - E[\min\{Z_1;0\}|h_0] \end{aligned}$$

$$VS_1^{Alt,BV} = (\epsilon + \epsilon_1 + \alpha E[\epsilon|\epsilon + \epsilon_1]) \cdot \frac{A}{A + \bar{O}} + E[\min\{Z_1;0\}|\epsilon + \epsilon_1] - E[\min\{Z_1;0\}|h_0]$$

Berechnung des accounting income shocks:

Der accounting income shock der Altaktionäre berechnet sich als Differenz des tatsächlichen accounting income der ersten Periode x_1 und dem erwarteten accounting income $E[x_1]$:[248]

$$AS_1^{BV} = x_1 - E[x_1]$$

mit

$$x_1 = \bar{c}_1 + \epsilon + \epsilon_1 - d_1 \quad \text{und} \quad E[x_1] = \bar{c}_1 - d_1$$

Damit ergibt sich für den accounting income shock bei Buchungsverzicht:

$$AS_1^{BV} = \epsilon + \epsilon_1$$

248 Vgl. zur Berechnung des accounting income shock bei Buchungsverzicht auch *Christensen / Demski* (2003), S. 183.

Anhang B

Berechnung des value shocks der Altaktionäre und des accounting income shocks bei Aufwandbuchung

Berechnung des value shocks der Altaktionäre:

Die Berechnung des value shocks bei Aufwandbuchung verläuft weitgehend analog zum Fall des Buchungsverzichts. Zu berücksichtigen ist allerdings, daß die Ausprägung der Schockterme ϵ und ϵ_1 nicht nur in Summe bekannt sind, sondern, daß vielmehr die exakten Realisationen angesetzt werden können.

Für den gesamten value shock von Alt- und Neuaktionären gilt wieder:[249]

$$VS_1^{Alt+Neu,AB} = CF_1 + [E[V_1^{Alt+Neu}|h_1 = \epsilon, \epsilon_1] - E[CF_1|h_0] - E[V_1^{Alt+Neu}|h_0]$$

mit:

$$CF_1 = \bar{c}_1 + \epsilon + \epsilon_1$$

$$E[CF_1|h_0] = \bar{c}_1$$

$$E[V_1^{Alt+Neu}|h_1 = \epsilon, \epsilon_1] = \frac{\bar{c}_2}{R} + \alpha\epsilon$$

$$E[V_1^{Alt+Neu}|h_0] = \frac{\bar{c}_2}{R}$$

Damit ergibt sich für den gesamten value shock:

249 Vgl. zur Berechnung des value shocks auch *Christensen / Demski* (2003), S. 185 f.

$$VS_1^{Alt+Neu,AB} = \bar{c}_1 + \epsilon + \epsilon_1 + \frac{\bar{c}_2}{R} + \alpha\epsilon - \bar{c}_1 - \frac{\bar{c}_2}{R}$$

$$VS_1^{Alt+Neu,AB} = \epsilon + \epsilon_1 + \alpha\epsilon$$

Relevanter ist jedoch bei Vorhandensein eines Aktienoptionsprogramms der value shock der Altaktionäre alleine. Zu dessen Berechnung ist der value shock der Neuaktionäre in Abzug zu bringen. Um diesen zu berechnen, benötigt man entsprechend die Differenz zwischen dem erwarteten Wert des Ausübungsgewinns der Neuaktionäre auf dem Informationsstand der Periode $t = 1$ verglichen mit dem Wert auf dem Informationsstand von Periode $t = 0$:

$$VS_1^{Neu,AB} = E[V_1^{Neu}|h_1 = \epsilon, \epsilon_1] - E[V_1^{Neu}|h_0]$$

Dabei gilt:

$$E[V_1^{Neu}|h_1] = \max\left\{\left(\frac{\bar{c}_1 \cdot R + \bar{c}_2 + (\epsilon + \epsilon_1 + \alpha\epsilon) \cdot R + B \cdot \bar{O}}{A + \bar{O}} - B\right) \cdot \frac{\bar{O}}{R}; 0\right\}$$

und

$$E[V_1^{Neu}|h_0] = E\left[\max\left\{\left(\frac{\bar{c}_1 \cdot R + \bar{c}_2 + (\epsilon + \epsilon_1 + \alpha\epsilon) \cdot R + B \cdot \bar{O}}{A + \bar{O}} - B\right) \cdot \frac{\bar{O}}{R}; 0\right\}\middle| h_0\right]$$

Um im folgenden die Darstellung zu verkürzen, wird wieder der Ausdruck für den Barwert des Ausübungsgewinns durch Z_1 substituiert:

$$Z_1 = \left(\frac{\bar{c}_1 \cdot R + \bar{c}_2 + (\epsilon + \epsilon_1 + \alpha\epsilon) \cdot R + B \cdot \bar{O}}{A + \bar{O}} - B\right) \cdot \frac{\bar{O}}{R} \tag{B.1}$$

Dann läßt sich der Ausdruck für den Wert der Neuaktionäre unter Informationshierarchie h_1 folgendermaßen umformen. Zunächst scheint sich die Darstellung durch diese Umformungen nicht zu vereinfachen, aber es wird sich zeigen, daß die Interpretierbarkeit des Ergebnisses durch die Umformungen wesentlich erleichtert wird.

$$E[V_1^{Neu}|h_1] = \max\{Z_1; 0\}$$

$$E[V_1^{Neu}|h_1] = Z_1 + \max\{0; -Z_1\}$$

$$E[V_1^{Neu}|h_1] = Z_1 - \min\{Z_1; 0\} \tag{B.2}$$

In analoger Weise läßt sich auch der Ausdruck für den Wert aus Sicht der Neuaktionäre unter Informationshierarchie h_0 umformen:

$$E[V_1^{Neu}|h_0] = E[\max\{Z_1; 0\}|h_0]$$

$$E[V_1^{Neu}|h_0] = E[Z_1 + \max\{0; -Z_1\}|h_0]$$

$$E[V_1^{Neu}|h_0] = E[Z_1|h_0] - E[\min\{Z_1; 0\}|h_0] \tag{B.3}$$

Ersetzt man im ersten Term $E[Z_1|h_0]$ Z_1 wieder durch den ursprünglichen Ausdruck aus Gleichung B.1, erhält man:

$$E[Z_1|h_0] = E\left[\left(\frac{\bar{c}_1 \cdot R + \bar{c}_2 + (\epsilon + \epsilon_1 + \alpha\epsilon) \cdot R + B \cdot \bar{O}}{A + \bar{O}} - B\right) \cdot \frac{\bar{O}}{R}\middle| h_0\right]$$

Dies läßt sich nun umformen zu:

$$E[Z_1|h_0] = \left(\frac{\bar{c}_1 \cdot R + \bar{c}_2 + (E[\epsilon|h_0] + E[\epsilon_1|h_0] + \alpha E[\epsilon|h_0]) \cdot R + B \cdot \bar{O}}{A + \bar{O}} - B\right) \cdot \frac{\bar{O}}{R}$$

Da unter Informationshierarchie h_0 diese Erwartungswerte annahmegemäß alle Null betragen, vereinfacht sich der Ausdruck folgendermaßen:

$$E[Z_1|h_0] = \left(\frac{\bar{c}_1 \cdot R + \bar{c}_2 + B \cdot \bar{O}}{A + \bar{O}} - B\right) \cdot \frac{\bar{O}}{R}$$

Faßt man nun den ersten Term aus Gleichung B.2 Z_1 mit dem gerade berechneten Ausdruck zusammen, indem man auch dort wieder resubstituiert, erhält man:

$$\begin{aligned} Z_1 - E[Z_1|h_0] &= \left(\frac{\bar{c}_1 \cdot R + \bar{c}_2 + (\epsilon + \epsilon_1 + \alpha\epsilon) \cdot R + B \cdot \bar{O}}{A + \bar{O}} - B\right) \cdot \frac{\bar{O}}{R} \\ &- \left(\frac{\bar{c}_1 \cdot R + \bar{c}_2 + B \cdot \bar{O}}{A + \bar{O}} - B\right) \cdot \frac{\bar{O}}{R} \end{aligned}$$

Dies läßt sich nun stark vereinfachen, und es entsteht folgender Ausdruck:

$$Z_1 - E[Z_1|h_0] = (\epsilon + \epsilon_1 + \alpha\epsilon) \cdot \frac{\bar{O}}{A + \bar{O}} \tag{B.4}$$

Nun läßt sich der value shock der Neuaktionäre folgendermaßen ausdrücken, wenn man die Gleichungen B.2 und B.3 unter Verwendung von Gleichung B.4 zusammenfaßt:

$$VS_1^{Neu,AB} = E[V_1^{Neu}|h_1] - E[V_1^{Neu}|h_0]$$

$$VS_1^{Neu,AB} = Z_1 - E[Z_1] - (\min\{Z_1;0\} - E[\min\{Z_1;0\}|h_0])$$

$$VS_1^{Neu,AB} = (\epsilon + \epsilon_1 + \alpha\epsilon) \cdot \frac{\bar{O}}{A+\bar{O}} - (\min\{Z_1;0\} - E[\min\{Z_1;0\}|h_0])$$

Zieht man jetzt vom gesamten value shock von Alt- und Neuaktionären den value shock der Neuaktionäre ab, erhält man den gesuchten value shock der Altaktionäre:

$$VS_1^{Alt,AB} = VS_1^{Alt+Neu,AB} - VS_1^{Neu,AB}$$

$$VS_1^{Alt,AB} = \epsilon + \epsilon_1 + \alpha\epsilon - (\epsilon + \epsilon_1 + \alpha\epsilon) \cdot \frac{\bar{O}}{A+\bar{O}} + \min\{Z_1;0\} - E[\min\{Z_1;0\}|h_0]$$

$$VS_1^{Alt,AB} = (\epsilon + \epsilon_1 + \alpha\epsilon) \cdot \frac{A}{A+\bar{O}} + \min\{Z_1;0\} - E[\min\{Z_1;0\}|h_0]$$

Berechnung des accounting income shocks:

Der accounting income shock der Altaktionäre berechnet sich analog zur Vorgehensweise beim Buchungsverzicht als Differenz des tatsächlichen accounting income der ersten Periode x_1 und dem erwarteten accounting income $E[x_1]$:[250]

$$AS_1^{AB} = x_1 - E[x_1]$$

mit

$$x_1 = \bar{c}_1 + \epsilon + \epsilon_1 - d_1 - Kor_1 \quad \text{und} \quad E[x_1] = \bar{c}_1 - d_1 - E[Kor_1]$$

wobei für Kor_1 und $E[Kor_1]$ unter Verwendung von Gleichung B.1 folgendes gilt:

$$Kor_1 = \beta \cdot \max\{Z_1;0\}$$

$$E[Kor_1] = \beta \cdot E[\max\{Z_1;0\}|h_0]$$

Kor_1 wird im folgenden weiter umgeformt:

250 Vgl. auch *Christensen / Demski* (2003), S. 185 ff.

$$Kor_1 = \beta \cdot Z_1 + \beta \cdot \max\{0; -Z_1\}$$

$$Kor_1 = \beta \cdot Z_1 - \beta \cdot \min\{Z_1; 0\} \tag{B.5}$$

Eine analoge Umformung soll ebenfalls für $E[Kor_1]$ vorgenommen werden:

$$E[Kor_1] = \beta \cdot E[Z_1|h_0] + \beta \cdot E[\max\{0; -Z_1\}|h_0]$$

$$E[Kor_1] = \beta \cdot E[Z_1|h_0] - \beta \cdot E[\min\{Z_1; 0\}|h_0] \tag{B.6}$$

Kehren wir nach diesen Vorarbeiten zur Berechnung des accounting income shocks zurück:

$$AS_1^{AB} = \bar{c}_1 + \epsilon + \epsilon_1 - d_1 - Kor_1 - (\bar{c}_1 - d_1 - E[Kor_1])$$

Setzt man für Kor_1 und $E[Kor_1]$ die in den Gleichungen B.5 und B.6 berechneten Ausdrücke ein, erhält man:

$$AS_1^{AB} = \epsilon + \epsilon_1 - \beta(Z_1 - \min\{Z_1; 0\}) + \beta(E[Z_1|h_0] - E[min\{Z_1; 0\}|h_0]) \tag{B.7}$$

Dieser Ausdruck läßt sich im folgenden vereinfachen. Wenn man auf die Berechnungen für Gleichung B.4 zurückgreift, ergibt sich:

$$-\beta \cdot Z_1 + \beta \cdot E[Z_1|h_0] = -\beta \cdot (\epsilon + \epsilon_1 + \alpha\epsilon) \cdot \frac{\bar{O}}{A + \bar{O}}$$

Für den accounting income shock aus Gleichung B.7 bedeutet dies:

$$AS_1^{AB} = \epsilon + \epsilon_1 - \beta \cdot (\epsilon + \epsilon_1 + \alpha\epsilon) \cdot \frac{\bar{O}}{A + \bar{O}} + \beta \cdot (\min\{Z_1; 0\} - E[\min\{Z_1; 0\}|h_0])$$

Nach weiterer Umformung ergibt sich:

$$AS_1^{AB} = \frac{(\epsilon + \epsilon_1) \cdot (A + (1 - \beta) \cdot \bar{O}) - \beta\alpha\epsilon\bar{O}}{A + \bar{O}} + \beta \cdot (\min\{Z_1; 0\} - E[\min\{Z_1; 0\}|h_0])$$

Anhang C

Indifferenz zwischen Realinvestition und Finanzinvestition aus Altaktionärssicht

Folgende Überlegungen sollen zeigen, daß eine PA-Grenze von 42,31 GE im vorliegenden Beispielfall aus Sicht der Altaktionäre tatsächlich genau für eine Indifferenz zwischen dem Realinvestitionsprojekt und der Durchführung einer Finanzinvestition sorgt:

Wert aus Sicht der Altaktionäre bei Durchführung der Realinvestition:

Bei Durchführung des Realinvestitionsobjektes können in $t = 1$ 20 GE ausgeschüttet werden, der Rest des Cash Flows c_1 wird für die Investition verwendet. In $t = 2$ fallen im schlechten Umweltzustand Rückflüsse an, die durch das Eintreten der Insolvenz komplett an die Fremdkapitalgeber fallen. Im guten Umweltzustand fallen 300 GE aus dem ursprünglichen Projekt und 125 GE aus dem zusätzlichen Investitonspojekt an. Berücksichtigt man den Abzug des vorrangig zu bedienenden Fremdkapitals in Höhe von 200 GE[251], macht dies in Summe 425 GE, wobei berücksichtigt werden muß, daß ebenfalls die in $t = 1$ ausgeschütteten 20 GE für die Berechnung des Ausübungsgewinns berücksichtigt werden müssen. Dies liegt an der Annahme dividendengeschützter Aktienoptionen. Der Ausübungsgewinn pro Option beträgt deshalb:

$$\frac{20 + 300 + 125 - 200 + 3 \cdot 18,875}{13} - 18,875 = 4,33$$

Bei drei Optionen ergibt dies einen Ausübungsgewinn von 12,98 GE. Für die Altaktionäre verbleibt deshalb im positiven Umweltzustand folgender Wert: Von den 245 GE (inkl. der 20 GE aus $t = 1$) muß der Ausübungsgewinn in Höhe von 12,98 GE abgezogen werden, so daß 232,02 GE auf die Altaktionäre entfallen. Im Erwartungswert steht den Altaktionären damit folgender Wert zu:

251 Bei einer Rückzahlung von 150 GE im schlechten und 200 GE im guten Umweltzustand erhalten die Fremdkapitalgeber also im Erwartungswert ihre investierten 187,5 GE zurück.

$$\begin{aligned} & 0,25 \cdot 20 + 0,75 \cdot (20 + 300 + 125 - 200 - 12,98) \\ = \; & 0,25 \cdot 20 + 0,75 \cdot 232,02 \\ = \; & 179,02 \end{aligned}$$

Bei Durchführung der Realinvestition beträgt der den Altaktionären im Erwartungswert zustehende Wert 179,02 GE.

Wert aus Sicht der Altaktionäre bei Durchführung der Finanzinvestition:

Bei Durchführung der erzwungenen Investition in das Finanzprojekt in Höhe von 42,31 GE ergibt sich folgendes Bild: In $t = 1$ verbleiben nach der Investition der 42,31 GE noch 77,69 GE, die ausgeschüttet werden. Im schlechten Umweltzustand werden in $t = 2$ wieder ausschließlich die Fremdkapitalgeber bedient, die Eigenkapitalgeber erhalten nichts. Im guten Umweltzustand fallen 300 GE aus der ursprünglichen Investiton an und 42,31 GE aus der Finanzinvestition. Für die Berechnung des Ausübungsgewinns müssen wegen der Annahme dividendengeschützter Optionen auch die in $t = 1$ ausgeschütteten 77,69 GE einbezogen werden. Unter Abzug der Rückzahlung des Fremdkapitals in Höhe von 200 GE berechnet sich der Ausübungsgewinn deshalb folgendermaßen:

$$\frac{77,69 + 300 + 42,31 - 200 + 3 \cdot 18,875}{13} - 18,875 = 2,4$$

Bei drei Optionen ergibt sich ein gesamter Ausübungsgewinn von 7,21 GE. Den Altaktionären verbleibt damit im guten Umweltzustand ein Wert von $220 - 7,21 = 212,79$ GE. Im Erwartungswert erhalten die Eigenkapitalgeber damit bei Durchführung der Finanzinvestition in Höhe von PA^{mitSOP} folgenden Wert:

$$\begin{aligned} & 0,25 \cdot 77,69 + 0,75 \cdot (77,69 + 300 + 42,31 - 200 - 7,21) \\ = \; & 0,25 \cdot 77,69 + 0,75 \cdot 212,79 \\ = \; & 179,02 \end{aligned}$$

Bei Durchführung der Finanzinvestition beträgt der den Altaktionären im Erwartungswert zustehende Wert wieder genau 179,02 GE. Die Altaktionäre sind also bei der durch PA^{mitSOP} definierten Mindestinvestitionsgrenze tatsächlich genau indifferent zwischen der Durchführung des Realinvestitionsobjektes und der Finanzinvestition.

Literaturverzeichnis

Achleitner, Ann-Kristin / Wichels, Daniel (2000): "Stock Option-Pläne als Vergütungsbestandteil wertorientierter Entlohnungssysteme – Eine Einführung", in: *Stock Options*, S. 1-25, Achleitner, Ann-Kristin / Wollmert, Peter, Stuttgart.

Ackermann, Ulrich / Suchan, Stefan Wilhelm (2002): "Repricing von Stock Options - aktienrechtliche Zulässigkeit und bilanzielle Behandlung", *Betriebsberater*, 57, S. 1497-1504.

Adler, Hans/Düring, Walther / Schmaltz, Kurt (1995): *Rechnungslegung und Prüfung der Unternehmen – Kommentar zum HGB, AktG, GmbHG, PublG nach den Vorschriften des Bilanzrichtlinien-Gesetzes*, 6. Auflage, Stuttgart.

Aha, Christof (1997): "Ausgewälte Gestaltungsmöglichkeiten bei Aktienoptionsplänen", *Betriebsberater*, S. 2225-2228.

AICPA (1973): *Objectives of Financial Statements*, Technischer Bericht, Report of the Study Group on the Objectives for Financial Statements, New York.

Apostolou, Nicholas G. / Crumbley, D. Larry (2001): "Accounting for Stock Options: The Controversy Continues", *The CPA Journal*, 71, S. 34-39.

Baeck, Ulrich / Diller, Martin (1998): "Arbeitsrechtliche Probleme bei Aktienoptionen und Belegschaftsaktien", *Der Betrieb*, S. 1405-1412.

Bassen, Alexander (2000): "Die Einführung von Stock Options aus Aktionärssicht", in: *Stock Options*, S. 279-296, Achleitner, Ann-Kristin/Wollmert, Peter, Stuttgart.

Baums, Theodor (1997): "Aktienoptionen für Vorstandsmitglieder", in: *Festschrift für Carsten Peter Claussen*, Martens, Klaus-Peter et al., Köln.

Beaver, William H. (1998): *Financial Reporting: An Accounting Revolution*, 3. Auflage, Upper Saddle River, New Jersey.

Beaver, William H. / Demski, Joel S. (1979): "The Nature of Income Measurement", *The Accounting Review*, 54, S. 38-46.

Bernhardt, Wolfgang (1998): "Stock Options wegen oder gegen Shareholder Value? - Teil 2", *Blick durch die Wirtschaft*, S. 7.

Bernhardt, Wolfgang / Witt, Peter (1997): "Stock Options und Shareholder Value", *Zeitschrift für Betriebswirtschaft*, S. 85-101.

Bodie, Zwi/Kaplan, Robert S. / Merton, Robert C. (2003): "For The Last Time: Stock Options Are an Expense", *Harvard Business Review*, S. 63-71.

Böhm-Bawerk, Eugen von (1921): *Kapital und Kapitalzins*, Band Eins, 4. Auflage, Jena.

Bredow, Günther M. (1998): "Mustervereinbarung zu Aktienoptionsplänen für das Management und leitende Angestellte (Stock Option Plans)", *Deutsches Steuerrecht*, S. 380-382.

Brickley, James A./Bhagat, Sanjai / Lease, Ronnald C. (1985): "The impact of long-range managerial compensation plans on shareholder wealth", *Journal of Accounting and Economics*, 7, S. 115-129.

Christensen, John A. / Demski, Joel S. (2003): *Accounting Theory – An Information Content Perspective*, McGraw–Hill, New York.

Clotten, Cornelius (1998): *Management Stock Options - Grundsätzliche Überlegungen und das Modell des Dresdner Bank Konzerns*, S. 102-113, Pellens, Bernhard, Stuttgart.

Coller, Maribeth / Higgs, Julia L. (1997): "Firm Valuation and Accounting for Employee Stock Options", *Financial Analysts Journal*, S. 26-34.

Crasselt, Nils (2005): "Bewertung indexierter Mitarbeiter-Aktienoptionen im Binomialmodell", *Zeitschrift für kapitalmarktorientierte Rechnungslegung*, S. 444-448.

Demski, Joel S. / Feltham, Gerald A. (1976): *Cost Determination - A Conceptual Approach*, 1. Auflage, Iowa.

Dutta, Sunil / Reichelstein, Stefan (2005): "Accrual Accounting for Performance Valuation", *Review of Accounting Studies*, 10, S. 527-552.

Eberhartinger, Eva / Engelsing, Lutz (2001): "Zur steuerrechtlichen Behandlung von Aktienoptionen bei den optionsberechtigten Führungskräften", *Die Wirtschaftsprüfung*, S. 99-114.

Einem, Christoph von / Pajunk, Axel (2000): "Zivil- und gesellschaftsrechtliche Anforderungen an die Ausgestaltung von Stock Options nach deutschem Recht und deren Ausstrahlungswirkung auf die steuerliche und bilanzielle Behandlung", in: *Stock Options*, S. 85-112, Achleitner, Ann-Kristin/Wollmert, Peter, Stuttgart.

Eiselt, Andreas / Wulf, Inge (2006): "Bilanzierung von Aktienoptionen – Eine Fallstudie zur Anwendung von IFRS 2 und IAS 33 –", *Zeitschrift für kapitalmarktorientierte Rechnungslegung*, S. 639-643.

Eisolt, Dirk (1999): "Bilanzierung von Stock Options nach US-GAAP und IAS", *Internationales Steuerecht*, S. 759-764.

Elayan, Fayez A. / Pukthuanthong, Kuntara (2004): "To Expense or not to Expense Employee Stock Options: The Market Reaktion", *Anderson Graduate School of Management – Finance*, Paper 12-04, S. 1-32.

Eschbach, Werner (2000): "Entwurf eines Ausübungsregelwerks für Stock Options", *Die Wirtschaftsprüfung*, 53, S. 1-11.

Esterer, Fritz / Härteis, Lothar (1999): "Die Bilanzierung von Stock Options in der Handels- und Steuerbilanz", *Der Betrieb*, S. 2073-2077.

Ettinger, Jochen (1999): *Stock-Options - Gesellschaftsrechtliche Rahmenbedingungen und einkommensteuerliche Behandlung von Aktienoptionen als Vergütungsbestandteil*, Stuerfragen der Wirtschaft, Band 10, Köln.

Ewert, Ralf (1986): *Rechnungslegung, Gläubigerschutz und Agency-Probleme*, Beiträge zur betriebswirtschaftlichen Forschung, Albach, Horst et. al., Wiesbaden.

FASB (1978): *Statement of Financial Accounting Concepts No. 1 – Objectives of Financial Reporting by Business Enterprises*, Technischer Bericht, Financial Accounting Standards Board.

Feltham, Gerald A. / Ohlson, James A. (1995): "Valuation and Clean Surplus Accounting for Operating and Financial Activities", *Contemporary Accounting Research*, 11, S. 689-731.

— (1999): "Residual Earnings Valuation with Risk and Stochastic Interest Rates", *The Accounting Review*, 74, S. 165-183.

Fischer, Gabriele/Gronwald, Silke / Sommer, Christiane (1997): "Millionen-Spiel", *Manager-Magazin*, S. 180-188.

Fisher, Irving (1906): *The nature of capital and income*, New York.

Förschle, Gerhart / Kropp, Manfred (1999): "Bilanzierung von Optionsbezugsrechten auf Aktien (stock options) für Arbeitnehmer und Management", in: *Beck'scher Bilanz-Kommentar*, 4. Auflage, S. 826-837, Ellrott, Helmut et al., München.

Friedrichsen, Sönke (2000): *Aktienoptionsprogramme für Führungskräfte: Gesellschaftsrecht - Kapitalmarktrecht - Steuerrecht - Bilanzrecht*, Köln, Berlin, Bonn, München.

Fuchs, Andreas (1997): "Aktienoptionen für Führungskräfte und bedingte Kapitalerhöhung", *Der Betrieb*, S. 661-668.

Gjesdal, Froystein (1981): "Accounting for Stewardship", *Journal of Accounting Research*, 19, S. 208-231.

Grünberger, David / Grünberger, Herbert (2003): "Mitarbeiterbeteiligungen und Vergütungen durch Aktien (IAS-Entwurf)", *Steuern und Bilanzen*, S. 20-22.

Hall, Brian J. / Murphy, Kevin J. (2002): "Stock Options for undiversified executives", *Journal of Accounting and Economics*, 33, S. 3-42.

Hansen, Palle (1962): *The Accounting Concept of Profit*, Amsterdam.

Harth, Hans-Jörg (2003): *Die Bilanzierung von Aktienoptionen und anderen unternehmenswertorientierten Entlohnungsformen nach US-GAAP*, Küting, Karlheinz/Weber, Claus-Peter, Herne.

Hasbergen, Ulrike / Stauske, Eva (2004): "IFRS 2 und FASB Exposure Draft „Share-based Payment“: Auswirkungen auf Bilanzierung und Gestaltung aktienbasierter Vergütung", *Betriebsberater*, S. 1153-1158.

Herzig, Norbert (1998): "Steuerliche Konsequenzen von Aktienoptionsplänen (Stock Options)", in: *Unternehmenswertorientierte Entlohnungssysteme*, S. 162-191, Pellens, Bernhard, Stuttgart.

— (1999): "Steuerliche und bilanzielle Probleme bei Stock Options und Stock Appreciation Rights", *Der Betrieb*, S. 1-12.

Hicks, John Richard (1946): *Value and Capital*, 2. Auflage, Oxford.

Hoffmann, Wolf-Dieter (2006): "Share-based Payment", in: *Haufe IFRS-Kommentar*, S. 929-981, Lüdenbach, Norbert/Hoffmann, Wolf-Dieter, Freiburg.

Holzmann, Oscar J. / Robinson, Tom (2005): "Statement 123R Share-Based Payments", *The Journal of Corporate Accounting & Finance*, 16, S. 81-84.

Honko, Jaakko (1965): "Über einige Probleme bei der Ermittlung des Jahresgewinns der Unternehmung", *Zeitschrift für Betriebswirtschaft*, 35, S. 611-642.

IASB, International Accounting Standards Board (2006): *International Financial Reporting Standards*, International Accounting Standards Committee Foundation - IASCF, London.

Jäger, Axel (1999): "Aktienoptionspläne in Recht und Praxis - eine Zwischenbilanz", *Deutsches Steuerrecht*, S. 28-34.

Jensen, M. C. / Meckling, W. H. (1976): "Theory of the Firm: Managerial Behavior, Agency Costs, and Ownership Structure", *Journal of Financial Economics*, 3, S. 305-360.

Kau, Wolfgang M. / Leverenz, Niklas (1998): "Mitarbeiterbeteiligung und leistungsgerechte Vergütung durch Aktien-Options-Pläne", *Betriebsberater*, S. 2269-2276.

Kley, Max Dietrich (1999): "Stock Option Programme als Motivationsinstrument", *WM: Wertpapier-Mitteilungen - Zeitschrift für Wirtschafts- und Bankrecht*, S. 1055.

Knoll, Leonhard (1998): "Besteuerung von Stock options – Anmerkungen zu einer juristischen Frontlinie im ökonomischen Niemandsland", *Steuer und Wirtschaft*, S. 133-137.

— (1999): "Stock options vor den Schranken deutscher Finanzgerichtsbarkeit", *Deutsche Steuerzeitung*, S. 242-245.

Kohler, Klaus (1997): "Stock Options für Führungskräfte aus Sicht der Praxis", *ZHR: Zeitschrift für das gesamte Handelsrecht und Wirtschaftsrecht*, S. 246-268.

KPMG (2004): *IFRS Aktuell - Neuregelungen 2004*, KPMG, Stuttgart.

Kramarsch, Michael H. (2000): *Aktienbasierte Managementvergütung*, Stuttgart.

Kroschel, Jörg (2000): "Zum Zeitpunkt der Besteuerung von Arbeitnehmer-Aktienoptionen", *Betriebsberater*, S. 176-181.

Küting, Karlheinz / Dürr, Ulrike (2004): "IFRS 2 Share-based Payment - ein Schritt zur weltweiten Konvergenz?", *Die Wirtschaftsprüfung*, S. 609-620.

Lindahl, Erik (1933): "The Concept of Income", in: *Economic Essays in Honour of Gustav Cassel*, S. 399-407, London.

Lingemann, Stefan / Wasmann, Dirk (1998): "Mehr Kontrolle und Transparenz im Aktienrecht: Das KonTraG tritt in Kraft", *Betriebsberater*, S. 853-862.

Lobo, Gerald J. / Rue, Joseph C. (2000): "Accounting For Stock Options: Comparison Of Alternative Approaches", *The Journal of Applied Business Research*, 16, S. 27-38.

Löwe, Claus / Sieber, Ulrich D. (2000): "Erfahrungen mit dem Einsatz von Stock Option-Plänen - Die Reaktion des Kapitalmarktes", in: *Stock Options*, S. 47-60, Achleitner, Ann-Kristin/Wollmert, Peter, Stuttgart.

Lücke, Wolfgang (1955): "Investitionsrechnung auf der Grundlage von Ausgaben oder Kosten?", *Zeitschrift für handelswissenschaftliche Forschung*, 7, S. 310-324.

Lutter, Marcus (1997): "Aktienoptionen für Führungskräfte - de le lata und de lege ferenda", *ZIP: Zeitschrift für Wirtschaftsrecht*, S. 1-9.

Mechlem, Hans-Peter / Melms, Christopher (2000): "Verfall- und Rückzahlungsklauseln bei Aktienoptionsplänen", *Der Betrieb*, S. 1614-1616.

Menichetti, Marco J. (1996): "Aktien-Optionsprogramme für das Top-Management", *Der Betrieb*, S. 1688-1692.

Mülbert, Peter O. (1997): "Shareholder Value aus rechtlicher Sicht", *ZGR: Zeitschrift für Unternehmens- und Gesellschaftsrecht*, S. 129-173.

Münstermann, Hans (1966): "Die Bedeutung des ökonomischen Gewinns für den externen Jahresabschluß der Aktiengesellschaft", S. 579-586.

— (1969): *Unternehmungsrechnung*, Wiesbaden.

Murphy, Kevin J. (1985): "Corporate performance and managerial remuneration - An empirical analysis", *Journal of Accounting and Economics*, 7, S. 11-42.

— (2002): "Explaining Executive Compensation: Managerial Power versus the Perceived Cost of Stock Options", *Universaty of Chicago Law Review*, 69, S. 847-870.

Naumann, Thomas K. (1998): "Zur Bilanzierung von Stock Options - Erwiderung und Replik zu dem Beitrag von Pellens/Crasselt, DB 1998 S. 217", *Der Betrieb*, S. 1428-1431.

Neyer, Wolfgang (1999): "Steuerliche Behandlung von Arbeitnehmer-Aktienoptionen", *Betriebsberater*, S. 130-135.

Ohlson, James A. (1995): "Earnings, Book Values, and Dividends in Equity Valuation", *Contemporary Accounting Research*, 11, S. 661-687.

Pellens, Bernhard / Crasselt, Nils (1998a): "Aktienorientierte Entlohnungsinstrumente im Jahresabschluß", in: *Unternehmenswertorientierte Entlohnungssysteme*, S. 125-160, Pellens, Bernhardt, Stuttgart.

— (1998b): "Bilanzierung von Stock Options", *Der Betrieb*, S. 217-223.

— (1998c): "Zur Bilanzierung von Stock Options - Replik von Prof. Dr. Bernhard Pellens und Dipl. Kfm. Nils Crasselt", *Der Betrieb*, S. 1431-1433.

— (2004): "Bilanzierung von Aktienoptionsplänen und ähnlichen Entgeltformen nach IFRS 2 'Share-based Payment'", *Zeitschrift für kapitalmarktorientierte Rechnungslegung*, S. 113-118.

Pellens, Bernhard/Crasselt, Nils / Rockholtz, Carsten (1998): "Wertorientierte Entlohnungssysteme für Führungskräfte - Anforderungen und Empirische Evidenz", in: *Unternehmenswertorientierte Entlohnungssysteme*, S. 2-28, Pellens, Bernhard.

Pellens, Bernhard/Fülbier, Rolf Uwe / Gassen, Joachim (2004): *Internationale Rechnungslegung*, Stuttgart.

Peltzer, Martin (1996): "Steuer- und Rechtsfragen bei der Mitarbeiterbeteiligung und der Einräumung von Aktienoptionen (Stock Options)", *Die Aktiengesellschaft*, S. 307-315.

Pirchegger, Barbara (2005): "Bilanzierung von Aktienoptionen nach Internationalen Rechnungslegungsvorschriften: Konzeption und Auswirkungen auf Entlohnungsprogramme", *RIW – Recht der Internationalen Wirtschaft*, S. 349-353.

Portner, Rosemarie (1997): "Mitarbeiter-Optionen (Stock Options): Gesellschaftsrechtliche Grundlagen und Besteuerung", *Deutsches Steuerrecht*, S. 786-788.

— (1998): "Stock Options - (Weitere) lohnsteuerliche Fragen, insbesondere bei Expatriates", *Deutsches Steuerrecht*, S. 1535-1539.

Preinreich, Gabriel A. D. (1937): "Valuation and Amortization", *The Accounting Review*, 12, S. 209-226.

Rammert, Stefan (1998): "Die Bilanzierung von Aktienoptionen für Manager - Überlegungen zur Anwendung von US-GAAP im handelsrechtlichen Jahresabschluß", *Die Wirtschaftsprüfung*, S. 766-777.

Rappaport, Alfred (1986): *Creating Shareholder Value: The New Standard for Business Performance*, New York.

— (1999): *Shareholder Value - Ein Handbuch für Manager und Investoren*, 2. Auflage, Stuttgart.

Reichelstein, Stefan (1997): "Investment Decisions and Managerial Performance Evaluation", *Review of Accounting Studies*, 2, S. 157-180.

Rogerson, William P. (1997): "Intertemporal Cost Allocation and Managerial Investment Incentives: A Theory Explaining the Use of Economic Value Added as a Performance Measure", *Journal of Political Economy*, 105, S. 770-795.

Rosen, Rüdiger von (1998): "Aktienoptionen für Führungskräfte und Insiderrecht", *WM: Wertpapier-Mitteilungen - Zeitschrift für Wirtschafts- und Bankrecht*, S. 1810.

Schild, Claus (1998): *Die Bilanzierung von Stock Options bei Zuteilung und Ausübung/Nichtausübung der Option*, S. 607-613, Deutsches Anwaltsinstitut e. V.

Schildbach, Thomas (2003): "Personalaufwand aus Managerentlohnung mittels realer Aktienoptionen – Reform der IAS im Interesse besserer Informationen?", *Der Betrieb*, 56, S. 893-898.

Schmidt, Lars (2002): "Bilanzierung von Aktienoptionen nach IAS/IFRS – Der Exposure Draft „Share-based payment" des IASB", *Der Betrieb*, S. 2657-2663.

Schneider, Dieter (1963): "Bilanzgewinn und Ökonomische Theorie", *Zeitschrift für handelswissenschaftliche Forschung*, S. 457-474.

— (1968): "Ausschüttungsfähiger Gewinn und das Minimum an Selbstfinanzierung", *Zeitschrift für betriebswirtschaftliche Forschung*, S. 1-29.

— (1971): "Aktienrechtlicher Gewinn und ausschüttungsfähiger Betrag", S. 607-617.

— (1995): *Betriebswirtschaftslehre – Band 1: Grundlagen*, 2. Auflage, München.

— (1997): *Betriebswirtschaftslehre – Band 2: Rechnungswesen*, 2. Auflage, München.

Schneider, Uwe H. (1996): "Aktienoptionen als Bestandteil der Vergütung von Vorstandsmitgliedern", *ZIP: Zeitschrift für Wirtschaftsrecht*, S. 1769-1776.

Schreiber, Stefan M. (2006): "IFRS 2 Share-based Payment – Aktuelle Verlautbarungen zu Änderungen und Zweifelsfragen", *Zeitschrift für kapitalmarktorientierte Rechnungslegung*, 5, S. 298-306.

Schruff, Wienand / Hasenburg, Christof (1999): "Stock Option-Programme im handelsrechtlichen Jahresabschluß", *Betriebswirtschaftliche Forschung und Praxis*, S. 616-645.

Schwetzler, Bernhard (1999): "Shareholder Value Konzept, Managementanreize und Stock Option Plans", *Die Betriebswirtschaft*, S. 332-350.

Seibert, Ulrich (1997): "Kontrolle und Transparenz im Unternehmensbereich (KonTraG) - Der Referenten-Entwurf zur Aktienrechtsnovelle", *WM: Wertpapier-Mitteilungen - Zeitschrift für Wirtschafts- und Bankrecht*, 51, S. 1-9.

— (1998): "Stock Options für Führungskräfte - zur Regelung im Kontrolle- und Transparenzgesetz (KonTraG)", in: *Unternehmenswertorientierte Entlohnungssysteme*, S. 29-52, Pellens, Bernhard.

Seicht, Gerhard (1970): *Die kapitaltheoretische Bilanz und die Entwicklung der Bilanztheorien*, Berlin.

Simons, Dirk (2001): "Erfolgsneutrale oder erfolgswirksame Buchung von Aktienoptionsprogrammen? - Eine gegenüberstellende Bewertung anhand eines Beispiels", *Die Wirtschaftsprüfung*, S. 90-99.

— (2002): *Kosten und Nutzen von Aktienoptionsprogrammen*, Beiträge zur betriebswirtschaftlichen Forschung, Albers, Sönke et. al., Wiesbaden.

Süchting, Joachim (1995): *Finanzmanagement: Theorie und Politik der Unternehmensfinanzierung*, 6. Auflage, Wiesbaden.

Vater, Hendrik (2000a): "Bilanzielle und körperschaftsteuerliche Behandlung von Stock Options", *Der Betrieb*, S. 2177-2186.

— (2000b): "Der Besteuerungszeitpunkt von Stock Options", *FinanzBetrieb*, S. 440-448.

— (2000c): *Stock Options für Führungskräfte aus handels- und steuerrechtlicher Sicht*, Marburg.

Wagenhofer, Alfred / Ewert, Ralf (2003): *Externe Unternehmensrechnung*, Berlin.

Weber, Max (2000): "Formen und Ausgestaltungsmöglichkeiten von Stock Options in der internationalen Praxis", in: *Stock Options*, S. 27-44, Achleitner, Ann-Kristin/Wollmert, Peter, Stuttgart.

Weiß, Daniel M. (1999): "Aktienoptionsprogramme nach dem KonTraG", *WM: Wertpapier-Mitteilungen - Zeitschrift für Wirtschafts- und Bankrecht*, S. 353-363.

Wenger, Ekkehard/Knoll, Leonhard / Kaserer, Christoph (1999): "Stock options", *Wirtschaft und Steuern*, S. 35-38.

Wildner, Stephan (2000): *Stock Options: Ausgestaltungsmöglichkeiten und steuerliche Behandlung beim Begünstigten*, Aachen.

Winkeljohann, Norbert / Schellhorn, Mathias (2006): "Kommentar zu § 264 HGB", in: *Beck'scher Bilanz-Kommentar: Handels- und Steuerrecht – §§ 238 bis 339 HGB –*, 6. Auflage, Ellrott, Helmut, München.

Wollmert, Peter / Hey, Judith (2002): "Einzelfragen bei der Bilanzierung von echten Aktienoptionen nach US-GAAP", in: *Der Betrieb*, 55.

Wüstemann, Jens (1999): *Generally Accepted Accounting Principles – Zur Bedeutung und Systembildung der Rechnungslegungsregeln der USA*, Band 37 von *Schriften zur wirtschaftswissenschaftlichen Analyse des Rechts*, Grossekettler, Heinz et al., Berlin.

Veröffentlichungen im Bundesanzeiger

veröffenlichendes Unternehmen	**Datum**	**Fundstelle**
Hegener + Glaser	11.05.1989	Bundesanzeiger, 1989, S. 2331-2332
Continental	27.04.1995	Bundesanzeiger, 1995, S. 4843-4845
Puma	29.02.1996	Bundesanzeiger, 1996, S. 2188-2190
Deutsche Bank	02.04.1996	Bundesanzeiger, 1996, S. 4035-4036
Daimler Benz	11.04.1996	Bundesanzeiger, 1996, S. 4324-4325
Volkswagen	11.04.1997	Bundesanzeiger, 1997, S. 4783-4784
Hoechst	25.03.1998	Bundesanzeiger, 1998, S. 4529-4530
bit by bit Software	16.06.1998	Bundesanzeiger, 1998, S. 8127-8128
RWE	06.10.1998	Bundesanzeiger, 1998, S. 14756-14758

Beiträge zur betriebswirtschaftlichen Forschung

Herausgegeben von:

Prof. Dr. Dr. h.c. Sönke Albers, Kiel
Prof. Dr. Bernhard Pellens, Bochum
Prof. Dr. Dr. h.c. Dieter Sadowski, Trier
Prof. Dr. Martin Weber, Mannheim

Auswahl der erschienenen Bände:

Band 7 H. Albach
Wirtschaftlichkeitsrechnung bei unsicheren Erwartungen

Band 10 H. Hax
Vertikale Preisbindung in der Markenartikelindustrie

Band 14 D. Schneider
Die wirtschaftliche Nutzungsdauer von Anlagegütern

Band 40 B. Rudolph
Die Kreditwährungsentscheidung der Banken

Band 43 A. Luhmer
Maschinelle Produktionsprozesse

Band 46 H. Simon
Preisstrategien für neue Produkte

Band 59 T. Hartmann-Wendels
Dividendenpolitik bei asymmetrischer Informationsverteilung

Band 61 R. Ewert
Rechnungslegung, Gläubigerschutz und Agencyprobleme

Band 65 W. Neus
Ökonomische Agency-Theorie und Kapitalgleichgewicht

Band 66 U. Backes-Gellner
Ökonomie der Hochschulforschung

Band 71 M. Steven
Produktion und Umweltschutz

Band 72 E. Terberger
Neo-institutionalistische Ansätze

Beiträge zur betriebswirtschaftlichen Forschung

Herausgegeben von:

Prof. Dr. Dr. h.c. Sönke Albers, Kiel
Prof. Dr. Bernhard Pellens, Bochum
Prof. Dr. Dr. h.c. Dieter Sadowski, Trier
Prof. Dr. Martin Weber, Mannheim

Neuerscheinungen:

Band 104 M. Spann
Virtuelle Börsen als Instrument zur Marktforschung

Band 105 P. Grundke
Modellierung und Bewertung von Kreditrisiken

Band 106 A. Walter
Technologietransfer zwischen Wissenschaft und Wirtschaft

Band 107 S. Gensler
Heterogenität in der Präferenzanalyse

Band 108 T. Pfeiffer
Corporate-Governance-Strukturen interner Märkte

Band 109 T. Mellewigt
Management von Strategischen Kooperationen

Band 110 C. Koziol
Valuation of Convertible Bonds when Investors Act Strategically

Band 111 A. Lambrecht
Tarifwahl bei Internetzugang

Band 112 S. Ruenzi
Optimale Gestaltung von Fondsfamilien

Band 113 T. Weber
Anreizsysteme für die betriebliche Forschung und Entwicklung

Band 114 M. Rummer
Going Public in Deutschland

Band 115 J. T. Martini
Verrechungspreise zur Koordination und Erfolgsermittlung

Band 116 P. Jostarndt
Financial Distress, Corporate Restructuring and Firm Survival

Band 117 A. Baumeister
Lebenszykluskosten alternativer Verfügbarkeitsgarantien im Anlagenbau

Band 118 S. Hirth
Liquide Mittel und Investitionsentscheidungen

Band 119 L. D. Wellejus
Informationsgehalt manipulierbarer Periodenergebnisse

Band 120 A. Krzeminska
Determinants and Management of Make-and-Buy

Band 121 C. Blecher
Die Bilanzierung von Aktienoptionsprogrammen

MIX
Papier | Fördert
gute Waldnutzung
FSC® C083411

Kolibri 360 GmbH
Ferdinand-Jühlke-Straße 7
99095 Erfurt, Deutschland
produktsicherheit@kolibri360.de